"神话学文库"编委会

主　编

叶舒宪

编　委

（以姓氏笔画为序）

马昌仪	王孝廉	王明珂	王宪昭
户晓辉	邓　微	田兆元	冯晓立
吕　微	刘东风	齐　红	纪　盛
苏永前	李永平	李继凯	杨庆存
杨利慧	陈岗龙	陈建宪	顾　锋
徐新建	高有鹏	高莉芬	唐启翠
萧　兵	彭兆荣	朝戈金	谭　佳

"神话学文库"学术支持

上海交通大学文学人类学研究中心
上海交通大学神话学研究院
中国社会科学院比较文学研究中心
陕西师范大学人文社会科学高等研究院
上海市社会科学创新研究基地——中华创世神话研究

"十二五""十三五"国家重点图书出版规划项目
第五届、第八届中华优秀出版物奖获奖作品

神话学文库
叶舒宪 主编

希腊神话的迈锡尼源头

THE MYCENAEAN ORIGIN OF GREEK MYTHOLOGY

[瑞典] 马丁·佩尔森·尼尔森 (Martin P. Nilsson) 著
王 倩 译
井 玲 校译

陕西师范大学出版总社

图书代号　SK23N1138

本书译自 Martin P. Nilsson，*The Mycenaean Origin of Greek Mythology*，Berkeley, Los Angeles, London：University of California Press，1972

图书在版编目（CIP）数据

希腊神话的迈锡尼源头／（瑞典）马丁·佩尔森·尼尔森著；王倩译.—西安：陕西师范大学出版总社有限公司，2023.8
（神话学文库／叶舒宪主编）
ISBN 978-7-5695-3696-6

Ⅰ.①希…　Ⅱ.①马…　②王…　Ⅲ.①神话—研究—古希腊　Ⅳ.①B932.545

中国国家版本馆 CIP 数据核字（2023）第 109398 号

希腊神话的迈锡尼源头
XILA SHENHUA DE MAIXINI YUANTOU

[瑞典] 马丁·佩尔森·尼尔森 著
王倩 译
井玲 校译

责任编辑	郑若萍　王文翠
责任校对	刘存龙
出版发行	陕西师范大学出版总社
	（西安市长安南路 199 号　邮编 710062）
网　　址	http://www.snupg.com
印　　刷	中煤地西安地图制印有限公司
开　　本	720 mm×1020 mm　1/16
印　　张	14.5
插　　页	4
字　　数	225 千
版　　次	2023 年 8 月第 1 版
印　　次	2023 年 8 月第 1 次印刷
书　　号	ISBN 978-7-5695-3696-6
定　　价	88.00 元

读者购书、书店添货或发现印刷装订问题，请与本公司营销部联系、调换。
电话：(029)85307864　85303629　传真：(029)85303879

"神话学文库"总序

叶舒宪

神话是文学和文化的源头，也是人类群体的梦。

神话学是研究神话的新兴边缘学科，近一个世纪以来，获得了长足发展，并与哲学、文学、美学、民俗学、文化人类学、宗教学、心理学、精神分析、文化创意产业等领域形成了密切的互动关系。当代思想家中精研神话学知识的学者，如詹姆斯·乔治·弗雷泽、爱德华·泰勒、西格蒙德·弗洛伊德、卡尔·古斯塔夫·荣格、恩斯特·卡西尔、克劳德·列维-斯特劳斯、罗兰·巴特、约瑟夫·坎贝尔等，都对20世纪以来的世界人文学术产生了巨大影响，其研究著述给现代读者带来了深刻的启迪。

进入21世纪，自然资源逐渐枯竭，环境危机日益加剧，人类生活和思想正面临前所未有的大转型。在全球知识精英寻求转变发展方式的探索中，对文化资本的认识和开发正在形成一种国际新潮流。作为文化资本的神话思维和神话题材，成为当今的学术研究和文化产业共同关注的热点。经过《指环王》《哈利·波特》《达·芬奇密码》《纳尼亚传奇》《阿凡达》等一系列新神话作品的"洗礼"，越来越多的当代作家、编剧和导演意识到神话原型的巨大文化号召力和影响力。我们从学术上给这一方兴未艾的创作潮流起名叫"新神话主义"，将其思想背景概括为全球"文化寻根运动"。目前，"新神话主义"和"文化寻根运动"已经成为当代生活中不可缺少的内容，影响到文学艺术、影视、动漫、网络游戏、主题公园、品牌策划、物语营销等各个方面。现代人终于重新发现：在前现代乃至原始时代所产生的神话，原来就是人类生存不可或缺的文化之根和精神本源，是人之所以为人的独特遗产。

可以预期的是，神话在未来社会中还将发挥日益明显的积极作用。大体上讲，在学术价值之外，神话有两大方面的社会作用：

一是让精神紧张、心灵困顿的现代人重新体验灵性的召唤和幻想飞扬的奇妙乐趣；二是为符号经济时代的到来提供深层的文化资本矿藏。

前一方面的作用，可由约瑟夫·坎贝尔一部书的名字精辟概括——"我们赖以生存的神话"（Myths to live by）；后一方面的作用，可以套用布迪厄的一个书名，称为"文化炼金术"。

在 21 世纪迎接神话复兴大潮，首先需要了解世界范围神话学的发展及优秀成果，参悟神话资源在新的知识经济浪潮中所起到的重要符号催化剂作用。在这方面，现行的教育体制和教学内容并没有提供及时的系统知识。本着建设和发展中国神话学的初衷，以及引进神话学著述，拓展中国神话研究视野和领域，传承学术精品，积累丰富的文化成果之目标，上海交通大学文学人类学研究中心、中国社会科学院比较文学研究中心、中国民间文艺家协会神话学专业委员会（简称"中国神话学会"）、中国比较文学学会，与陕西师范大学出版总社达成合作意向，共同编辑出版"神话学文库"。

本文库内容包括：译介国际著名神话学研究成果（包括修订再版者）；推出中国神话学研究的新成果。尤其注重具有跨学科视角的前沿性神话学探索，希望给过去一个世纪中大体局限在民间文学范畴的中国神话研究带来变革和拓展，鼓励将神话作为思想资源和文化的原型编码，促进研究格局的转变，即从寻找和界定"中国神话"，到重新认识和解读"神话中国"的学术范式转变。同时让文献记载之外的材料，如考古文物的图像叙事和民间活态神话传承等，发挥重要作用。

本文库的编辑出版得到编委会同人的鼎力协助，也得到上述机构的大力支持，谨在此鸣谢。

是为序。

中文版序

王以欣

王倩博士翻译的瑞典古典学者马丁·佩尔森·尼尔森的名著《希腊神话的迈锡尼源头》即将出版。这是令人振奋的消息，对中国学术界，尤其是从事西方古典史和神话研究的学者而言，堪称福音。我期待着这一重要学术著作的中译本早日问世，也期待着古典学大师尼尔森的经典著作借助王倩博士的准确、精致和传神的译文传递给中国学界和读者，使我国的古典学和神话学研究向前迈进一步。

受王倩博士之托，不自量力，忝为作序，已忧愧有加，唯以知音相托，不便辞让，也因自己亦为尼氏推崇者，故而不避浅陋，聊添数语。对译者的学术成就和翻译风格稍加评述，也对原著者的学术生平加以概括，对其学术成就，尤其是原作本身的学术贡献，做出某些个人的评价。

王倩博士乃叶舒宪先生高足，曾在叶师指导下，于四川大学攻读文学人类学博士学位。2009年毕业后，转赴陕西师范大学文学院从事博士后研究工作。2010年1月，王倩自陕西入京，参加由叶先生召集的社科院专家对其博士后报告选题的论证会，顺路来天津南开大学造访，这是我与王倩的首次会面，彼此进行了短暂而难忘的沟通，相互印象深刻，从此结为学术知音。虽然此后两年无缘再聚，但学术联系始终未断。

记得王倩来津时，恰逢岁末深冬，雪后初晴，南开校园清冷寂寥。王倩风尘仆仆而来，青衣素面，朴素热情，不拘小节，有如独闯京畿的侠女，让我印

~1~

象深刻。这种印象后来被我写入一首《沁园春》赠予她，首阕曾有如下数行："寒日西风，旧岁将阑，残雪未融。有东归侠女，京畿学府，马蹄湖畔，留遍芳踪。"

　　从交流中获悉，王倩本是经贸专业的本科毕业生。在国内年轻人步入大学校园的年龄，她已走向社会工作谋生了。出于个人兴趣，她后来放弃工作继续深造，在兰州大学改行攻读比较文学与世界文学专业的研究生，随后入川大攻读文学人类学博士学位。在今天浮躁的社会中，弃商从文，潜心追求自己的理想和兴趣，这样的人的确是凤毛麟角了，这让我对她心怀敬意。她的博士论文题目为《20世纪希腊神话研究史略》。这是一个极富挑战性的课题，因为，从事某学科领域的学术史研究，须博览群书，对该领域的各种学术思想、理论、假说和学术源流有全面系统的考察和梳理，需要大量时间和精力，出色的思辨和归纳能力，还有对事业的热情与执着。王倩在导师指导下，克服困难，完成了这些工作。她颇刻苦，读了很多书，很多都是外文著述，且读得很有章法，还发愤学习古希腊语。从她展示给我的大量读书笔记看，她很会读书，且有很强的概括力，能把握每本书的精华。拙著《神话与历史——古希腊英雄故事的历史和文化内涵》也是她的读物之一。据她讲，初读时感觉晦涩，以后逐渐变得顺畅起来。显然，她已得其门而入，渐渐成为该领域的专家了。与她的交谈中，我渐感自己知识不足，觉得有必要多读些书了。2012年4月，王倩的博士论文《20世纪希腊神话研究史略》由陕西师范大学出版社付梓，这是从事希腊神话研究必读的书籍。

　　此次即将出版的王倩译著的作者乃已故的享誉国际学术界的希腊宗教史学者，瑞典隆德大学古希腊语、古典考古与古代史教授马丁·佩尔森·尼尔森（Martin Persson Nilsson，1874—1967）。尼尔森虽已离世四十余载，其著作的影响力依然很大，从事古典史、考古、宗教和神话研究的学人，会不同程度地接触到他的著作。他所构建的理论体系依然是国际学界重视和争议的课题。

　　尼尔森出生在瑞典斯科纳省哈斯勒霍姆市的一个农庄里，先祖世代务农。尼尔森五岁伤足致残；少年时就读文法学校，矢志成为学者，拒绝接管父亲的农场。1892年，尼尔森考入著名的隆德大学，研习古典学；受导师萨姆·怀德

(Sam Wide)影响，迷上古典考古学。1900年，以一篇研究阿提卡半岛酒神节日的论文，获得博士学位，留校担任希腊语讲师，讲授铭文、瓶画、雕刻、荷马、迈锡尼文化和宗教圣地。1906年出版首部专著《阿提卡之外具有宗教重要性的希腊节日》(Griechische Feste Von Religiöser Bedeutung, Mit Ausschluss der Attischen)，引起国际学术界的关注。1905年至1907年，尼尔森作为考古学家参加了丹麦考古队在罗德岛林多斯遗址的发掘工作。他和同事们的努力使古典考古学在瑞典渐成显学。1909年，乌普萨拉大学和隆德大学同时设立古典考古学教席，由怀德及其弟子尼尔森担任教授。此后，尼尔森的学术事业也步入狂飙突进时期，力作频出，宏文不断，气势如虹，尤其在19世纪20—30年代，堪称其黄金鼎盛期。

1921年，尼尔森将其在乌普萨拉大学的讲座结集出版，书名《希腊宗教史》(Den Grekiska Religionens Historia)，后被译成英德等文字(A History of Greek Religion, 1925; Geschichte der griechischen Religion, 1941)。1927年至1933年的六年间，他连续推出三部英文力作，奠定了他在古典宗教史研究方面不可动摇的权威地位。这三部英文力作分别为《米诺-迈锡尼宗教及其在希腊宗教中的遗存》(The Minoan-Mycenaean Religion and Its Survival in Greek Religion, Lund, 1927)、《希腊神话的迈锡尼源头》(The Mycenaean Origin of Greek Mythology, Cambridge, 1932)和《荷马与迈锡尼》(Homer and Mycenae, London, 1933)。1934年出版《原始宗教》(Primitive Religion, Stockholm, 1934)等。1939年退休后，这位古典大师依然笔耕不辍，时有专著、论文和书评发表，较重要的专著包括《希腊大众宗教》(Greek Popular Religion, New York, 1940)、《希腊人的虔诚》(Greek Piety, Oxford, 1948)、《古希腊的祭礼、神话、神谕与政治》(Cults, Myths, Oracles and Politics in Ancient Greece, Lund, 1951)和两卷文集(Opuscula Selecta, Linguis Anglica, Francogallica, Germanica Conscripta, 2 vols, 1951-1952)。《米诺-迈锡尼宗教及其在希腊宗教中的遗存》也在重新修订后于1950年再版。他的最后一篇文章是1967年为匈牙利古典学者卡尔·克伦伊的《狄奥尼索斯》撰写的书评。尼尔森病逝后，其专著仍屡次再版或重印。某些书名做了变更，如1940年的《希腊大众宗教》于1972年重印时更名为《希腊民

间宗教》（*Greek Folk Religion*）。在关注古典宗教的同时，他还撰文探讨古希腊罗马政治、社会和文化方面的各种问题，屡有精深创见，也对瑞典民间传说与古老风俗情有独钟。除了学术方面的成就，他还是一位优秀教师和行政管理者，担任各重要学术机构负责人，如隆德大学皇家人文协会理事长和隆德大学副校长等。

尼尔森的学术贡献良多。他不仅是古典宗教史的学科奠基人，也是古典考古学的积极推动者。在学术研究的方法和史料运用方面，他不仅依赖古典文献的文本，也十分注重考古实物和铭文，注重发掘古典造型艺术中所蕴藏的丰富信息，注重从民间故事和民俗风情中为古典宗教现象寻觅答案。他摆脱了古典学者书斋式的研究方法，注重田野调查所获得的人类学信息，主张古典学者向人类学家学习，借鉴人类学的方法研究古典宗教与神话。在探微溯源方面，尼尔森显示出他的博学和深刻的洞察力。在阐释古典神话和宗教祭礼的源流时，他把我们引入朦胧的希腊史前时期，回溯到青铜时代晚期，即考古学上所谓的"迈锡尼文明时期"，回溯到更早的前希腊土著的原始农耕文化中，甚至回溯到更早的米诺斯文化时期。经过他的梳理，远古的迷雾逐渐散开，古典宗教发展演变的轮廓逐渐变得清晰起来。在希腊历史时期的宗教神话与史前文化之间，尼尔森为我们搭建起桥梁。两者间的联系，尽管依然朦胧，但已不再昏暗无光，某些连续发展的脉络已经依稀可辨。在神话方面，尼尔森提出了一个重要假说，即古希腊神话的源头可追溯到史前迈锡尼时代。为此，他在《希腊神话的迈锡尼源头》中提出了一个颇有说服力的证据，即考古发现的最重要的青铜时代晚期遗址通常也是神话传说最丰富的地方。

> 缜密的调查显示，一个地方的神话重要性与其在迈锡尼文明中的重要性是紧密关联的。用一句数学用语，一座城市的神话重要性是该城市在迈锡尼文明中的重要性的函数。①

这个假说尤其在迈锡尼城堡的遗址上得到佐证。迈锡尼是神话和史诗中强

---

① Martin P. Nilsson. *The Mycenaean Origin of Greek Mythology*. Berkeley, Los Angeles, London: University of California Press, 1972, p.28.

大和富有的城市，阿伽门农王的都城。考古证明，迈锡尼在青铜时代晚期拥有最坚固、最辉煌的城堡、宫殿和最豪华的墓葬，但在历史时期却沦落成不起眼的小镇，最终被邻邦阿尔哥斯吞并。那么，合乎逻辑的推断是，迈锡尼繁荣强大的神话故事不可能产生于迈锡尼业已衰落残破的历史时期，而应产生于其辉煌强大的青铜时代晚期，即考古学上的"迈锡尼时代"。他因而推测，希腊神话的主要体系至少在青铜时代晚期就已具雏形，荷马史诗的源头也被相应地回溯到迈锡尼时代。在其《荷马与迈锡尼》中，他继续强调荷马史诗的迈锡尼时代渊源。在《米诺－迈锡尼宗教及其在希腊宗教中的遗存》中，他将古希腊宗教的重要形式——"英雄崇拜"也追溯到迈锡尼时代，认为这种对已故伟人的崇拜起源于迈锡尼时代的祖先崇拜。

然而，尼尔森最系统的最具影响力的学说，也是其争议最大的学说。古典学界逐渐形成两派。一派推崇尼尔森的观点，认为史前迈锡尼时代就是传说的"英雄时代"，古希腊英雄传说的基本构架就孕育于该时期，甚至还有更早的渊源。英雄故事借助史诗载体流传至历史时期。另一派则强调，口传史诗具有恒常变动和即兴创作特征，其承载内容极不稳定，不可能将迈锡尼时代的英雄故事历经数百年传承至荷马生活的公元前8世纪晚期。荷马史诗的英雄故事是"后迈锡尼时代"逐渐形成的。史诗所描绘的社会，即所谓的"荷马社会"，也不是迈锡尼时代的社会缩影，而是"后迈锡尼时代"乃至荷马生活时代的社会生活再现。史诗诗人利用"格式化套语"即兴创作表演的口传诗歌，其灵感和素材源自诗人生活的时代，而非数百年前的史前迈锡尼时代。

现在，关键的问题提出来了。古希腊英雄故事究竟出自谁手？是史前迈锡尼人的创作，还是"后迈锡尼时代"希腊人的创作呢？总的来看，证据似乎在向后者倾斜：有关口传史诗创作的"帕里－罗德理论"动摇了人们对史诗稳定传承远古记忆功能的信心；已释读的线文B泥板所展现的真实的迈锡尼社会与"荷马社会"的巨大差异更加深了这种怀疑；荷马史诗中可确证的凤毛麟角的迈锡尼语言和文化遗存以及特洛伊战争和忒拜战争等英雄传说的历史真实性无法得到确认等事实，愈加强化了这种怀疑倾向。因而，部分学者开始质疑尼尔森的希腊英雄神话的迈锡尼起源说，转而主张希腊英雄故事的真正创作者不是迈锡尼人，而是迈锡尼文明毁灭后，生活在迈锡尼遗址上的物质生活贫乏的希腊居民。他们目睹先祖留下的辉煌遗迹，激发了想象的灵感而编造出气势磅礴的史诗故事。特洛伊战争和忒拜战争本属子虚乌有，是"后迈锡尼时代"的希腊人发思古之幽情的杜撰。由于杜撰英雄神话的灵感源自史前迈锡尼时代残留的古堡废墟、古墓和古文化遗存，因而只有在这个意义上，希腊神话的"迈锡尼起源"才是正确的。①

除了理论体系受到质疑，尼尔森的论证方法也受到批评。比如，希腊神话通常分为"神祇神话"与"英雄神话"，虽然两者相互渗透，并无绝对分野，但毕竟有所侧重。前者的主角是神祇，后者的主角是凡人英雄。尼尔森的书名《希腊神话的迈锡尼源头》似在追溯希腊神话的起源，实际上只追溯了英雄神话的起源。至于神祇神话，由于其所依附的地点常常不是迈锡尼文明的重要遗址，如宙斯的崇拜中心奥林匹亚、阿波罗的崇拜中心德尔斐、赫拉的崇拜中心阿尔哥斯等，与尼尔森的函数理论不符，因而不在考虑之列。尼尔森倾向于认为，诸神故事多为"后迈锡尼时代"的杜撰，其实，很多神的名号赫然出现在迈锡尼时代的线文 B 泥板中，彼时流行某些神祇的故事也是完全可能的。另外，尼尔森所谓的迈锡尼遗址与神话的函数关系也并非吻合得很严密。神话中的地名与考古发现的迈锡尼遗址常常被牵强地等同起来，某些不能对应的例子则被尼尔森轻松地解释过去。例如，米地亚（Midea）和盖拉（Gla）都是迈锡尼时代的重要遗址，拥有雄伟的城堡，却几乎没有神话传世。尼尔森认为，这两个地方在"后迈锡尼时代"无人居住，因而其神话没有传承下来。阿尔哥斯（Argos）的英雄神话故事很丰富，但在迈锡尼时代却是个不起眼的遗址，因而其英雄故事，包括达那俄斯、达那厄、七雄攻忒拜、荷马史诗中的狄俄墨德斯的故事，都被尼尔森忽略不计了。奥林匹亚（Olympia）因不是迈锡尼时代的重要遗址，其英雄故事，如赫拉克勒斯和珀罗普斯的故事，也被尼尔森解释成晚期创造，是外地移植到奥林匹亚的故事。奥德修斯是荷马史诗中最重要的英雄，神

---

① 对尼尔森观点的质疑详见 Jon Van Leuven. "The Nilssonian Origin of Mycenaean Mythology", in *Atti e memorie del secondo congresso internazionale di micenologia*, *Roma-Napoli*, 14–20 *ottobre* 1991, volume secondo, Roma, 1996。

话故事颇丰富，但其家乡伊萨卡（Ithaca）岛并非迈锡尼时代的遗址，奥德修斯的传说遂被视为不依附于具体地点的浪漫故事而被排除在英雄神话之外。看来，尼尔森的假说确有先入为主的倾向。

王倩博士所译的《希腊神话的迈锡尼源头》的读者们，尤其是从事希腊神话研究的学者们，对尼尔森的学术观点及其相关争论有所了解，就能以客观和公允的态度来阅读和评判这部影响深远的杰作了。我个人曾深受尼尔森观点的影响，当初研究希腊英雄神话时，由于阅读资料有限，学术视野受到局限，曾将尼尔森的《希腊神话的迈锡尼源头》奉为圭臬。随着学术视野的开阔，对尼尔森学说的态度也渐趋冷静和客观，这反映在2006年由商务印书馆出版的拙著《神话与历史——古希腊英雄故事的历史和文化内涵》中。尽管尼尔森构建的理论体系有所动摇，英雄神话的"后迈锡尼起源说"渐成学术主流，但我依然认为，尼尔森的学说在某种程度上仍有其合理性。很难想象，"后迈锡尼时代"的希腊人面对史前青铜时代的废墟触景生情，大发灵感，凭空虚构出"特洛伊战争"或"忒拜战争"之类气势磅礴的史诗故事。不能排除这样的可能性，即史诗故事的某些基本素材和框架是源自史前迈锡尼时代的，而故事的很多主题和细节则是"后迈锡尼时代"加工增益的结果。"帕里-罗德理论"夸大了口传诗歌内容在流传中的不稳定性。由于史诗故事是要表演给广大听众的，而听众们难以容忍歌手对耳熟能详的传统故事情节的肆意篡改，这就使口传诗人的随意创新受到监督和约束。另外，口传诗歌也不是随心所欲的即兴发挥，某些构思成熟的情节和段落是要借助记忆传承的，这就确保了口传诗歌的基本内容在长期流传中仍有可能保持其相对稳定性。因而，某些史前的原始故事素材和基本情节有可能在口传时代借助史诗等口传文学形式部分地流传至历史时期。但也必须承认，经过"后迈锡尼时代"的漫长流传，很多情节被删改和淡忘；格式化套语也不断更新；新内容不断加入；原有的故事结构也不断被调整和重组。因而，保留到历史时期的史诗故事，已同史前迈锡尼时代的故事原貌相去甚远。迈锡尼社会给我们留下的是英雄故事的素材和框架，而故事内容的主体却是晚期增益的结果。因而，"荷马社会"并不是迈锡尼社会，而是"后迈锡尼时代"的史诗诗人们所熟悉的社会，而且积淀了不同时期的社会内容，迈锡尼时代的遗迹只是其中很小的一部分。总之,希腊英雄神话的某些素材和基本框架有可能借助史诗流传至有历史记载的时期。从这个意义上讲,尼尔森的理论仍有其立足之地。

另外,尼尔森的某些基本观点,如遗址与神话重要性的函数关系,尽管存在某些牵强附会的成分,但经过修正,还是能够大致反映客观事实的。尼尔森的某些分析和判断也确实显示出这位古典大师的睿智和洞察力。比如,他坚信迈锡尼人是讲希腊语的人,而非来自克里特的米诺殖民者。这种观点随着19世纪50年代线文B泥板的释读成功而成为常识,但在《希腊神话的迈锡尼源头》成书的30年代,即伊文思爵士的"米诺起源论"主宰学界的年代,这种观点就十分难得了。而且,尼尔森认为迈锡尼文明由希腊入侵者创建的观点,在某种程度上就是最近流行的德鲁斯的《希腊人的到来》(Robert Drews, *The Coming of the Greeks*, Princeton, 1989)观点的原始版本。此外,尼尔森的《希腊神话的迈锡尼源头》通过对神话的剖析和梳理来复原史前的移民迁徙活动,进而阐释希腊各地之间古老的文化联系,将神话还原成生动的"史前史"。尽管其论证多有主观臆想成分,但历史复原是需要想象力的。尼尔森对神话的富有想象力的复原,尤其是对美尼亚人神话的历史复原,是非常有创意的。

尽管尼尔森的理论体系受到学界质疑,但他的具体分析和论证依然精辟有效,依然是古典研究,尤其是古希腊宗教史研究的出发点。他的学养高深,学识渊博,学术见解睿智而深刻,分析问题具有拨云见日般的洞察力。阅读尼氏的书,有如同智者交流,他引领你步入神奇的古典世界,步入诡谲的神话迷宫,洞悉古人思想,揭开远古历史文化的神秘面纱。正如尼尔森纪念文章的撰写者所描述的:"尼尔森是一位思想家,一位每天都在思想,也阅读别人思想的人。他由此获得学识,凭着思想的力量,达到智慧的高度。"[①]

感谢王倩博士准确和流畅的译文,使我国学人和希腊文化爱好者们有机会同这位智者展开近距离交流。让我们循着尼尔森展开的"阿里阿德涅的线团",一步步走入幽深而神秘的神话迷宫。

[①] Einar Gjerstad. *Martin P. Nilsson in Memoriam*, Lund: Gleerup, 1968, p. 28.

英文版序

艾米利·弗穆勒（Emily Vermeule）

马丁·佩尔森·尼尔森（Martin Persson Nilsson，1874—1967）是一位卓越的学者，他以其罕见的渊博学识与洞察力开创了古典学的众多领域。尼尔森的卓越之处就在于其博闻与洞见卓然。1930—1931年间，他被加利福尼亚大学和伯克利大学聘请为古典学萨瑟讲座（Sather Lectures）教授，其讲座内容直到今天仍深受欢迎，这一点不足为怪。本书是尼尔森的萨瑟讲座文稿，也是其三部代表作之一，这三部著作对青铜时代希腊的研究范式产生了深远影响。另外两部分别是《荷马与迈锡尼》（Homer and Mycenae）（1933年），以及其中最为杰出的论著《米诺－迈锡尼宗教及其在希腊宗教中的遗存》（The Minoan-Mycenaean Religion and Its Survival in Greek Religion）（该书1927年初版，1950年重版）。如果没有尼尔森耗费毕生心血写成的这些巨著，我们对于最早时期希腊人的认知可能仍会流于凌乱与抽象，无法认识到古希腊社会晚期文化遗产之源在古代社会。表面看来，令人惊叹不已的是，直到当下，尼尔森的萨瑟讲座无论在知识理念还是在独创性方面依然享有无可替代的地位。尼尔森的萨瑟讲座之所以受欢迎，不仅仅因为它为某一特定时期的迈锡尼研究提供了颇有价值的文献，还因为它将希腊神话与公元前两千年的物质遗存相结合，是最具挑战意味的基础性原始资料。

在常规学术研究过程中，没有什么比利用新近考古学发掘发现做全面阐释更具有时代巨变意义了。因为尼尔森萨瑟的讲座大部分内容，也就是本书讲解九个地理部分的第二章，主要是对20世纪30年代以前希腊各省迈锡尼考古发掘资料所做的一种比较宽泛的考察，以及如何将这些地区现存的神话与迈锡尼历史的阐释连接起来。也许有人会因此而误认为，过去四十年间出土的大量考古文物可能会改变尼尔森的结论。实际上并非如此。我不相信那些新发现的遗址、地层基准面、陶器序列，甚至珍宝，所有这些会抹杀尼尔森讲座的价值。如果能足够高寿到与别人直面探讨，尼尔森本人应该会对那些新近的发现感到由衷的高兴。实际上，尼尔森早期关于希腊多数地区的判断与后来考古发掘事实是如此接近，以至于那些因缺乏探测而导致考古报告不足的地方，尼尔森都准确地预测了其未来考古发掘的丰富性。在一些个案中，尼尔森根据古典学中希腊部分重要地区的资料，提出了一些理念，这些理念被后期考古发掘所证实。尼尔森关于皮洛斯（Pylos）与玻俄提亚（Boiotia）这两个地区的推测同样如此，他关于上述两个地区中涅斯托耳（Nestor）与卡德摩斯（Cadmus）传奇故事的评价使得那些希腊乡村获得了公正的地位，后来出土的那些激动人心的珠宝证明了这一切。

尼尔森的萨瑟讲座因其思想的开放而不断更新，其中最受欢迎的并非是对后期诗歌与神话的直接阐释，而是将那些来自于希腊青铜时代具有真正价值的"非荷马式"文化遗迹当作希腊人生活方式的一种证据；尼尔森萨瑟讲座的深远意义就在于它阐释了诗歌与考古学之间的互动。鲜有古典语言学与宗教学的学者懂得地下出土文物对于研究对象的必要性。在某种程度上，尼尔森是古典学领域最后一位具有宽广胸襟的人文主义者，他拒绝将自己划入某一类专家或典型之内。尼尔森是一位不倦求索的学者，痴迷于任何能激发其想象力的事物，同时，他又是一位罕见的天才，拥有将任何复杂细小的论据整合到各种宏大与理性理论中的才能。

在我们看来中，《希腊神话的迈锡尼源头》一书提出了一个显而易见的观点：自从神话被书写以来，其存在的基本前提就从未遭到质疑，尽管神话在那个时代是具有惊人的独创性叙事。尼尔森首次意识到，古典文献表达的神话与具有久远青铜时代源头的神话之间具有某种关联性。这些关联一定程度上显得比较模糊，因为公元前13世纪的社会只拥有部分文献记载，而公元前7世纪的社会拥有足够多的文献表述，这两个社会之间那种少数富有创造性的关联丧失了，二者之间因长时段缺乏文献与图像资料，迁移频繁，文字书写与文化方式发生了变化而存在巨大裂痕。但这些联系却依然具有历史的必要性，富有知性的合理性与说服力。正如尼尔森指出的那样（参见本书英文版第31页），在此之前没有人提出希腊神话的迈锡尼源头（大部分是希腊源头）这种说法，之所以没人提出，是因为学者们在错误的方向上寻找其起源，他们所探寻的迈锡尼人形象或许被理解成是对古典故事的印证。当下的学者依然如此。然而青铜时代的希腊艺术不存在美学手册，其功能因此经常被误解。试图追寻忒修斯（Theseus）或欧罗巴（Europa）的史前蕴含的乐观过程被表述为一种艺术形式，这或许预示着公元前5世纪的绘画是出于对神话的错误理解而生成的，这也表明了神话是如何被后来的艺术家与诗人精心加工而得以幸存的。

在阐释过程中，尼尔森小心翼翼地绕过了很多死角，并保持缄默。比如索福克勒斯（Sophokles）戏剧与迈锡尼王室珠宝上那些场景之间的生硬的一一对应关系，那些著名的提斯柏（Thisbe）珠宝赝品上的神话场景就是根据迈锡尼王室珠宝上的情景仿造的。亚瑟·伊文思（Arthur Evans）爵士在克诺索斯（Knossos）发掘了提斯柏的许多黄金戒指，上面雕刻的招魂仪式场景具有一种蛊惑人心的意味，但对于关注玻俄提亚人（Boiotian）俄狄浦斯（Oedipus，原文为Oidipous——译注）的古典学者而言，提斯柏珠宝赝品的制造者以一种极为到位的简约风格在珠宝上刻画出了俄狄浦斯邂逅斯芬克斯（Sphinx）、杀死拉伊俄斯（Laius）的场景，而英雄在阿特柔斯（Atreus）宫殿诞生的场景则出于完善荷马与一些悲剧家作品中的某些必要的姿态需要。就在大约六十年之前，提斯柏珠宝被认为与公元前5世纪及青铜时代有关，没有一个人发现迈锡尼文物对古典悲剧的主题的极佳印证，这并不奇怪。在上述两个时代之间还有一些相似的崇拜类小雕像，以及一些战车和哀悼者之类的主题，在这些器物的边缘部位都刻有一些怪物，比如斯芬克斯、马人赛特（Centaurs）、格里芬（Griffin）等，至于这些神话形象是否具有象征意味，我们不得而知。迈锡尼艺术的一般特征是，它拒绝对故事意义上的神话做阐释，包括刻画那些特殊的事件与场景，某些转瞬即逝的瞬间细节或一些个体英雄。就像大部分青铜时代的艺术一样，出于一种装饰性目的，迈锡尼艺术品中同样也会点缀一些典型场景和具有广泛吸引力的重复性事件，比如围攻、狩猎、决斗或列队等等，这些都具有一种程式化风格，并且与埃及或安纳托利亚（Anatolia）地区的艺术风格有些类似。在一些非常时刻，我们也许要说一说诗歌，但此处就略去了。埃及和安纳托利亚地区很多传说在艺术之外开花结果，艺术品中的传说场景仅仅为惊鸿一瞥，爱琴海地区同样如此。

尼尔森深厚的古典学涵养使他面对青铜时代游刃有余，对祭礼和民间故事了如指掌，上述造诣让他最终理解青铜时代信仰如何最终以一种独特的方式被转变成我们所熟悉的神话与人物。尼尔森对古典神话与迈锡尼文化中心之间不可置疑的关系做了一种极为明晰的阐释。他强调了诸多神话中英雄名字在早期语言上的特征，他沿用的是保罗·克雷齐默（Paul Kretschmer）阐释《福音书》的方式。尽管尼尔森的讲座是在米尔曼·帕里（Milman Pary）对荷马史诗的口传特征做调查前写成的，但他已充分理解了荷马史诗的这种口头特征，他对荷马史诗吟唱与书写的特征所做的评点（参见本书英文版第18—19页）依然是无可超越的。正如那个时代的多数学者一样，尼尔森不免受到了当时荷马史诗分析式批判的影响，而他关于《伊里亚特》和《奥德赛》中孰先孰后的很多论断现在已经成为一种风尚，就像他在本书中所论及的比较神话学方法一样，当时已经落伍了，在当下却再度风靡。思想模式的波动是一种极为有趣的现象，但尼尔森对迈锡尼人的理解并非受制于这种可以波动的观点，其贡献是永恒的。

尼尔森当然非常高兴能够在其萨瑟讲座中最大限度地使用来自于克诺索斯、皮洛斯、迈锡尼与忒拜（Thebes）的一些线形文字B（Linear B）文本，他将这些资料及时穿插在自己的演讲中，而不是二十年之后使用它们。因为尼尔森是20世纪30年代那些认为迈锡尼人不论在语言还是种族上都是希腊人的少数学者之一，有幸解读"涅斯托耳"或"卡德摩斯"时期的早期希腊语言的机会赋予他一种愉悦之感，但并没有改变他的结论。唯一的例外是，他预感到，也许可以阐释性地将古老泥板上表述的神明狄俄尼索斯（Dionysus）置于青铜时代；一直到1953年，这位古怪的酒神才被视为"后起"的神明。1954年，当尼尔森写下"破译迈锡尼手稿的历史重要性"这样的句子时，他发现酒神依然具有一种异质性，不过让他感到宽慰的是，没有证据支撑这个名字具有一种神明的意味。① 尼尔森甚至怀疑泥板本应在忒拜这样的地方被发现，他相信，"迈锡尼人是希腊人，是一个嗜战的民族，他们没有管理武器的天分。就像西奥多里克（Theodoric）大帝一样，或许那时迈锡尼人还没有学会书写艺术。不过他们有别的营生"②。尼尔森的这种理解当然是正确无疑的，尽管论据已有所改变。

直到生命停息的最后一刻，尼尔森一直密切关注考古发掘报告；对于那些墓葬出土的文物，壁画与象牙残片，瓶画的年代顺序，他都了如指掌，并陶醉在一些新发现中。他将这些视为学术资源的一个组成部分，对其价值有着持续而精确的判断，他对赝品的鉴别从未走眼，他认为辨别文物的真伪是历史文献研究的一部分。

尼尔森对迈锡尼世界做了极为艰巨的调研，在此基础上做出了历史性的结论，尽管新资料不时出现，但其结论却只有细微的改动。在尼尔森看来，奥林匹亚（Olympia）已经成为迈锡尼王国的一个部分；美塞尼亚（Messenia）与玻俄提亚有大量希腊青铜后期的文化遗迹；拉科尼亚（Laconia）与赛萨利（Thessaly）比先前表述的更重要、更强大；迈锡尼的边界渗透到了小亚西亚的南部与东部，比如米利都（Miletos）与缪凯贝（Müskebi）之类的地方，这得到了历史学越来越多的关注；尼尔森萨瑟讲座强调的黎凡特（Levant）地区的乌伽特

---

① *Opusula Seleca* III, 1960, pp. 489 ff., 509.
② 同上，第501页。

(Ugarit)与恩科米(Enkomi)这两个地方,因为与迈锡尼人有过密切的交往而在后来被倍加关注。尼尔森萨瑟的讲座之后,特洛伊(Troy)城的分层同时被澄清了,"特洛伊战争"在整个希腊文化时期的位置也得以重新排列,"特洛伊战争"成为一个富有创造性与充满活力的术语出现在学界,此时史诗故事已异常繁荣。而在此之前,史诗却几度萎靡,这也许具有一种异样的凄美与辛酸色彩。被尼尔森称为"迈锡尼的"神话也许要更为古老,这些神话近期也受到了人们的关注。它们流行于住在希腊大陆或岛屿上的希腊早期居民间,也许它们是被那些希腊早期的侵略者从其古老的家乡带到希腊来的。一旦穿越了从古典时代通向青铜时代的桥梁,尼尔森就将研究范围的整个领域向每一位学者敞开。

作为一种事实性的资料,下面要列出一些关于古代希腊的实物调查,但对这些东西从来就没有进行过比较性的研究,不论是神话,还是迈锡尼社会无法确定的属性均如此。几年之后,倘若要从400多份萨瑟讲座中遴选出一份最有价值之演讲,那么它就是尼尔森最后的被贴上"奥林波斯"(Olympus)之标签的讲座。[①] 正如荷马所吟唱的那样,尼尔森的讲座揭开了神明国度的属性,以及它在迈锡尼时代的王权的可能性模式。在这种可能之下,尼尔森离开了考古学而走向了宗教与想象性之维度,在此层面上,其思想依然有效,其论著价值也将永葆青春活力。尼尔森的萨瑟讲座会像他们所描述的神话一样不朽于世。

[①] S. Dow. *Fifty Years of Sathers*, 1965, p. 22.

参 考 资 料

P. Ålin, *Das Ende der mykenischen Fundstätten auf dem griechischen Festland*, Studies in Mediterranean Archaeology I, 1962.

L. Banti, "Myth in Pre-Classical Art," *American Journal of Archaeology* 58 (1954) 307.

V. R. d'A. Desborough and N. G. L. Hammond, "The End of the Mycenaean Civilization and the Dark Age," *Cambridge Ancient History* II^2, ch. xxxvi, 1962.

V. R. d'A. Desborough, *The Last Mycenaeans and Their Successors*, 1964.

W. C. K. Guthrie, "The Religion and Mythology of the Greeks," *Cambridge Ancient History* II^2, ch. xlv, 1961.

V. Karageorghis, "Myth and Epic in Mycenaean Vase-Painting," *American Journal of Archaeology* 62 (1958) 383.

G. Kirk, *The Songs of Homer*, 1962.

H. Lorimer, *Homer and Monuments*, 1950.

M. Nilsson, *The Minoan-Mycenaean Religion*^{2}, 1950.

Geschichte der griechischen Religion^2, I, 1941.

A. Persson, *The Religion of Greece in Prehistoric Times*, 1942.

R. Hope Simpson, *A Gazetteer and Atlas of Mycenaean Sites*, Bulletin of the Institute of Classical Studies, University of London, Supplement 16, 1965.

R. Hope Simpson and J. Lazenby, *The Catalogue of Ships in Homer's Iliad*, 1970.

F. Strubbings, "The Rise of Mycenaean Civilization," "The Expansion of Mycenaean Civilization," "The Recession of Mycenaean Civilization," *Cambridge Ancient History* II^2, chs. xiv, xxii, xxvii, 1963 – 1965.

E. Vermeule, "Mythology in Mycenaean Art," *Classical Journal* 54 (1958) 97. *Greece in the Bronze Age*, 1964. "Götterkult," *Archaeologia Homerica* (1963), 1972.

A. J. B. Wace and F. Stubbings, *A Companion to Homer*, 1962.

T. B. L. Webster, *From Mycenae to Homer*, 1958.

目　　录

第一章　希腊神话到底有多古老？／1

第二章　迈锡尼中心与神话中心／22

　　第一部分　阿尔古利斯／23

　　第二部分　拉科尼亚／46

　　第三部分　皮洛斯的疆域／54

　　第四部分　伯罗奔尼撒半岛其他地域／62

　　第五部分　爱奥尼亚诸岛／66

　　第六部分　南部贝奥提亚／70

　　第七部分　北部贝奥提亚与赛萨利／88

　　第八部分　阿提卡／110

　　第九部分　结语／124

第三章　赫拉克勒斯／128

第四章　奥林波斯／150

附录一　索引／169

附录二　重要译名对照表／178

译后记／205

第一章　希腊神话到底有多古老？

文学中的神话

"希腊神话到底有多古老？"这个问题乍一看来颇显无聊，因为希腊神话显然有些年头了。那些诸如出于政治性目的而创造的族谱神话以及一些用英雄命名的神话其实是晚起的，整个希腊历史时期都充斥着这种神话创造；不过比起那些晚近的神话，诸如狄俄尼索斯（Dionysus）的一系列游历神话，或者大量的变形故事，尤其是那些在希腊化时代（Hellenistic age）创造的星座神话，这些神话可谓古老。后世的悲剧诗人们改造了这些神话，并在其中烙上了个人印记，所以现在我们所熟知的一些神话通常以悲剧形式呈现。类似的是，在悲剧诗人之前，那些伟大的颂歌抒情诗人又改造了这些神话。与此同时，一些故事群性史诗（cyclical epics）的吟唱对神话的重塑产生了一定的复杂影响。我们在荷马史诗中会发现很多熟悉的神话，它们通常以不同于晚近的神话的形式出现。最后，毋庸置疑，神话在诗人荷马之前早已存在。

不过，我们的问题并非是神话的改造与重塑，它通常仅仅由对一种流行模式的模仿组成，我们关注的是真正的神话的创造，尤其是那些伟大神话故事群的创造。从这个角度来看，希腊化时代与很多早期的神话也许要被排除在外。希腊的悲剧诗人们一般很少创造新神话，但通常用一种比较彻底的形式来改造神话，颂歌抒情诗人同样如此。何以如此？因为在那个时代，诗人的荣誉与声望并不像现代诗人那样取决于对某些事物的原创与发明，而取决于以一种新颖而独特的形式来表达传统素材所蕴含的思想。

因此，我们关注的是神话的古老根源，毕竟那些相对次要的创造已经被丢弃了，这样一来，我们的问题就并非如此无聊。实际上，已经有各种各样的尝试性回答，尽管以前的提问并非像我们的这样简单与直白，但它已被包含在有着其他目的的考察与推理之中了。我在此要强调的一点是要认识到一些原理的重要性，它们是我们研究的基础，左右我们的探讨进程。

比较神话学

接下来，我会将比较神话学一笔带过，因为在我尚年轻的时候，就是三十年前或更早一些时候，比较神话学已经失宠，现今已鲜有人用一种科学的态度来认真讨论它了。不过我将关注一些与此相关的个人比较感兴趣的话题。之所以如此称呼比较神话学，是因为它将希腊神话与雅利安（Aryan）神话做比较，试图通过这种方式来探寻雅利安神话与宗教的源头，因为欧洲人和部分亚洲人是雅利安人的后裔，与此类似，比较语言学发现上述地区人们的语言同样源于古代雅利安语言。潜在的推论甚为明晰，即希腊神话属于前希腊人（pre-Greek），前希腊人从雅利安人那里传承了这些神话，在其迁入希腊后一直将之保存。然而，比较神话学却忽略了神明神话与英雄神话之间的重要差异，错误地认为神明神话与英雄神话有着共同的源头。这个源头能够在自然现象中发现。倘若比较神话学的观点是正确的，那么我们的讲座将毫无意义，因为接下来我们要指出，希腊神话不但在前荷马时代就已经生成，而且早在希腊人迁入希腊之前就产生了。但因从上个世纪70年代以来（19世纪70年代——译注），整个问题已经极端深度化与复杂化，所以我们已经学会了区分宗教与神话，也不得不学习去理解一个通常意义上被视为并非希腊史前时代的新时期——迈锡尼时期。

欧赫墨罗斯主义

尽管麦克斯·缪勒（Max Müller）及其追随者对欧赫墨罗斯主义（Euhemerism）颇有微词，但这种理论在近期却再次受到众人关注。我以为这种反应是合理的，但有些过头。一些英国学者将神话视为历史事实的再创造，正如那些历史编撰者将神话纳入历史体系一样。这些人当然没有忽略神话中那些虚构性成分，不过他们认为，那些神话人物及其功勋并非虚构，而是信史，因此，他们就毫无疑问地接受了那些神话谱系与年表。我无法做到这一点。我理解并欣赏民间记忆的韧性，但我也懂得这种民间传统是如何被保存的——就是混合与改造。这种改造尤其影响了那些变动比较随意的人物的年代关系。① 至于我们关注

---

① 相关论述可以参见拙文："Ueber die Glaubwürdigkeit der Volksüberlieferung bes. in Bezug auf die alte Geschichte" in the Italian periodical *Scientia*, 1930, pp. 319 et seq.

的史诗传统，我们要正确关注的并非是那种具有历史性成分的传统，而是《尼伯龙根之歌》(*Nibelungenlied*) 与《贝奥武甫》(*Beowulf*) 这类史诗传统，我会在后面的章节中对二者做归纳。我们知道历史性因素是如何被拙劣地夹杂于这类史诗传统中，我们同样知道历史性成分与虚幻性因素是如何被混杂在一起的。倘若一种良好的历史传统要被保存下来，那么在定居与文明这两个方面均安定的生活为其绝对条件，但迈锡尼文明的衰微时期却是一个动荡与混乱的时代，这种动乱使得希腊所有的部族混淆，所有的殖民地一变再变，希腊人的传统也因此彼此混淆并混乱不堪。希腊神话的历史性成分，尤其神话年代的历史性因素，是诗人们将神话系统化的结果，更是历史编撰者将其理性化与历史化的产物。[1]

神话的历史学派

德国学者的立场与此截然不同，他们关注的是神话的历史性要素，这种方法与比较神话学的阐释模式是对立的，被称为神话—历史学派。该学派对待神话的态度并非像我们前面介绍的自然神话学派那么简单。因此我一定要尽力总结该学派的学理，尽管该学派诸多论著在细节上相互矛盾，很难在简短的分析中做完全公正的评论。

神话—历史学派认为，在史诗形成之前的早期社会，神话的一些要素就已经存在了，该学派同时指出，这些相当单一的神话要素通过诗歌这种中介被整合进一个复杂的神话中，从而彼此相互关联。在这个过程中，神话经历了深度的改编乃至全新的创造。对神话做了创造性扩展的诗歌被称为史诗，即荷马与后荷马史诗，还有故事群式史诗，以及许多仅仅保留了一些零散知识的散佚的史诗。我们还可以进一步推断，史诗在荷马之前就已经存在了，它们后来组成了现有的荷马史诗。

神话—历史学派认为神话不仅经过了改造与重塑，实际上还经历了神话故事群的创造——这恰恰是我们在此要关注的——因为它假定，神话故事群是通过各种简单的神话要素联合而成的。假如将这种过程归于迈锡尼时代，我也许不怎么反驳，但将其归于荷马时代以及荷马前后的时代，我就不得不反对了。

---

[1] 萨瑟讲座的前任讲座教授迈尔斯教授出于友好将其讲稿给了我，那时我的讲稿已经写成。迈尔斯教授认为，英雄族谱构成了相当可靠的年表体系。我希望自己会在下面的章节中公正地阐释与此不同的立场。在此过程中，我会尽力恰当地考虑时代背景、民间传统及行吟诗人的传播。

稍后我将会列举几个例子来说明神话—历史学派的研究方法，以及各种方法引发的诸多差异之处。

几年前，弗里德兰德（Friedländer）教授试图去追溯赫拉克勒斯故事群（Heracles Cycle）发展的踪迹。① 根据其学说，一个基本的事实是，梯林斯人（Tirynthian）的信念源自他们这位侠肝义胆的英雄。梯林斯人从伯罗奔尼撒（Peloponnese）半岛迁入罗德斯（Rhodes）岛之后，关于赫拉克勒斯的新历险故事也就补充进了从伯罗奔尼撒半岛带来的神话之中。这样，赫拉克勒斯的十二件历险故事就开始形成并在罗德斯岛最后定型。

不过全面且重要的例子还是贝特（Bethe）教授对特洛伊故事群起源与发展探讨的尝试。② 他找到了他认为是希腊大陆本土英雄间的争斗故事的古老核心。公元前7世纪或稍前时期，或当这群拥有英雄信仰的不同部落向小亚细亚西北部迁移时，他们就将这些单一而互不关联的神话带入了爱奥利亚（Aeolia）地区。在迁移过程中，爱奥利亚人（Aeolian）带来了阿喀琉斯（Achilles）的神话故事，罗克里亚人（Locrian）带来了埃阿斯（Aias）的故事，阿尔卡地亚人（Arcadian）带来了埃涅阿斯（Aeneas）的故事，原来居住在特洛伊的特洛伊斯（Troes）部落带来了特洛伊人（Trojans）这个名字，等等。各个迁徙部落携带的各种神话故事最终在爱奥利亚聚集并融合，然后被附会到了一个伊里昂（Ilion）城的毁灭上。特洛伊的神话故事群就是这样被创造出来的，特洛伊第六座城市的毁灭也被描绘为被来自于北部的野蛮人所攻破。倘若这种荷马史诗生成的观点正确，那么它当然就不仅仅暗示着这是对神话的改造，而且还是对神话的真正创造，因为关于特洛伊故事群的一些基本理念源自公元前7世纪史诗诗人的创造。尽管此处篇幅有限，我无法展开批评，我还是禁不住指出，有三种迁入爱奥利亚的浪潮，是不可能的，一般的传统对此保持缄默。这些假说之所以被创造出来是为了迎合一种虚假的观点，它尚未获得任何认可。

另外一位杰出的学者乌尔里克·维拉莫威兹（Ulrich Wilamowitz）教授对史诗的分析不同于贝特教授，但涉及神话的发展时，他却采用相同的分析视角。乌尔里克·维拉莫威兹教授在近期的一篇文章中简要指出，③ 从赛萨利（Thessaly）向爱奥利亚迁移的过程中，菲赛奥利亚人（Phthiotian）与美伽尼亚人

---

① P. Friedländer, "Herakles," *Philologische Untersuchungen*, H. XIX (1907).
② E. Bethe, *Homer*, I-III (1914–1927; Vol. II, ed. 2, 1929 年再版时仅有一些细微的补充)。
③ U. v. Wilamowitz-Moellendorff, "Die griechische Heldensage, II," *Sitzungsberichte der preussischen Akademie der Wissenschaften*, 1925, p. 241.

（Magnesian）带去了阿喀琉斯的神话故事；阿伽门农（Agamemnon）的宫殿最初在库麦（Cyme）与莱斯博斯（Lesbos）岛这两个地方出现，他作为国王的形象出现在希腊大陆上其实是史诗赋予的；格劳科斯（Glaucus）与萨耳珀冬（Sarpedon）的后裔作为其城镇的统治者的爱奥尼亚人（Ionians）将上述这些英雄的神话纳入了口传叙事诗中。关于这一点，乌尔里克·维拉莫威兹教授的观点与贝特教授有所不同，后者认为特洛伊战争是在公元前7世纪被创造出来的，而维拉莫威兹教授则认为，蕴含在荷马史诗中关于特洛伊战争的神话故事其实是一种相当古老的历史事实，即希腊人在斯卡曼德山谷（Scammander Valley）去获取立足点的徒劳之举。

神话与史诗

这种含蓄的假说其实是对神话—历史学派奠基者缪勒（K. O. Müller）部落神话观点的回应。缪勒的主导思想是，神话随着部落的迁移从一个地域传向另外一个地域，当部落杂居与融合时，其神话也就同时融合了。假如我们将此种理论应用到日耳曼史诗（Teutonic Epics）中，那么我们就必须标明，斯堪的纳维亚人侵入英格兰的时间比它真正发生的时间要早两三百年，因为史诗《贝奥武甫》中仅仅讲到了丹麦人、瑞典人与盖塔人（Geata）被奴役的具体时间，却没有提及英国人被侵略的时间。为了阐释西格德（Sigurd：北欧神话中的英雄——译注）神话在《埃达》（Edda）诗歌中出现的事实，同时我们必须假定，公元9世纪或10世纪之前，日耳曼部落曾经从欧洲大陆向斯堪的纳维亚半岛迁移。我在此省略了俄国史诗《白尼纳斯》（Bylinas）及其流传。此时我不得不想到，当我们论及神话与史诗的流传时，希腊与上述这些国家史诗的流传的情况并非完全不同。因此，我不得不推测，甚至在希腊社会，神话与史诗也是独立于部落的迁移而传播的。一旦我们了解到希腊行吟诗人们的相关事情，我们就会明白他们其实是四处游走的人群。我们还需要持一种批判的眼光来看待崇拜与英雄的地方化，一定不要将其作为证据来使用，除非其可靠性已经得到验证，因为它们经常受到史诗的影响。阿伽门农就是地方化的一个例子，稍后我会再次论及。①

我们对其他史诗的了解倾向于表明，这种基本原则，即将神话的流传与合

---

① 参见本书英文版第148页及其以下部分。

并归结于部落的合并和融合的教条是一种谬论。在我看来，这种假说的谬误其实与研究方法的根本性错误联系在一起；也就是说，它将两件必须区分的事物——神话的生成与史诗的生成当成一回事了。另外，只有通过对现存史诗与残篇的分析，才能够在某种程度上达到对史诗进行考察的目的。有人经常会这样说，佚失的赫拉克勒斯口传叙事诗创造了赫拉克勒斯故事群，在这个案例中，这种情况看上去并非不可能，因为我们虽然没有口传叙事诗，但是我们可以自由地按照想象去重构它。当我们用同样的思想来分析特洛伊故事群时，这种方法行不通，这就表明该教条的脆弱性，因为在该个案中，我们拥有口传叙事诗而且可以将其作为一种对照。再举一个例子，比如，乌尔里克·维拉莫威兹教授认为，狄俄墨得斯（Diomedes）英勇事迹是《伊利亚特》（Iliad）中最为古老的一个部分，它其实是对忒拜史诗（Thebais）的模仿。[①] 如果这种说法正确，那么我们就会注意到，荷马和赫西俄德（Hesiod）笔下的忒拜神话与通行的文本之间有着巨大的差异[②]。一种不可避免的结论是，忒拜神话要比荷马史诗早一些，但不论是荷马还是赫西俄德的诗歌，二者均未提到忒拜神话。尽管经过了史诗的驯化，神话中依然保留了一些野性的痕迹。

荷马问题

潜藏在神话—历史学派论著之中一个根本但却又很难说明白的学理是，神话故事群是创造的，其创造和发展通过史诗得以实现，并与史诗的发展同步；此外，我们对史诗的了解则是通过一些文字资料来进行的。但这种说法经不住检验。还有一种相反的观点必须要考虑在内；也就是说，一个神话的故事群有着其自身的梗概，它是荷马时代诗人们的故事源泉，当然，诗人们在吟唱时并非没有更改这些材料。倘若这种观点能够被接受，那么，史诗诗人与抒情诗人走的是同一条路子，就像那些悲剧诗人一样，他们最终接收并使用了那些古老的神话故事，有时还做了一些根本性的改造。这就是各个国家史诗的发展情况，我们对它们的了解远远比我们对希腊史诗发展的了解要更为全面。严格说来，这两种方法都缺乏论证，不过显然我们还是应该将其考虑在内。

我在此所表述的关于神话发展的观点其实与荷马的研究方法密切联系在一起，它在那些采用这种观点的学者中比较流行；也就是说，它与一种诗歌的文

---

① U. v. Wilamowitz-Moellendorff, *Die Ilias und Homer* (1916), p. 339.
② *Il.* xxiii, v. 676 *et seq*; Hesiod, *Erga*, v. 161 *et seq*.

字分析有关。英国和美国学界已经开始留意这种研究方法，荷马的研究也同时沿着不同的方法发展。我个人认为，事实上很难对这种研究方法及其追随者们撰写的著作做一种完全公正的批评。尽管这些学者们的结论中存在一些表面上的矛盾之处，但关于荷马与荷马问题，他们还是形成了某些更深刻的理解，并且已经取得了一些重大研究成果。但文献分析并不是荷马问题的最新形式。如果因为史诗早期的发展很难拆分而将其视为与史诗研究无关的内容，我们因此忽视那些比由文献分析而来的更久远的发展历史，这会把我们引入歧途。这种立场看上去有些不合理，但实际上已经有很多学者在采用这种研究方法了，他们将神话故事群的发展时间归于荷马与后荷马时代，却忽视了一个没有文字书写的早期时代可能会发生的一些情况。荷马问题一定会被扩展为史诗问题。正如一句谚语所说的"阿伽门农之前的英雄何止百千"，我认为这里应该是"荷马史诗之前"。荷马史诗是代代相传的结果，这是大家比较公认的一种说法，但我们一定要找出这个话题带来的可能性影响。

如果将以下两个问题同时提出，那么二者之间的差距就比较明显了：史诗的文字分析可以上溯多远？荷马史诗中可以明确标明时间的因素到底有多古老？

文字分析发现了被荷马时代诗人们采用的一些早期的韵文，其中一部分甚至被诗人们在诗歌写作过程中接管了。哪怕最迷狂的一神论者都不会否认这种韵文或许曾经存在。当然，没有人会相信这种早期的韵文被书写出来了进而可以保存得更为长久一些。但倘若行吟诗人们通过记忆保存了这些韵文，并通过口头传统代代相传，那么我们将很难想象经过两代或至多三代艺人之后，这些诗歌还会留存。不过我并不反对这样认为，即经过四五代艺人之后，史诗还会保存下来，尽管这看上去极为不可能。我们由此得出了一个必然的结论：被荷马史诗合并和改造的那些最早的韵文，较之于荷马史诗的书写时间，不可能早一个世纪，或者与荷马史诗的书写时间并无差别。这是文字分析不可能逾越的界限。

考古学与史学证据

考古学为荷马史诗中出现的一些成分提供了断代工具。荷马史诗中最晚近的因素属于东方化时代；但此处我们关注的是最为古老的因素。所有这些都要上溯到迈锡尼时代，而且，荷马史诗中许多最为突出的因素都与希腊最早的历史时期有关。① 在这一点上，我们就必须关注与此相关的一些重要线索。荷马时代的军队中已经出现了大量的文献，"涅斯托耳之杯"经常被论及；不过，在迈锡尼时代后期，护体盾牌被小型盾牌所取代——考古学资料证明，为其属于后来时代做辩护乃徒劳之举。人们在迈锡尼第四座竖井墓穴中发现了"涅斯托耳之杯"，该墓葬为较早的墓葬群中的一个。说到这里还要补充一个重要的发现，那就是，这些迈锡尼成分不仅仅在荷马史诗最早与较早的部分中出现了，而且在荷马史诗最晚与较晚近的章节中都出现了。比如，最初我们并不了解野猪獠牙头盔的用途，直到借助于迈锡尼的发现物才有所了解，杜隆（Dolon）短篇叙事诗最晚的一处诗文中就有所描述。

考古学不仅仅是荷马史诗一些因素断代的唯一手段，与历史及文明的状况相关的章节或许会达成相同的目标。作为海上霸主与商人的腓尼基人（Phoenicians）向希腊输入大量精美昂贵的物品，当我们发现他们时，我们当然承认，希腊的几何时代已经结束，东方化时代到来了。另一方面，荷马在其史诗中很少提及多里安人（Dorians），尽管多里安人在荷马时代已在伯罗奔尼撒半岛居住了很长一段时间。迈锡尼国王是希腊霸主，其他的一些英雄仅仅是其属臣。迈锡尼城盛产黄金，在希腊所有城市中最重要，其国王是希腊至高无上的君王。试图对这种历史事实做贬损的行为②是徒劳之举，因为我们难以相信，公元前 7 世纪爱奥尼亚的行吟诗人碰巧就具有将这种状态归于小城与迈锡尼国王的观念，事实上那时迈锡尼已成一片废墟。阿伽门农王同样也不存在，他仅仅在特洛伊故事群中出现，尽管不时有相反的观点出现。③ 试图否定这些事实的行为只会将我们导向一种谬误与脆弱的假说。这里我们本该强调真正的阿伽门农王权，但此处并不明显，我将在后面的部分中论及这一点。

当我们论及荷马史诗中这些成分时，我们会看到它们源于不同的时代与文明，关于这个问题的探讨主要有两派，两个派系之间经常争论不休。一个派别尽可能将荷马史诗的生成时间往后推；也就是说，尽量将其放到发达的几何时代与东方化时代，然后将荷马史诗中许多与史诗主题不相关的成分视为不相关的遗留物。另外一个派别则将荷马史诗中那些属于更晚时代的一些成分看作不相干的补充物，他们大多数人将荷马视为迈锡尼时代的人。这两种方法看上去

---

① H．L．Lorimer, "Defensive Armour in Homer," *Liverpool Annals of Archaeology and Anthropology*, XV (1928), pp. 89 *et seq*; and "Homer's Use of the Past," *Journal of Hellenic Studies*, XLIX (1929), pp. 145 *et seq*.
② 贝特（E. Bethe），参见前引文；相关论述见本书英文版第 45 页。
③ 参见本书英文版第 46 页及其以下部分。

8 | 希腊神话的迈锡尼源头

都不对。我们不得不坦率承认，荷马史诗中含有大量来自于不同时代的成分，荷马试图在史诗中去理解与解释它们，而不是通过虚假的阐释来隐瞒与删除这些成分。

荷马史诗中最早因素与最晚因素之间的时间差距整整有一千年，而不是五百年。对现有史诗范围的书写分析仅仅能够找出比最晚的因素早一点点的时间，因此只能够覆盖这种差距之中的小部分，也就是前面我们讲过的一个世纪或者至多一个世纪多一点。还有一些学者仅仅局限于文献分析，认为关于一种早于文献的证据的阶段，我们不可能获得有说服力的判断。持这些学说的一神论者依然对荷马时代之前的阶段缺乏兴趣。但这种一厢情愿的想法堵塞了学者们的研究思路，同时给一些基本性问题的探讨带来了不便，史诗问题从而也被错误地限定在荷马问题上。但是，现存的荷马史诗却是史诗长期发展——"荷马史诗之前"的最终成就。而史诗问题，譬如希腊史诗起源及其最初的发展，这些问题都不能被置之一旁。

史诗比较研究

可以理解学者们如此做的原因，因为他们持有这样一种观点：处理上溯到一个未知年代的疑难问题时，所有的方法都是有问题的。但这并非真实，因为还有一种方法可以利用。不过，因为它既不是严格意义上的哲学方法，也非史学方法，而是通常所说的比较方法，很多人因为缺少自信而将其视为事物的外部比较。

多年以前，斯坦萨尔（Steinthal）教授曾经试图介绍史诗的比较研究，但其尝试却没有取得决定性成功，主要是他被浪漫主义关于集体性的大众诗歌那一套假说左右了。我们从来就没有就这个主题进行过大规模的史诗比较研究，仅仅拥有一些线索及做了一些小规模的尝试。冯·波尔曼（von Pöhlmann）教授比较关注活态史诗研究，他指出，荷马史诗研究的失败之处就在于没有将活态史诗纳入考察对象,[1] 但他的研究仅仅是徒劳。德雷拉普（Drerup）教授曾经对各

---

[1] R. v. Pöhlmann, "Zur geschichtlichen Beurteilung Homers," *Sybel's historische Zeitschrift*, LXXIII (1894), pp. 385 *et seq*. 该文在波尔曼教授的论文 *Gesammelte Abhandlungen* 中再次出现，论文出处参见：*Aus Altertum und Gegenwart*, I., pp. 56 *et seq*. 波尔曼教授在该文 59 页的论述在今天依然是真实的："这是现代荷马研究的一个重要缺陷，它恰恰对荷马问题历史维度的探讨提供了非常重要的材料，然而在一定程度上远远尚未被加以利用并未必进一步深入探讨。今天，在此种情况下它呈现在我们的面前。"

种大众史诗进行了调查，① 但其研究似乎已被众人遗忘了，也许因为这些资料的价值并没有被他真正应用于希腊史诗研究上。这方面的英语论著都具有片面性，这是一种真实的状况，不单单是安德鲁·兰（Andrew Lang）对荷马史诗与英雄之歌（chansons de geste，也译为"尚松"，为古代法国一种英雄叙事诗，属于英雄史诗的一种类型，为法国早期文学的源头。"geste"源自拉丁文，意为"行为"。——译注）的草率比较研究如此，② 就连查德威克（Chadwick）教授一部重要的论著也存在这样的问题，他在这部书中对希腊史诗与日耳曼史诗的细节进行了比较。③ 不言而喻，比较研究应该建立在一种最大可能的基础之上，同时忽略那些次要的、非本质的要素。④

史诗的发展

不可能对所有的大众史诗一一进行诠释。我在此仅仅列举出这些史诗。首先我们拥有日耳曼史诗的一些支派：古德国的史诗、英国-撒克逊的史诗、斯堪的纳维亚的史诗。这些史诗的支派至少还包括以下部分：芬兰-爱沙尼亚史诗、俄国史诗，甚至还包括古代法国史诗叙事诗（bylinas and chansons de geste）。塞尔比亚的大众史诗依然是活态的；我们在亚洲的几个部族中发现了一些史诗，主要是西伯利亚的卡拉-吉尔吉兹（Kara-Kirgizes）史诗和阿巴坎-鞑靼斯（Abakan Tartars）史诗，以及苏门答腊岛的安特奇尼斯（Atchinese）史诗。隐藏在希腊中世纪史诗狄格尼斯·阿卡瑞塔斯（Digenis Akritas）中的一些历史性事件几乎无从知晓。我们从以上史诗的比较研究中可以得出如下一些结论：史诗不可能源于集体性的大众史诗，史诗是英雄时代的产物，这一点在冯特（Wundt）教授那里已经有所表述，查德威克稍后做了深入阐释。史诗诞生于贵族化社会或封建社会，它们颂赞那些活人的事迹或描述当时社会的一些事件，但其神话特性与民间故事因素却归功于活着的人们。史诗充满了对英雄和蒙昧时代的高度赞美，从一开始，史诗就向超自然打开了大门。史诗的写作者不是那些普通民众，而是一些天才式人物，这些人像行吟诗人那样四处游走，常常

---

① E. Drerup, "Homerische Poetik," I., *Das Homerproblem in der Gegenwart* (1921), pp. 27 et seq. 具体的考察，参见约翰·迈耶（John Meier）先生的论著：*Werden und Leben des Volksepos* (1909)。

② A. Lang, *Homer and his Age* (1906), pp. 297 et seq.

③ H. M. Chadwick, *The Heroic Age* (1912).

④ 我希望能够就这个主题展开更充分的论述，即将面世的一本新书《荷马与迈锡尼》（*Homer and Mycenae*）深入探讨了这个问题，该书是基于 1929 年我在伦敦大学所做的一系列演讲而写成的。

作为宫廷行吟诗人而出现在一些显贵人物的宴席上。尽管如此，在精英阶层与草根阶层之间并不存在情感上的差异；草根阶层的人同样有尚武精神，他们羡慕英勇的行为并传承了史诗。

这就是史诗发展的最初阶段，一般来说比较短暂。将史诗后来的发展限制在一个主题之内，就像查德威克的尝试那样，是不可能的，不过我们在这里不妨考虑两种可能的发展。英雄时代有可能会延续下去；曾经是新鲜一时的吟唱会随着环境的变化而变化。或者英雄时代会终结，人们过上了一种相对平静的生活。不过人们对重大事件的兴趣及对史诗的痴迷并不会立即止息。史诗被保存了下来，但它现在却歌颂过去时代人们的事迹，因此，它一般倾向于将表述的内容局限在一个或少数几个历险故事群上，行吟诗人们从中汲取了一些素材作为自己吟唱的主题，尽管他们创造了一些生动的诗歌，同时对史诗做了一些补充与改变。在这样状况下，史诗有可能比先前还要受欢迎，会在普通百姓中传播开来，不过在某种意义上，史诗处于一种停滞状态。

这种情景有可能会被一个新的英雄时代打破，同时被关注当代人们与事件的新史诗打断，但史诗的停滞状况会一直延续下去，直到史诗被其他的文学种类取代或被更高形态的文化所遗弃。史诗也有可能会流传到遥远的异地，一些文化水平比较低的人群接受了史诗，尽管过着一种单调的生活，这些人却无比热爱史诗，将史诗的吟唱传统保存了下来。当然，在这种变动的状况下，史诗会遭受许多变化。

史诗的技巧

史诗是一团漂浮不定的东西，有着这样或那样的界限。这一点很重要，我们必须加以理解，为达到该目的，我们要将史诗的写作艺术与技巧纳入探讨之中；二者看上去有些类似。史诗吟唱艺术总是由某些富有天分的人来操作，不过天才有多种类型，其中最有天分的那些人成了艺术家，行吟诗人们在宫廷之中吟唱史诗，或者根据不同的环境来对人们吟唱。每个人都是通过聆听来学习的，因此，家族传统颇为重要，行吟诗人世家，甚至吟唱流派就出现了。

既然史诗的吟唱艺术与书写是通过学习传承的，那么就连带出了这么一个非常重要的问题：这种艺术是如何学习的？首先有人会说，每一位行吟诗人都是通过聆听来学习的；但一位诗人从来就不是通过逐字逐句的重复来学习的，即使一位行吟诗人反复吟唱同一段史诗，他们经常这样。实际上，史诗的形式就像其吟唱方式一样繁复。史诗经常根据时间、个人与其他情况而被改变。

即使突出的诗节被人们学会并反复吟唱，人们学会的大都不是完整的史诗，而是组织史诗材料的技巧和艺术。诗人吟唱的主题有可能来自一个老套的故事，也有可能取自一个新故事。每一次吟唱的形式或多或少都是即兴创造的产物，因此很多行吟诗人都会宣称自己受到了神灵的启发，就像《奥德赛》中的歌者斐弥俄斯（Phemius）那样。这种吟唱艺术是可能的，因为行吟诗人是通过长时间的练习，掌握了一种即时组织字句的语言艺术。

所有民族的史诗语言中都会出现大量的套语，比如那些重复性的习语，整个诗行甚至整个的诗行体；史诗在文体上的主要特征就是重复。譬如，当一条信息被传递时，它被逐字重复。荷马史诗一共有 27853 行诗句，其中有 2118 句重复了两次或两次以上，它们组成了 5162 行诗句，大约相当于整个荷马史诗的五分之一。除此之外，所有史诗都具有典型化描述的特征。尽管这些描述不是以相同的字句重复，它们基本上是一样的。行吟诗人是利用这些重复性的表述成分来组织史诗的吟唱。一位卡拉-吉尔吉兹（Kara-Kirgiz）行吟诗人吟唱的诗句对所有的行吟诗人都适用：歌手拥有一个现成的巨大诗歌仓库，其技巧就在于借助一些新造的诗句，然后根据不同的事件来协调这些素材并将之进行组合。一位老练的诗人可以即兴创造任何主题的完整诗篇。[1]

如果我们考虑到了传统技巧的这种作用，就能够理解为何那些吟唱昔日的史诗总是在内容与语言上采用古体。套语与典型化描述保留了一些比较古老的成分，即使它们不再被人理解，诗人们依然可以将其引入比较晚近的吟唱话语中。事件的古老背景在史诗中之所以得以保留，是因为诗人有意要歌唱过去而不是他所在的那个时代，只不过诗人将那些古老的成分与他自己那个时代的新要素搅和在了一起，把这些东西一起塞到他那个时代的文化体系中。

上面说到的这些观点与希腊史诗本身完全吻合，尤其是《奥德赛》。当论及希腊行吟诗人的吟唱技巧与方式时，我们或许可以带着一种确信猜测：就是在前荷马时代也不例外。这些套语在语言上非常老套，它们的意义也不能够被行吟诗人们理解的事实证明史诗本身与技巧非常古老。假如我们认真地考虑到了古代史诗的技巧，那么我们自然就得出一种阐释：荷马史诗中囊括了相差五百年的不同时代的因素，实际上，大约相差有整整一千年。这种时间的巨大跨度

---

[1] W. Radloff, "Die Sprachen der nördlichen Türkstämme," V, *Der Dialekt der Kara-Kirgizen* (1885), p. xvi.

看上去令人感到有些惊异，其实不足为怪；俄国史诗的发展经历了近乎一千年，其中保留了凯孚（Kieff）帝国和维京时代的一些古老记忆。

希腊史诗的源头必须上溯到迈锡尼时代，当然这种说法会招致强烈反对。因为迈锡尼文明本质上是米诺（Minoan）文明，一个公认的事实就是，米诺文明源于非希腊人，根本就不是雅利安人创造的。所以亚瑟·伊文思爵士与很多学者都将迈锡尼人视为米诺人，后者在希腊大陆落脚，稍后征服了希腊土著。伊文思认可这样一种观点，即希腊史诗源于迈锡尼时代。他由此推测，史诗最初是用米诺语言吟唱的，后来这个社会中使用了双语交流，史诗的语言就转换成了希腊语。[1] 类似的过程在别的地方同样会发生，只不过其结果是新史诗。当然，这么一来，上面我们讲过的那种通过史诗技巧来保存古老要素的推论性假说就遭到了颠覆。

希腊史诗的迈锡尼源头

就像史诗一样，神话也本应因而产生于米诺人之中。而这个观点似乎是不被认可的，因为事实上神话中的名字几乎都明显是希腊人名，而那些确是米诺人名的相当少。我们或许会认为，假如希腊史诗源自米诺人，那么希腊早期的口传叙事诗中就会出现相当多米诺神话的名字。尽管与我在前面提到的最高的学术权威的意见不同，但我还是确信迈锡尼人是移居的希腊人，他们从米诺人手中接管了米诺文明。详尽阐释我的理由需要花费颇多时间，我建议诸位读者阅读本人以前出版的一部拙著，该书详细地论述了这个问题。[2] 这种说法在当下颇为流行。一些年轻的考古学者倾向于将希腊人的迁移时间上溯到希腊青铜时代文化的早期（Early Helladic age）结束或更早阶段，但是，我发现希腊人的移民有可能始于中青铜时代文化的末期。这样，我就会理所当然地认为迈锡尼人是希腊人，我希望接下来的论述会确证这种观点。

史诗源于英雄时代，颂赞的对象是英雄。在那个时代，一些人因为权势、财富或行为的显赫而声名鹊起，人们因此渴望被颂扬与吟唱，在这样一种社会语境下，史诗就产生了。这样的一个时代就是迈锡尼时代；尽管各派观点不一，大家都公认迈锡尼时代是一个部落与族群频繁迁移的时代，迈锡尼城的那些竖井墓葬（Shaft-graves），登德拉（Dendra）遗址、瓦斐奥（Vaphio）遗址等地圆

---

[1] A. J. Evans, *Journal of Hellenic Studies*, XXXII (1912), pp. 387 *et seq.*
[2] 参见拙著《米诺-迈锡尼宗教及其在希腊宗教中的遗存》第11页以后部分。

顶墓葬（bee-hive tombs，又称圆顶墓穴）中出土的财宝证明了这个时代的富有与强盛，更不用说那些圆顶墓葬、宫殿以及城市中奇伟的城墙本身了。荷马史诗中最为古老的成分上溯到了迈锡尼时代，我因此毫不犹豫地认为，荷马史诗产生于迈锡尼时代。一开始时，行吟诗人向王侯及其家臣们吟唱史诗，但仰慕史诗中那些人物英武行为的人们传承了史诗，并将它们保存了下来。

动荡不安的迈锡尼时代结束了，接下来是介于迈锡尼时代与几何时代（Geometric ages）的过渡期，它是希腊历史与史前史上最为贫瘠、黑暗的时代。人们极为贫瘠与困苦，处于水深火热之中，不得不依靠土地过活；希腊社会四分五裂，各个部落老死不相往来。这个时期出土的陶器风格多样，富有明显的地方特征，这种几何时期陶器显著的本土变化与迈锡尼时代风格统一的陶器形成了鲜明的对比。此外，腓尼基人此时成为海上霸主。看上去不可思议的是，史诗居然在这样一个时代产生了，并且得到了保留，经过短暂的停滞之后开始发展，这种情况与俄国、芬兰的史诗的发展状况类似。此时史诗吟唱的主题依然局限于一两个故事群，比如特洛伊战争，甚至是忒拜战争故事群。很难说为何这些故事群如此受大众欢迎，就像难以说清为何隆赛沃（Roncevaux）史诗中一些琐碎的冲突被放进了法国史诗最显赫的部分一样。我们通过上面的分析已经知晓了史诗的传承。史诗的因素出现了，它们被不断更新，与一些新史诗成分相互混淆。

希腊史诗的发展

在公元前9世纪及以后的时代，希腊社会出现了新的转机；社会财富开始增加；希腊人重新开始进行海上贸易，大规模地向外扩张。殖民时代到来了，在某种程度上说，这无疑又是另外一个英雄时代，但贵族们依然享有社会特权与政治特权。这种背景就为史诗的复兴提供了环境基础，但旧有的传统是如此顽固，以至于一些古老的故事群还被保留着，并且与新的故事群纠结在一起。真正具有创造性的史诗是《奥德赛》，它并没有否认它所引以为荣的殖民时代的辉煌印记。但最为突出的一点是，一位伟大的诗人出现了，我宁愿称其为荷马。荷马在史诗中注入了新的生机与活力，将英雄精神放到了史诗最为显赫的位置，然后在此基础上展开了全面的表述。

似乎我对荷马问题给予了太多教条式的阐释，迟迟没有进入希腊神话的迈锡尼源头的探讨主题。但这种解释不可忽视，因为一些学者忽略了荷马史诗之前的一些阶段,另外一些学者则坚持认为,在这个时段之前的时间都可以笼统地称为荷马时代,那个时候只有一些孤立单一的神话存在,这些神话要素被诗人们组织成为一个连贯的故事群,荷马就是其代表。倘若这种观点正确,那么我关于神话的故事群要上溯到迈锡尼时代的假说显然就是一种谬论。

为了反对上述这种观点,我不得不设法检验两件事情。第一,史诗的发展经历了一个漫长的阶段,因此史诗的源头要上溯到早期的迈锡尼时代,隐藏在荷马史诗中迈锡尼时代的因素就证明了这一事实。对于神话而言,第一点更具有说服力,但对于考古学研究对象或文明与社会生活的要素来说就不是那么回事了,因为后二者更容易受到史诗生成环境的影响,随着环境的变化而不断发生变化与改变,此时史诗已经生成。这样,我们就得出了一种有很大可能性的假说,也就是说,荷马史诗中的神话要上溯到迈锡尼时代,尽管并没更多的细节性为一些特定的神话提供证据。

第二,希腊史诗的背景,譬如占据史诗主要部分的特洛伊故事群,迈锡尼的权力,以及迈锡尼的王权,等等,所有这些似乎不可能通过连缀一些短小的吟唱话语与神话而成,它们似乎在荷马史诗形成之前早就存在了,行吟诗人们从这些先在的故事群中获取自己的吟唱主题。一个与显贵人物有关的事件群总是在所有的史诗中出现,我们对它们的了解比希腊史诗还要确切。这个事件群作为背景,故事情节是从它们中剥离出来然后又被放入其中连接的;不过,这仅仅是史诗的前提,并非是最后的结果。我指的是德国史诗中的尼伯龙根(Nibelungen)的故事,古代法国史诗中的罗兰的故事,《白尼纳斯》史诗对伟大人物弗拉基米尔(Vladimir)及其随从的描述,塞尔维亚史诗中表述的英雄马克·卡拉基维奇(Marko Kraljevitch)故事及在萨拉斯特雷(Throstle)旷野进行的战役,卡拉-吉尔吉兹史诗中伊斯兰王侯玛纳斯(Manas)与异教徒王侯霍洛伊(Joloi)的故事,等等。同样地,荷马史诗的背景——发生于特洛伊人与阿伽门农领导的希腊人之间的战争,或者换句话说,就是特洛伊战争的故事群,首先必须是一种事实,生成于迈锡尼时代。行吟诗人从这些故事群中选取了一些情节,然后在自己的吟唱中添加了一些情节。我们当然不知道史诗具体的细节,不过要质疑的是其古代起源及后来的情节是如何添加的;在这里我们要关注的是一些基本性的概念,我们将其称为特洛伊故事群,我们努力证明,这个故事群源于迈锡尼时代,正如史诗源自迈锡尼时代。

我已经注意到了这样一种事实,行吟诗人们的选择总是限于一到两个神话故事群。其他一些神话也许在更早的时候曾经被吟唱过,但现在已经落伍。不过我们倒是不能妄下断语，说其他的故事群并不存在或早就被忘却了。我们要考察的对象不单单是史诗，还有一些散文中讲述的保留了大量神话的简单故事，后来的抒情诗人与悲剧诗人的吟唱使得这些神话故事为人所知。这样的一些散体史诗（prose epic）并非罕见。纳蒂斯（Nartes）人的故事群，奥塞梯（Ossetes）民族的英雄故事，以及高加索（Caucasus）民族的一些英雄故事，都是以散文体形式来讲述的。①

神话的迈锡尼源头

可以证明，有相当数量的神话与故事群可以上溯到迈锡尼时代。我将通过一种敏锐的语言学观察证明，有相当数量的神话英雄故事一定可以上溯到比荷马更早的一个时代。克雷齐默（Kretschmer）教授注意到了两种神话英雄名字上的根本差异。② 老一辈英雄名字的结尾一般以"-eus"结尾，并且通常是缩写形式；相反，这些神话英雄的儿子通常有一个复合的名字。比如，Peleus（珀琉斯），Achilleus（阿喀琉斯），以及与此相对照的 Neoptolemus（涅俄普托勒弥斯）。以下是老一辈英雄与其儿子们名字的对比：Odysseus—Telemachus（奥德修斯—忒勒玛科斯）；Atreus—Agamemnon（阿特柔斯—阿伽门农），Menelaus（墨涅拉俄斯）；Tydeus—Diomedes（提丢斯—狄俄墨得斯）；Neleus—Nestor（涅琉斯—涅斯托耳）；Oeneus—Meleager（俄钮斯—梅里格尔）；等等。很难根据语源学来解读神话中老一代英雄的名字，而新一代英雄的名字则很清晰并很容易用语源学知识来阐释。显然，那些以"-eus"结尾的名字的英雄比普通名字的英雄要早一些，与这种语言学现象相对应的一种神话学事实就是，后者据说是前者的儿子及后裔。但后者在荷马史诗中却频繁出现；他们的先辈因此一定能够上溯到更早的时代，也就是前荷马时代。这个时代是迈锡尼时代，当然不仅仅可通过语言学来论证，还有为这种差异的生成提供了必要条件的时间跨度可以证明，它被强调得如此厉害，以至于我们由此可以假定，这些英雄可以上溯到几个世纪之前，很有可能会回溯到迈锡尼时代。如果这些英雄的名字是如此古老，那么与此相关的神话在某种程度上也一定如此。

也许有人会反驳说，只有一些比较古老的孤立神话可以拿来论证，但我们同样可以证明，一些伟大的神话故事群比荷马史诗要古老得多，实际上，它们

---

① G. Dumézil, *Légendes sur les Nartes* (1930).
② P. Kretschmer, 具体论述参见杂志：*Glotta*, X (1920), pp. 305 *et seq*。

可以上溯到迈锡尼时代。在早期的一些论著中，[1] 我已经简略地论证了这个问题。我会在后面的演讲中针对一些重要的神话做详细阐释，此处仅仅详述一些问题的原理。我们知道，正是神话引导我们发现了迈锡尼与米诺的城市，使得谢里曼（Schliemann）先生发现了特洛伊城与迈锡尼城，同时，它引导亚瑟·伊文思先生发现了科诺索斯（Cnossus）。在上述这些个案中，神话成为一种富有启发性的手段，使得考古发掘得以成功，它同时也证明，在神话中心与迈锡尼中心之间存在一种关联。我的论证仅仅是对这些原理的合乎逻辑的应用，对两种类型的城市做一种通透的对比，前者是与神话故事群相连的一些城市，后者则是发现的迈锡尼时代一些城市。如果二者之间的关联是持续的，比如，我们发现与神话故事群相连的城市同时是迈锡尼文明的中心，那么二者之间的持续性的对应就不能被视为是偶然的。这种现象同时能够证明，在神话故事群与迈锡尼文明之间同样存在一种关联，比如，神话中一些主要的故事群可以上溯到迈锡尼时代。

这种考察会走得更远一些，因为缜密的调查显示，一个地方的神话重要性与其在迈锡尼文明中的重要性是紧密关联的。用一句数学用语，一座城市的神话重要性是该城市在迈锡尼文明中的重要性的函数。二者之间这种密切而持续的关联排除了任何具有偶然性的思想。当然还有一些补充性的证据，某些特定神话中一些固有的元素源自迈锡尼时期，但因为这些因素在神话中不常见，有些时候令人感到有些疑惑，因此要在其他章节单独讨论。

关于对神话与迈锡尼遗址之间对应关系的应用与详尽阐释，这部分内容会在以下部分展开。不过我知道这相当困难，并且明白一些细节的探讨尚存不足之处，因此，我的目的也就是补充一些方法论方面的内容。

当论及迈锡尼的文物时，也许有人会反驳说，这些东西并不完整，整个希腊并没有展开有系统的发掘。[2] 这倒是真的，因为每年都会有新的发现。在那个时代，这些文物肯定比现在要出名，不过另一方面，看上去情形并没有发生多

---

[1] 参见拙文："Der mykenische Ursprung der griechischen Mythologie，" Ἀντίδωρον，Festschrift für J. Wackernagel（1924），pp. 137，et seq，以及拙著：《希腊宗教史》（History of Greek Religion，pp. 38 et seq）。
[2] 斐汶（Fimmen）博士曾经在其论著《克里特—迈锡尼文化》（Dir kretisch-mykenische Kultur，1921）中对史前城市与已发掘的宫殿做了简短精辟的探讨。1924 年该书发行了第二版，仅仅对第一版做了一些细微的改动。我们这里尤其需要补充一幅更好的地图，并且要将迈锡尼遗址从前迈锡尼遗址中区分开来。到了近期，孟特琉斯教授（O. Montelius）在其著作《前古典时代的希腊》（La Grèce préclassique，Ⅰ，Ⅱ：2，1924－1928）中以非常详尽的资料对考古发掘与出土文物做了详细的表述。不过遗憾的是这类遗著并没有提到我们探讨的日程上来。

第一章 希腊神话到底有多古老？ | 17

少本质性的变化。重要的首先是阿尔古利斯（Argolis）省的文物，然后是贝奥提亚（Boeotia）省的文物。已知的其他省份的文物是如此之多，以至于我们几乎不可能期待新的发现会改变上述两地的相对重要性。迈锡尼遗址与文明的地图将会被完善起来，而不是被颠覆或做大规模改动。当然其中存在一些不规则的东西，但这些会在具体案例中被具体对待。①

当论及神话时，我们应该强调一些观点。我们已经指出，神话在后期甚至在距离我们比较晚近的时代被加以改造。神话艺术科学阐明神话的发展，直到借助于文献与碑文证据可以追溯其历史。因为神话艺术关注的内容是神话在特定历史时期的发展，所以，当它证实某些形式的神话在一定历史时期得以发展或补充时，我们只要接受其结论就可以了。要对神话的发展做深入推演，一般就要涉及重构一些遗失的史诗或那些残篇中保存的史诗，但这种重塑极具假想性与矛盾性，因此带有一定的难度。一般人都会忽视荷马史诗中出现的神话形式；但一定要对它们进行充分的关照，因为它是记录下来的最为古老的神话形式，尽管它不是现存神话形式中最为古老的。

更进一步说，我们要对不同种类的神话，尤其是神明神话与英雄神话做区分。神明神话由那些关注神祇及祭仪的神话构成。在此我无法对这种重要的差异做详细阐释；我只能说我们很少注意神明神话，对那些祭仪神话更是鲜有关注，同时我们也忽略了那些短小的神话及骤然出现在各地的孤立型神话。因为每一个城镇都有自己的英雄，或者他们都会创造自己的英雄，在这样一种情况下，很多齐名的英雄就会被当地的人们随意创造出来。我们要关注的对象仅仅是英雄神话的故事群，因此，我们的目标是做这样一种检验：这些故事群的区域分布及它们各自不同的重要性与迈锡尼文物之间在何种程度上是对应的。

不过这些神话，甚至英雄神话中同样会出现一些显著的差异，因为这些英雄神话由不同的要素组成，故事开始是民间故事，但到了结尾就出现了极具历史性成分的事件。比如，民间故事的叙事主题在珀尔修斯（Perseus）和阿喀琉斯神话中占据了显著地位，但在皮洛斯人（Pylian）神话中看上去鲜有神话性因素，它更多地包含了一些历史性成分。从神话与史诗发展的时段来看，这是可以理解的。皮洛斯人的故事群是晚近创造的，它关注的是王侯的行为，鲜有神话性成分，而珀尔修斯与阿喀琉斯则是相当古老而颇受欢迎的神话英雄。俄狄浦斯的神话核心是民间故事。但"七雄攻忒拜"却是一个富有历史性成分的神

---

① 参见本书英文版第128、182页。

18 | 希腊神话的迈锡尼源头

话，弥倪亚斯人的"欧尔科美诺斯"（Orchomenus）也如此。

我颇为清醒地知道，对这个主题进行论证是一件相当困难的事情，因此我随时做好了遭受反对的准备。有人可能会说，我只不过将那种陈旧而本该遭受谴责的方法复活了而已，该方法主要是从神话中寻找历史。在某种程度上，一些英雄神话中当然隐藏着一些历史事实，但神话从来就不可能转换为历史。假如没有一种独立的历史传统，就像《尼伯龙根之歌》那样的历史传统，那么我们也就从来不会获得任何一种关于这种历史事实的认知。因为神话永远是神话，很大程度上它是一种虚构性的东西；这种隐藏的历史事实已被虚构打乱并加以改造了。对希腊神话而言，并不存在具有支配权的历史传统。我们只有考古学，但要证明一些历史性事件，仅有考古学资料还远远不够，这些考古实物至多只能够代表文化环境。但这种文化背景具有极为重要的影响力。即便我论证的一些细节中存在矛盾或错误之处，它对整体的正确性并没有什么妨碍。通过与迈锡尼文明一些地理区域的密切对应，希腊英雄神话的环境得以充分证实。

最初，希腊神话之迈锡尼源头的观点并没有公布并得到认可，这要归结于一些特殊的事实。尽管出土了大量迈锡尼时代的艺术品，以及各类雕刻或绘画作品，但这些作品中看上去缺少神话性场景。于是有些人开始急切地在其中寻找，近期有人宣称这些艺术品中蕴含着一些神话性场景，但其主张令人颇为怀疑。这些艺术品中有一枚被称为斯库拉（Scylla）的克里特（Cretan）圆筒印章，上面描绘了一个男性站在小船里与一头从海中冒出来的海怪搏斗。这个怪物看上去并不像斯库拉风格的产物，这幅艺术品场景是否描述了一个神话事件，这一点令人比较怀疑。[1] 第二个例子是在梯林斯附近出土的一枚黄金戒指，戒指上雕绘了一条船，船上站着两对男女，分明是两对夫妇。这个场景被冠以"诱拐海伦"之名，但这种解释从来就没有被认为是一种谨慎的说法；相反，它被视为一种极为草率的观点。戒指上描绘的情景有可能是打招呼，也有可能是告别。上面描述的应该是日常生活，迈锡尼的艺术品中有时会出现这种场面。[2] 我个人则倾向于疏略来自于提斯柏（Thisbe）的那些默默无闻的珠宝上的一些场景。[3]

---

[1] 参见英国学派在雅典编著的论著《年鉴》（Annual），第9集第58页图36；最新的阐释可参阅马瑞纳托斯（S. Marinatos）对这个问题的考察，参见其论文：Μινωική καί Ὀμηρική Σκύλλα in Δελτίον ἀρχαιολογικόν, X, pp. 51 et seq.

[2] 参见拙著《米诺－迈锡尼宗教及其在希腊宗教中的遗存》，第44页注释3。

[3] A. J. Evans, "The Ring of Nestor, etc.", Journal of Hellenic Studies, XL (1925), pp. 1 et seq. 这种惊人发现的真实性还需要进一步验证。我在拙著《米诺－迈锡尼宗教及其在希腊宗教中的遗存》第304页及其以下部分提出了一些异议。

根据这些事实，有人一定做如下推测：米诺艺术中没有神话性情景，仅仅只有一些文化性表述，到了后来，迈锡尼人全盘接管了这些艺术，未加任何改动。事实上可以肯定的是，米诺艺术家是为迈锡尼男性祖先们而工作的；因为神话表述在艺术中是缺席的，迈锡尼的神话也就没有得到描述，尽管神话与艺术是相关的。甚至在其他一些地方，迈锡尼的艺术特征被米诺艺术特征所取代，即便出现了迈锡尼艺术，也是极为罕见且遮遮掩掩。不过看上去令人惊异的是，尽管迈锡尼人拥有高水准的艺术，同时拥有丰富的神话资源，他们却没有在艺术中表现神话，这种事实令人匪夷所思。几何时代的艺术品同样如此，尽管那个时代的人们喜欢描绘各种各样的男人、女人、马匹与船只，他们却没有在自己的艺术中表述一些神话性场景——即便有一两个例外，那也是后期的作品。但几何时代是荷马时代，那个时候的神话资源相当丰富。

但最近的发现，却使得对在迈锡尼艺术中偶尔也会出现对神话的表述的怀疑被置于一旁。在古米底亚（old Mideia）附近的登德拉（Dendra）圆顶墓穴中出土了异常丰富美丽的文物，该墓葬是由珀森（Persson）教授在1926年发掘的。其中有8块蓝色的玻璃壁画，它们显然是用模子倒出来的，因为每一个都一模一样。这些壁画上描绘了一个女人坐在一头巨大的公牛背上。① 这种场景非常类似于著名的昔列诺斯（Selinus）壁画上所描绘的情景，如果这幅画是在古风时代创造的，很多人会认为它描绘的是欧罗巴（Europa）坐在公牛背上的神话图景。我不明白为何我们不能够接受这种鉴定，即使它的表现对象是迈锡尼人。

在这些相同的出土玻璃壁画中，还有另外两块玻璃壁画与两块残片上刻画了一头巨大的狮子，一个男人站在狮子面前。② 狮子的脑袋看上去像长在背上一样；狮子的尾巴极长。壁画保存环境是如此糟糕以至于很多细节都模糊不清，不过我们没有理由怀疑这是另外一个神话场景——喀迈拉（Chimaera）与柏勒洛丰（Bellerophon，也作 Bellerophontes——译注）的神话故事。不过令人诧异的是，这两则神话刻画的场景都发生在异国——稍后我会再次谈及这个话题。③ 第三幅与希腊神话相关的场景描绘了两个半人半马的怪物，它们手中握着短剑，这种场景雕刻在一块质地为皂石的宝石上，布利根（Blegen）博士在阿尔哥斯赫

---

① A. W. Persson, *Kungagraven i Dendra* (1928), p. 123. 参见本书英文版第38页注释6。
② 同上，第125页。
③ 参见本书英文版第53页及其以下部分。

拉尤姆（Argive Heraeum）神庙遗址发掘迈锡尼时代后期的墓穴时发现了这块皂石宝石。① 我在此仅仅打算强调这样一种事实，即迈锡尼艺术中表述的希腊神话将要为人所知。假如已经证实，欧罗巴、柏勒洛丰、马人赛特的神话能够上溯到迈锡尼时代，那么以下观点可能会更有说服力：一些伟大的神话故事群与迈锡尼中心有着某种关联，它们同样可以上溯到迈锡尼时代。

---

① 布利根（Blegen）博士慷慨地向我展示了这块宝石的图案，他的一本即将付梓的论著《普罗希姆纳》（Prosymna，阿尔哥斯城的古城镇，赫拉神庙所在地——译注）中即要公布这幅图像，他允许我在此提及这块宝石上的图案。

第二章　迈锡尼中心与神话中心

我们在第一章已对要讲的原理与前提做了一些铺垫，现在开始进入正题，对迈锡尼文明中心与神话故事群中心在细节上加以对比，并阐释其相对重要性。迈锡尼考古学的一些主要事实已为人所知并极易被接受，这样一来我们这方面的任务就无须多费口舌。我们现在要做的是重新强调比较重要的考古发现与遗址中一些主要因素，因为根据我们的原则，仅有少许一些空间来探讨这些细节。对我们而言，重要的是理解整个迈锡尼文明的主体以及一些地方出土遗物的价值。关于迈锡尼时代的勘察相当充分。① 斐汶（Fimmen）博士在其论著中对迈锡尼的一些发掘地点做了清理，列出了该领域的一些权威论著，其研究对我们的目标极为有利。② 我在此仅仅对此类特定事物的重要性做一些补充，或者对一些公布之后的考古发现做一些补充性说明。

尚需更多篇幅对神话学加以探讨，因为尽管有大量的神话手册，③ 但我们手头的神话学材料并不多，手头的考古学资料也如此。在某种程度上我们还需要为之努力。这里有必要对神话的某些部分做深入探讨，它们可能或多或少与迈锡尼时代有着某种关联，同时，也要考虑一些相关的证据，有时我们对其比较头疼甚至疑惑不已。

---

①H. R. Hall, *Aegaean Archaeology* (1914); *The Civilization of Greece in the Bronze Age* (1928). G. Glotz, *The Aegaean Civilization* (1925). *Cambridge Ancient History*, II, chap. 16, "Crete and Mycenae" (by A. J. B. Wace).

②参见本书英文版第 28 页注释 23。

③希腊神话故事的典范之作是普雷勒（L. Preller）先生编著的《希腊神话故事》（*Griechische Mythologie*）第四版，由罗伯特（C. Robert）先生编辑。这部丛书将英雄神话视为一种相当原初而重要的神话类型，并用了《希腊英雄传说》（*Die griechische Heldensage*, 1920–1926）这样一个富有学术性的题目将它与其他神话分开；该书唯一不足的地方是其索引，其他没有什么可以挑剔的。关于这个主题最好的英文论著当数罗斯（H. J. Rose）编著的《希腊神话手册》（*A Handbook of Greek Mythology*, 1928）一书。

第一部分　阿尔古利斯

迈锡尼诸城

我的探讨当然要从阿尔古利斯开始，因为这个省份不论是在迈锡尼文明还是在希腊神话中都占据了极其重要的地位。就像其神话一样，阿尔古利斯出土的文物是迈锡尼最为丰富的。阿尔古利斯的首府是迈锡尼城，应以迈锡尼来命名它所处的时代与文明，因为我们发现，在迈锡尼的考古发现远远超过了其他地方，给予它这种待遇理所当然；① 因为这种关联，我们在此不再探讨克里特（Crete）文明与米诺文明。迈锡尼城是迈锡尼时代的希腊最为尊贵和富有的城镇，而其建筑遗迹则极为壮丽：带有狮子门（Lion Gate）的城墙，来自于史前时代唯一不朽的纪念性雕像，还有属于宏伟王宫的一些不幸业已损坏的遗址，以及九座圆顶的墓穴，其数量与大小均遥遥领先于其他文化遗址。有一座被称为阿特柔斯（Atreus）之墓的墓穴最为高大威严，它笔直地耸立在那里，其建造时间比罗马万神殿早了近1500年。著名的竖井墓穴中出土了大量的文物，其丰富性依然无法超越，迈锡尼文明正因这些文物而被首次发现。此外，这个地方还发现了大量的石凿坟墓（chamber tomb）；楚尼达斯（Tsoundas）教授在很久以前发掘了很多这样的墓葬，英国一些学者在雅典的卡来卡尼（Kalkani）公墓进行了大规模的发掘活动。② 上述所有这些数量众多的发掘表明，迈锡尼城人口众多，人丁兴旺，居民非常富有。

梯林斯似乎是迈锡尼的竞争对手，因为梯林斯拥有带走廊的宏伟城墙，以及保护得很好的宫殿遗址，尽管梯林斯显然是一座比迈锡尼小很多的城市。在梯林斯发现的一些遗址与文物并没有迈锡尼发现的文物那么重要。不过在梯林斯还是发现了一座规模宏大的下城和一座建造得很好的圆顶墓葬。近期在梯林

---

① 英国学者们已经将最近的重要发掘结果公布在《年鉴》（Annual）第24期（1921—1923），这是英国学者在雅典出版的一份杂志。
② 这些地方的考古发掘报告很快就会在《考古学》（Archaeologia）期刊公布。

斯东南部进行了大规模的发掘，该地一条河流因此而改道，主要为了保护这个下城，使其不致被洪水淹没。

位于阿尔古利斯境内迈锡尼的第三座要塞是米地亚（Midea）。米地亚雄伟的城墙所覆盖的地方是除盖拉（Gla）之外的迈锡尼诸城中最为广大的；这个地方还没有进行发掘，不过在其南部一英里处的登德拉村，珀森教授有幸发掘到一个业已坍塌但未被触动的圆顶墓穴及几座石凿墓葬。这些发现极负盛名，几乎可以与迈锡尼发现物媲美。①

考古学事实表明，就在赫拉（Hera）神庙——赫拉尤姆（Heraeum）后来建立的地方，曾经存在一座比迈锡尼城稍晚一些的城市。这个地方有迈锡尼城墙和房屋的遗迹，还发现了一些迈锡尼人的陶片与宗教崇拜偶像；② 该地附近还发现了一个圆顶墓葬，最后，一批美国考古学者近期在这个地方发掘出了迈锡尼所有时代大量的石凿墓穴。③

相比之下，历史时期阿尔古利斯的都城阿尔哥斯出土的文物就略微逊色。一座叫作亚斯庇斯（Aspis）的矮山上出土了迈锡尼的陶片，戴拉斯（Deiras）山脉将这座小山与雄伟的拉里萨（Larissa）卫城连接起来，人们在这个戴拉斯山脉发掘出了一些石凿墓穴。近期考古工作者在拉里萨发掘了一些迈锡尼城墙中的文物。④

阿尔古利斯省内还有其他一些比较小的遗址；譬如，与科林斯省毗邻的纳乌普利亚（Nauplia）及亚西涅（Asine），一支瑞士探险队在上述两地发掘出一

---

①珀森（A. W. Persson）的发掘报告《登德拉墓穴》（*Kungagraven i Dendra*，1928）在瑞典极为畅销。这些地方最为重要的一些考古发现最后会在隆德（Lund，瑞典城市名——译注）文字研究中心（the R. Society of Letters of Lund）主办的刊物《学报》（*Acta*）上最后公布。

②*Tiryns*，Vol. I（1912），pp. 144 *et seq*. 另外可以参见拙著《米诺-迈锡尼宗教及其在希腊宗教中的遗存》第410页及其以下部分。

③最初的考古发掘报告可参见《美国考古学报》（*American Journal of Archaeology*）第29期（1925，XXIX）第413页及其以下部分，以及第32期（1927，XXXI）第105页及其以下部分，《希腊研究杂志》（*Journal of Hellenic Studies*），第6期（1926，XLVI）第226页及其以下部分，第7期（1927，XLVII）第237页及其以下部分，第8期（1928，XLVIII）第184页。

④近期在拉里萨（Larissa）的考古发掘报告，参看福尔格拉夫（Vollgraff）教授发表于 *Mnemosyne*（谟涅摩绪涅），LVI（1928），pp. 313 *et seq*，以及 *Mededeelingen der K. Akad. van Wetenschappen*，*Letterkunde*，Vol. LXVI（1928），Ser. B. No. 4 的文章。

座迈锡尼时代的小镇，他们同时还发现了一系列石凿墓葬。①

相对于我们的目标来说，对这些突出考古学事实的简略回顾已经比较充分了。现在转向神话，我们的话题从迈锡尼时代的都城迈锡尼开始。严格说来，迈锡尼城有两种截然不同的墓穴，一种是竖井墓穴，另外一种是圆顶墓穴，二者都是富贵和权威的象征。据说这两种不同的墓葬习俗反映了神话表述中两个先后相连的迈锡尼王室之家族，一个是珀尔修斯家族（Perseidae），另外一个是阿特柔斯家族（Atridae，原文 Atreidae——译注）。早期的那些竖井墓穴被视为珀尔修斯家族所有，而晚一些的圆顶墓穴则被视为阿特柔斯家族所有；不过我认为这种平行的分类法不太可靠。更多的时候，这种说法基于一种猜测而不是事实之上，我们最好不要轻易将其纳入论述之中。② 现在我们转向神话本身。

珀尔修斯

在较早的神话谱系中，珀尔修斯是迈锡尼人最为重要的英雄。珀尔修斯神话的核心内容是斩杀女妖戈耳工（Gorgon，原文 Gorgo——译注），它也许是希腊英雄神话接纳民间故事的最典型的一个例子。③ 早在迈锡尼时代，关于珀尔修斯的诞生故事就已经被添加到了神话的关键部分中，只不过发生在塞里福斯（Seriphus）岛屿上的神话情节看上去相当晚近，我们在此将其省略。珀尔修斯的神话与民间故事情节单元显然彼此勾连在一起，在某种程度上说，这是一则极为古老的证据。民间故事在任何国家的任何地方都可以被讲述，并且不会被其他民族所地方化。但是在希腊，由于英雄地方化这种英雄神话的先天性趋向，并且民间故事只有被纳入英雄神话之中时，它才会保存下来，这些民间故事就被地方化了。

学界一般都公认珀尔修斯属于迈锡尼人。他被表述为迈锡尼城的创始人。

---

① 关于这些与科林斯搭界的城镇，读者可以参阅 Blegen, *American Journal of Archaeology*, XXIV, pp. 1 et seq. 考古工作者在亚西涅最初的发掘报告发表在《隆德文字研究中心公报》（*Bulletion of the R. Society of Letters of Lund*, 1924 – 1925），不过这些并不包括人们在 1926 年发掘的一些重要发现，尤其是在下城（Lower Town）的发掘成果，关于这个地方避难所的发掘表述，读者可以参看拙著《米诺-迈锡尼宗教及其在希腊宗教中的遗存》第 10 页及其以下部分。1930 年在这个地方又进行了一次发掘，最终的发掘报告不久会公布于世。

② 因此我在这里就没有必要介绍亚瑟·伊文思（Arthur Evans）爵士与本文中介绍的那些旧有观点相悖的见解了。伊文思认为，那些竖井墓穴中的尸体与器物是从圆顶墓穴中转移过去的，针对韦斯（Wace）先生所做的圆顶墓穴的断代，伊文思还补充了质疑性观点。（A. J. Evans, *The Shaft-Graves and Bee-Hive Tombs of Mycenae and Their Interrelation*, 1929.）

③ E. S. Hartland, *The Legend of Perseus*, I-III（1894 – 1896）.

后来，一则语源学的阐释就被创造了出来。① 关于珀尔修斯艰难建造迈锡尼城的神话就不得不被竭力整合到关于英雄历险的系列故事中，使得依靠古代传统而建构关于珀尔修斯与迈锡尼之间的关联成为可能。从迈锡尼去阿尔哥斯（Argos）的路上有一座据说是珀尔修斯的英雄祠，不过我认为这个说法也许比较晚起，其时间与塞里福斯岛建立珀尔修斯祭坛的时间一样。② 对珀尔修斯在迈锡尼的崇拜有较好的证据。在狮子门与一座叫作克吕泰梅斯特拉（Clytaemestra，也作 Clytaemnestra）墓穴交界处，有一块用古风时期字母书写的碑铭，上面提到了一些国家行政官僚与珀尔修斯之间的关系，在碑铭列举的几个例子里，这些官僚的司法职责都被赋予在珀尔修斯身上。③ 这就证实了这些行政官僚是资格颇老且令人崇敬的法人。罗伯特教授认为，波斯战争之后的一段时期，阿尔哥斯人（Argives）毁灭了迈锡尼后，这块碑铭就从阿尔哥斯送到了这里，其目的是将其献给珀尔修斯崇拜。如果这是对的，那么珀尔修斯崇拜就极其古老而神圣了，以至于阿尔哥斯人认为他们自己不应该将其废弃。不过，这块碑铭看上去是如此古老以至于不能够容许这种阐释。关于珀尔修斯崇拜的时间，我们只能推测说，它存在于一个古老的时代，能证明珀尔修斯与迈锡尼之间有关联的事实是非常古老的。在罗马时期，对珀尔修斯进行崇拜是一件天经地义的事情。④

这些族谱大多鲜有或没有利用价值，它们被创造出来是为了将珀尔修斯套进一个伪历史的系统中。在前文，我已陈述我的看法：有关珀尔修斯的诞生故事在迈锡尼时代就已经与斩杀女妖戈耳工的民间故事彼此勾连了。这种论断不能够通过青铜地下室的故事来证实，就在那个地下室里，珀尔修斯的母亲被囚禁，然后宙斯化作金雨与其结合。因为即便一座圆顶墓穴被一些青铜装饰物所装扮，它在这则关于地下室的表述中还是能够被辨认出来的。这就恰恰表明，这个故事是在圆顶墓穴被废弃后才被创造出来的。当一些盗贼打开墓穴之后，或许在相当长的一段时间内，其中的一些墓穴依然可以进入。

---

① Paus. ii. 16，3. 参见本书英文版第 123 页注释 46。
② Paus. ii. 18，1.
③ *Inscr. Graec.*，IV. No. 493，该文中提到了这样一句话：ἱαρομνάμονες τὸς ἐς Περσε̃. 当没有δαμοργία 时，司法职能便赋予在他们身上。参见 Wilamowitz, *Aristoteles und Athen*，II.，p. 48，n. 26。
④ 在罗马时代，人们以赫拉克勒斯与珀尔修斯之名对市民进行奖励。(*Inscr. Graec.*, iv., No. 606, cp. No. 586) 贵族家族 T. 斯塔提利亚斯·拉姆普里亚斯（T. Statilius Lamprias）将自己的族谱附会到了珀尔修斯和狄俄斯库里兄弟（Dioscuri）身上。(*ibid.* Nos. 590 and 940.)

达 那 厄

不过，更多的迹象表明了同样的影响：珀尔修斯的母亲达那厄（Danae，原文 Danaë——译注）的意思是"达那安少女"（The Danaan maiden），除此之外别无他意。① 达那安少女起初当然并没有父亲，如果有的话，那显然也是一个达那安部落的男人，一个叫作达那俄斯（Danaus，原文 Danaüs——译注）的男性，这种情况就像克吕赛（Chryse）部落的少女克吕赛伊斯（Chryseis）的父亲是克吕赛斯（Chryses）一样。到了后来，阿克里西俄斯（Acrisius）被引入了这个神话故事中，成为达那厄的父亲，这样做是将珀尔修斯的谱系与历史时期阿尔古利斯的都城阿尔哥斯联系起来。达那奥伊（Danaoi，一群叫达那俄斯的人形成的部落——译注）是一个部落的名字，它在荷马史诗中是一个相当古老的部族，从埃及的阿肯那顿（Echenaton）与拉美西斯三世（Ramses Ⅲ）时代开始，这个名字就在其碑铭中得到了认可：该部落的成员是迈锡尼人，在荷马时代的日常口语中被人们遗弃了。为此而出现的一种结果是，除了在迈锡尼时代以外，"达那安少女"这样的名字不能够被加在珀尔修斯母亲的头上，珀尔修斯诞生的故事在迈锡尼时代已经被创造出来了。此种结果由此而导致了这样的结论，即珀尔修斯的诞生故事与这个时期珀尔修斯斩杀女妖戈耳工的民间故事联系在一起。因而，珀尔修斯神话的重要部分源于迈锡尼。

阿 特 柔 斯

迈锡尼的第二个王族是阿特柔斯家族，在许多著名的悲剧中，该家族以残暴与不幸出名。这个王族在荷马史诗中的代表是阿伽门农，其统治被牢牢地限定在迈锡尼这个地方，但甚至这一点也已被否定了。维拉莫威兹先生曾说过，阿特柔斯这个名字显然是虚构的。② 也就是，他认为，阿特柔斯这个名字由阿伽门农家族名阿特代斯形成。这看上去并不妥当。我们已经看到，以"-eus"结尾的名字构成了一系列古老的神话名字，其生成时间可以上溯到遥远的上古时

---

① 迈耶（Ed. Meyer）先生与我的观点一致，参见 *Forschungen zur alten Geschichte*，I（1892），p. 73。参见本书英文版第 65 页。
② "显而易见，整个阿伽门农部族的名字都是伪造出来的。" 参见维拉莫威兹（Wilamowitz）"Die griech. Heldensage，Ⅱ，" *Sitzungsberichte der preuss. Akad. der Wissenschaften*，1925，p. 242。

代。① 这种词尾的名字当然也可能在后期已经形成了，但在这个例子中，我们可以看到其词干是非常清楚的，比如，在欧律斯透斯（Eurystheus）的粪官出身的传令官科普柔斯（Copreus）的名字里就比较明显。但这种情况在阿特柔斯身上并非如此。或者假如阿特代斯（Atreides）这个名字是一种最初的形式，其齐名英雄阿特柔斯从这个名字中抽离出来，这种情况就像弥倪亚斯（Minyas）这个名字从弥倪亚安斯（Minyans）中抽取出来一样，那么阿特代斯事实上本该是一个部落的名字，但这却不大可能。另外，假如阿特代斯是一个真实的部落名字，那么其先祖阿特柔斯应该是其根据，这看上去是一个最有可能成立的观点。阿特柔斯当然是一个古老的神话人物，它的名字并不是在希腊晚期被创造出来的。

这种观点被著名的阿伽门农权杖叙述中的一个段落所证实，阿特柔斯家族的家谱就是在该表述中被赋予的。② 据说阿伽门农所拿的权杖是火神赫淮斯托斯（Hephaestus）做成的，火神将王杖献给了宙斯（Zeus）；宙斯又给了神使赫耳墨斯（Hermes），赫耳墨斯转给了珀罗普斯（Pelops），珀罗普斯给了阿特柔斯，阿特柔斯死时传给了提厄斯忒斯（Thyestes），提厄斯忒斯又留给了阿伽门农，这样阿伽门农就可以统治阿尔哥斯所有地方及众多岛屿。一些学者认为，荷马史诗表述的王权反映了希腊早期历史时期的状况，甚至连这些学者们也已经承认，这一段诗文是久远时代的遗留物，表明那个时代的君王拥有真正的王权；这个时代只能是迈锡尼时代。③ 但阿特柔斯的家谱与这一段王位的表述连接得如此紧密，以至于前者根本不可能与后者分离。二者都要上溯到迈锡尼时代。

珀罗普斯

阿特柔斯家族中最为可疑而又多余的形象是阿特柔斯的父亲珀罗普斯。这个王族是在阿特柔斯之后被命名的，因此，珀罗普斯出现在家谱的最前面就显得无足轻重。学者们通常只承认他是一位与珀罗佩斯（Pelopes）部落齐名的英雄人物，这个部落业已消亡，伯罗奔尼撒半岛因其而被命名。④ 在书写形式上，希腊很多部落的名字是以"-ops"结尾的，其复数形式是"-opes"。这就是为何在希腊社会早期珀罗普斯被视为阿特柔斯家族王室祖先的原因，该王族曾经统

---

① 参见本书英文版第 26 页。
② *Il.* ii. vv. 101 *et seq.*
③ 参见拙文："Das homerische königtum" in *Sitzungsberichte der preuss. Akad. der Wissenschaften*，1927，p. 27。参见本书英文版第 240 页及其以下部分。
④ 参见 Ph. Buttmann，*Mythologus*，II（1829），p. 170。

治过伯罗奔尼撒半岛，或者至少统治了半岛最为重要的地区。与珀罗普斯相关的其他神话都是晚起的。珀罗普斯在作为后迈锡尼神话的奥林匹亚神话体系中扮演了重要角色，① 因此，珀罗普斯与小亚细亚相关的神话当然是后期创造的。珀罗普斯这个名字本身表明，他有着希腊源头。

阿伽门农

荷马史诗的一段诗文中既没有讲到阿特柔斯王族的残暴行为，也没有提及该家族之名。在《伊利亚特》(*Iliad*)中，克吕泰梅斯特拉仅仅是阿伽门农之妻的名字，但在《奥德赛》中，她被埃癸斯托斯（Aegisthus）所引诱，最后成为杀害阿伽门农的主犯。我们在此不可能就这个富有悲剧性神话的时间做盖棺定论，但我们可以说，该神话是阿特柔斯王族最为古老的悲剧，与此类似的后期神话都被附加到了这个家族里。阿特柔斯家族的故事与拉布达科斯（Labdacus，原文 Labdacidae——译注）的故事有些类似，二者皆具有高度的悲剧色彩。但又存在明显的差异：一方面是毫不知情的罪行，手足相残；另一方面是充满诡诈的暴行，尔虞我诈。

也许有人会认为，无论如何，阿伽门农在迈锡尼的地方化都是可靠的，不证自明的，但即便是这一点也遭到了否定。贝特教授说，② 在《伊利亚特》中，阿伽门农只有两次或三次被称为迈锡尼国王，其他诗段中仅仅提到了阿伽门农来自阿尔哥斯，③ 从这些虚假的差异中，贝特教授得出了一条结论，即阿伽门农最初并非是迈锡尼的国王，而是一位作战的国王，是希腊军队的统帅。此时，贝特教授其实在使用一种逻辑，通过这种逻辑，他有可能同时说普鲁士（Prussia）不是德意志的国王。坦白地说，我不能够想象一位军事统帅没有自己的城市与国家。④

作为神明的阿伽门农

还有很多似是而非的争议具有同样的效果。其中最富有争议性的一个重复

---

① 参见本书英文版第 91 页及其以下部分。
② E. Bethe, *Homer*, III (1927), pp. 11 and 50; P. Cauer, *Grundfragen der Homerkritik*, ed. 3 (1923), pp. 274 *et seq.*
③ E. g. *Il.* ii. v. 108.
④ 参见本书英文版第 44 页注释 21 中相关论述，本书英文版第 27 页同样有所阐释。

第二章 迈锡尼中心与神话中心 | 29

性的观点是，阿伽门农最初是一位神明。我无法进入这个原则性问题的探讨。①不久前，一些学者更喜欢将希腊英雄视为隐退的神明。这种理论大多已经失去了其吸引力，肯定有这样的英雄，即便没有我们想象的那么多。但关于阿伽门农的神性却一直没有更多的证据，因为这方面的透彻分析已经表明了这一点。②这种观念立足于吕柯普隆（Lycophron）一首令人费解的诗歌之上，③但此处的表述部分是对统治者希腊化时期崇拜的模仿，部分是提喻。阿伽门农在此处出现其实是为了表述宙斯，反之亦然。注释者对这一段诗文的注释或资料做了一种心虚的结论，说阿伽门农在这里被当作宙斯·阿伽门农来崇拜，他同时还拥有一个庙宇。注释者还从如下一则散文中推测说，④阿伽门农在拉科尼亚（Laconia）的崇拜地变成了一个城区，而在其他崇拜地，比如拉珀赛（Lapersai），就不为人所知了。别的地方并没有提及阿伽门农的神庙，不过在阿米克莱（Amyclae）的亚历山德拉（Alexandra）神庙里设有阿伽门农的纪念基石。⑤这个宙斯·阿伽门农当然受到了神话历史主义创造者及其追随者的热烈欢迎，这些人是神职作家。这样一来，阿伽门农出现在亚历山大城的克莱门斯（Clemens）与雅典的雅典那哥斯作品中就不足为怪了。来源据说是来自纳奥克拉提斯（Naucratis）的斯塔费卢斯（Staphylus），他曾经写过不少希腊的省志，当然，他是生活在希腊化时期的作家。

不过，更为糟糕的是第二种观点。保萨尼亚斯（Pausanias）说，居住在克罗尼亚（Chaeronea）的人们非常崇拜荷马史诗中论及的阿伽门农之权杖；但他同时又说，该地居民将王杖称为长矛，它与一些黄金器物在克罗尼亚和帕诺珀俄斯（Panopeus）交界的地方被一起发现。⑥我不明白这种见解为何被众人拒之门外。为何不可能是这样一种情况呢：人们已经发现一座拥有黄金器物与长矛或杖节一类东西的古老墓穴，这些东西恰好是他们所想要的崇拜物。此外，克

---

①从这个视角出发所做的研究，我仅仅引用了尤斯耐尔（H. Usener）的论文"Der Stoff des griech. Epos,"*Sitzungsberichte der Akad. der Wissenschaften in Wien*, CXXXVII (1897), III, pp. 5 *et seq*. 在其重版的论著 *Kleine Schriften* IV（1913），第 203 页及其以下部分有论述。

②I. Harrie, "Zeus Agamemnon," *Archiv für Religionswissenschaft*, XXIII (1925), pp. 359 *et seq*.

③Lykophron, *Alexandra* vv. 1123 以下部分有如下一段希腊文：
ἐμὸς δ' ἀκοίτης, δμωϊδὸς νύμφης ἄναξ, Ζεὺς Σπαρτιάταις αἱμύλοις κληθήσεται τιμὰς μεγίστας Οἰβάλου ἰέκνοις λαχοῦσι. 相反，阿伽门农的名字却取代了宙斯的名字。v. 335, δ δ' ἀμφὶ τύμβῳ τἀγαμέμνονος δαμεὶς; 也就是说，普里阿摩斯（Priamus）被杀死在宙斯·赫克欧斯（Zeus Herkeios）的祭坛上。

④同上，v. 1369 (Agamemnon), Ζηνὶ τῷ Λαπερσίῳ ὁμώνυμος Ζεύς.

⑤Paus. iii. 19，5.

⑥Paus. ix. 40，11. 他说它是一个 δόρυ（长矛）。

罗尼亚人将其称为长矛而不是王杖，对于荷马的英雄们来说，权杖就仅仅是一个古老而奇怪的东西了。此外，如果阿伽门农的权杖被众人崇拜的话，也没有理由表明阿伽门农本人就是一位神明。

另外一些所谓的证据大多是无效的。① 这种观点认为，阿伽门农在奥利斯（Aulis）与希腊其他地方掘了很多井，在克拉佐美纳伊（Clazomenae）这个地方，人们以阿伽门农的名义进行沐浴，士麦那（Smyrna）的居民以阿伽门农的名字来命名一个浴所。② 同样，一些温泉，甚至是一些浴所也被归结到了另外一位英雄赫拉克勒斯身上。几乎没有必要说根本没有证据证明一个崇拜的存在。一个叫作阿伽门农的神明并不存在，除了在吕哥弗隆诗歌阐释者的想象之中。

在小亚细亚

另外一些人并不崇拜古老的神明阿伽门农，但他们认为阿伽门农最初属于小亚细亚；据说阿伽门农的家族还幸存于库麦的莱斯博斯岛。但荷马将阿伽门农带到了希腊，因为珀尔修斯是迈锡尼的英雄。③ 首先，我不明白为何一个城市不能够有两个或更多的英雄；因为大部分城市都有两个以上的英雄崇拜。关于阿伽门农在小亚细亚的后裔，有如下一些说明。波鲁克斯（Pollux）的一段诗文中谈到了发明压制硬币方法的一些人，④ 其中讲到了来自库麦的斐冬（Pheidon）和德墨多克（Demodike，又写作 Deodocus，德摩多科斯——译注），这二人一个是佛吕癸亚人（Phrygian）的国王弥达斯（Midas）的妻子，另外一个是库麦这个地方的阿伽门农王的女儿。库麦王室之所以宣称他们是阿伽门农的后裔，是因为其中的一个成员因自己的名字缺乏一个显赫的祖先而苦恼不已，如果他们要使自己家族的血统高贵起来的话，就得依附到希腊神话中一个著名的英雄身上，其他的王族也会同样如此，比如，吕底亚（Lydia）的王族就是这样。至于我自己，则倾向于做另外一个结论。即在公元前8世纪末叶，⑤ 阿伽门农仍然被用作一个人名，因为在希腊化时代之前，英雄的名字是不能够随随便便给人类

---

① 我这里所指的仅仅是在塔伦图姆（Tarentum）这个地方的合法崇拜，在一则注释中，它显然是次要的。该崇拜显然更多地被应用在阿特柔斯、阿伽门农及其他英雄的后裔身上；相关论述参见拙著《希腊庆典》（Griechische Feste，1906）第457页注释8。
② 参见前文尤斯耐尔论著，第6页或第203页注释。
③ 参见维拉莫威兹（Wilamowitz）论著中引用部分，p. 43，n. 18，p. 242。
④ Pollux, ix. 83.
⑤ 因为富有争议的弥达斯本应为佛吕癸亚人的最后一位国王，在公元前7世纪初叶，弥达斯的帝国被颠覆，他本人被入侵的辛梅里安人（Cimmerian）所杀。

第二章　迈锡尼中心与神话中心 | 31

使用的。接下来我们就可以推断出，在那个时代，阿伽门农并没有被作为一名英雄加以敬拜，他更不会作为一位神明被人崇拜。

在莱斯博斯有一个彭提勒（Penthile）小镇，① 它有可能是彭斯里代（Penthelidae）这个贵族之家的领地。亚里士多德说，这个家族的成员惯于在米蒂利尼（Mytilene）四处闲逛，拿着大棍打人，后来迈加克利斯（Megacles）和他的朋友们撞见了，② 就狠狠地收拾了这些人。此外，还有不同的版本说俄瑞斯忒斯（Orestes）或是他的后裔迁到了小亚细亚。③ 而且，还有一个相关的传说认为，俄瑞斯忒斯的儿子与厄里戈涅（Erigone）、彭提卢斯（Penthilus）或者是彭提卢斯的孙子格拉斯（Gras）几个人一起到了莱斯博斯，在那里建造了一些城市。这个彭提卢斯当然就被视为彭斯里代这个家族的祖先了，但他们宣称自己是阿伽门农后裔的说法，并没有比吕底亚的弥拉弥那代斯（Mermnades）宣称自己是赫拉克勒斯的后代更有根据，也没有马其顿（Macedonia）的王族宣言充分。彭提卢斯类似于墨伽彭忒斯（Megapenthes）这个人，是后来创造的人物，据说墨伽彭忒斯是墨涅拉俄斯的私生子，他是那个与珀尔修斯将梯林斯交换成阿尔哥斯的普洛托斯（Proetus）的儿子，彭提卢斯这个名字暗示着阿特柔斯这个家族的灾难。事实上，莱斯博斯的一个贵族成员被称为彭斯里代，④ 这就使得这个家族与英雄的家谱有了一种联系，它受到了贵族们的喜爱。这个家族成员的名字当然源于这个小镇。

50　　并没有有效的依据证明阿伽门农具有神性，或他最初属于小亚细亚人这种理论成立；阿伽门农仅仅作为一个神话人物而存在，任何将他与迈锡尼分离开来的举动都是徒劳。列举出来证明相反的观点的那些论据，正如惯于尽力给一个预设的观点举出的许多理由，总是谬论与徒劳。

与迈锡尼时代最为重要的迈锡尼城相对应的，有两个著名的希腊神话故事群，一个是珀尔修斯的故事群，另外一个是阿特柔斯家族的故事群。也许仅仅需要指出这个事实就足够了，不需要探讨这些神话故事，倘若我们的疑问不是放在阿伽门农及其后裔与迈锡尼的关系上。阿伽门农作为希腊属臣霸主这个事

---

① Steph. Byz. *s. v.* Πενθίλη.
② Aristot. , *Polit.* , v. 10, p. 1311 b.
③ Pindar, *Nem.*, xi. 44. 该段诗文说，一名来自于提涅多斯（Tenedos）的竞技员说，他的先祖曾经与俄瑞斯忒斯一道从阿米克莱迁走。其他的证明可以参见：Robert, *Griech. Heldensage*, pp. 1340 *et seq*。
④ 这个名字相当不统一，在第二个元音上有很大差异。参见 Steph. Byz., 不过一般人们将这个小镇称为 Πενθίλη（佩尼斯莱），称其居民为 Πενθελεῖς（佩尼赛莱斯）。

实源于迈锡尼时代的另外一个传统，这是根据其统治城市的财富与权力来权衡的；我会在本书的最后一章再次论及这一点。[1] 最后，我们发现有一点令人疑惑，即这些与迈锡尼相关的财富神话是如何形成的。如果它们是在历史时期被创造的话，那个时候迈锡尼还是一个相当不起眼的小镇；但如果我们将这些神话故事群的源头上溯到迈锡尼顶峰时代的话，这就完全可以理解了。这些神话故事群自古以来就深受欢迎，被吸收到了文学之中，依靠更新与创造来不断发展，因为有很多神话故事群的细节显然是后期创造的。

梯林斯

关于梯林斯的情况并不像迈锡尼的例子那样明晰，我们在此需要多花一点时间讨论。梯林斯最有名的英雄当属赫拉克勒斯，因为这位大名鼎鼎英雄的家乡就在梯林斯，他曾经被迈锡尼的国王欧律斯透斯（Eurystheus）所差遣，完成命定的任务。不过因为我打算将赫拉克勒斯的故事群单辟一章来讲，在此我仅仅指出一个事实，强调该故事群与我们所探讨的梯林斯神话的重要性之间的关系，因此接下来要讨论另外一位英雄，他和梯林斯之间的关联看上去疑窦百出。

柏勒洛丰

柏勒洛丰总是被视为一个土生土长的科林斯人，他是格劳科斯的儿子，足智多谋的西叙福斯（Sisyphus）的孙子。在通往海港市镇肯奇利亚的路上有一片柏树林，这一带是柏勒洛丰在科林斯的神圣区域。[2] 雅典娜·卡利尼提斯（Athena Chalinitis）（卡利尼提斯 Chalinitis，希腊语 ΧΑΛΙΝΙΤΙΣ，意思是马嚼。这里成为雅典娜的姓氏，即在科林斯一座以这个名字命名的神殿。——译注）在科林斯有一座神庙，她之所以有这个称号是因为雅典娜曾经驯服了神马珀伽索斯（Pegasus），在它嘴上安放了一个马嚼子，然后将神马交给了柏勒洛丰。[3] 比这个传统更为重要的是这样一个事实，即在最早的铸币时期，科林斯的硬币和与其搭界的希巨昂（Sicyon）这个市镇的币面上均出现了珀伽索斯的形象。在公元前6世纪，科林斯与希巨昂这两个地方都被宣称是属于柏勒洛丰的地盘。

---

[1]参见本书英文版第240页及其以下部分。
[2]Paus. ii. 2，4.
[3]Paus. ii. 4，1.

荷马详尽地表述了柏勒洛丰的故事，① 他说柏勒洛丰是格劳科斯的儿子，西叙福斯的孙子，但荷马又说柏勒洛丰来自于驯马的阿尔哥斯内陆的厄斐拉（Ephyre）。厄斐拉与科林斯在名字上是否指向同一个地方，很值得怀疑。② 除此之外，荷马在史诗中并没有提及神马珀伽索斯，那么，此时阿里斯塔克斯（Aristarchus：希腊语法学家和鉴赏家，闻名于其校订、研究《伊利亚特》和《奥德赛》——译注）先生的评论有可能是正确的，他认为荷马并不知道这个神话的内容。③ 赫西俄德提到了神马珀伽索斯的故事，正像他改造其他神话一样。

族谱并不能够为这则神话的古老的地方化提供可靠的证据。比较可靠的线索还是重要的神话故事群所在的位置；也就是说，必须要将部分神话视为神话故事群中比较古老的核心成分，尤其当出现一些神话被莫名固定在既定地方这种情况时。这种地方化有可能建立在一个古老而虔敬的传统之上。如果不经过检验，族谱是得不到认可的，因为创造族谱的目的是将英雄从一个地方向另外一个地方传送，出于一些原因，每个地方都想将自己与英雄搭上亲戚关系。因此，有可能科林斯与希巨昂两地都宣称自己隶属于柏勒洛丰，它们成功地将柏勒洛丰纳入了自己的大家族之中。

柏勒洛丰神话故事群的核心是一系列历险故事，斩杀喀迈拉、索律摩伊人（Solymi），与亚马孙人（Amazon）战斗，最后是被伊俄巴忒斯（Iobates）伏击；但是，就像在其他类似的故事群一样，这种历险故事之前有一个故事，它试图来解释英雄为何要被挑选出来担当这些苦役。在该故事中有一个来自于《圣经》的古老故事情节，讲的是约瑟（Joseph）与埃及人波提乏（Potiphar）妻子的故事。荷马将波提乏称为普洛托斯，将其妻子叫作安忒亚（Anteia），后来的一些作家将其妻子称作斯忒涅玻亚（Stheneboia）。普洛托斯被众口一词地说成梯林斯的国王；库克罗普斯（Cyclopes）为他修建了高大的城墙。荷马说，普洛托斯之所以将柏勒洛丰驱除出阿尔哥斯，是因为尽管柏勒洛丰已经臣服于普洛托斯，但个人能力要比后者强。④ 这显然是一个老套的史诗主张，讲的是一个勇敢臣子善妒国王的故事；有可能这个神话已经被暗中引入了史诗，或者它在更早的传统中已经存在了；在接下来的诗篇中，波提乏的故事主题取代了这个情节单元。

---

① *Il.* vi. vv. 152 *et seq.*
② E. Bethe, *Thebanische Heldenlieder* (1891), pp. 182 *et seq.*
③ Schol. *Il.* A, vi. 183, and T, vi. 192.
④ *Il.* vi., vv. 157 *et seq.* ἐκ δήμου ἔλασσεν … Ἀργείων 这句话当然不可能被视为与普洛托斯在梯林斯位置相矛盾的地方；与此类似的是，阿伽门农有时被称为迈锡尼国王，有时被称为阿尔哥斯的国王。

这个具有导言性的神话场景被置于梯林斯的王宫内，并没有任何理由表明，为何这个故事要恰恰发生在梯林斯，在希腊后来的时期里，这个地方并不重要。在此，我斗胆将神话的这个地方转换到了梯林斯的全盛时期。这种将神话置于迈锡尼时代的提法，也许会有来自于荷马史诗中关于柏勒洛丰领地的一些确凿线索，它们在历史时期都是未知的，甚至在荷马时代也同样如此，我们期待通过荷马时代，能够推知史诗正是在这个时期最终被写成的。

构成神话核心的系列冒险故事发生在偏僻的吕喀亚（Lycia）。亚马孙人对小亚细亚有种宾至如归的感觉，这种事实或民族也许就是构成这种神话故事的基础。索律摩伊人总是被定位在吕喀亚的临近地带，尽管并不能够证明后期一些作者所论及的内容是独立于荷马的。莫特（Malten）教授在一篇重要的文章中考证说，① 喀迈拉和带翅膀的马都源于东方；他认为柏勒洛丰是一位吕喀亚人（Lycian）的英雄，后来希腊人就将柏勒洛丰视为自己的英雄了，那时是迈锡尼时代，希腊人还在地中海的东海岸流浪。倘若这个神话故事群的核心部分创造于迈锡尼时代，那么看上去比较奇怪的一点就是，其背景为偏僻的吕喀亚，或许我们可以将其拿来作为一个反对这种断代的证据。幸好有一份迈锡尼的材料，来自于登德拉的玻璃墙饰，② 它表明柏勒洛丰斩杀喀迈拉的历险故事在迈锡尼时代早就为人所知了。

神话中的爱奥尼亚

假如我们进一步考察这些事物，那么我们就会发现，一则迈锡尼神话发生在吕喀亚就不足为奇了。据说爱奥尼亚人将柏勒洛丰的神话介绍给了荷马。③ 不过我们观察到，在爱奥尼亚与吕喀亚之间有一片开阔的地带，这里居住着多里安人和卡里安人（Carians），由此而连带出来的一个问题是：为何爱奥尼亚人没有将自己的神话介绍给荷马？答案是爱奥尼亚没有自己的神话。爱奥尼亚人出奇地缺乏神话，他们只有一些关于爱奥尼亚城市创建的传奇故事。我们应该注意到这个重要事实，并做些阐释。

这种情况与荷马地理学中那种引人注意的省略是一致的。④ 我们前面已讲

---

① L. Malten, "Bellerophon," *Jahrbuch des deutschen archäolog. Instituts*, XL (1925), pp. 121 et seq.
② 参见本书英文版第 33 页及其以下部分。
③ Wilamowitz, *Die Ilias und Homer* (1916), p. 305.
④ 我并没有将《船表》（Catalogue of the Ship）考虑在内，因为它有自己的价值判断。

到，接近特洛伊的岛屿分别有莱斯博斯岛、提涅多斯岛、利姆诺斯（Lemnos）岛、萨莫色雷斯（Samothrace）岛，但富饶的爱奥尼亚诸岛、希俄斯（Chios）岛以及萨摩斯（Samos）岛屿并不与特洛伊搭界。相反，多里安人的科斯（Cos）岛和罗德斯岛与特洛伊是近邻，我们在前面已讲到这一点，科斯岛与赫拉克勒斯的神话有些关联。① 荷马诗文中关于罗德斯岛屿的表述被认为是后期补充进去的，这段诗文详尽地描述了罗德斯的英雄特勒波勒摩斯（Tlepolemus）是如何被萨耳珀东杀死的。② 令人真正感到奇怪的是，爱奥尼亚的行吟诗人并没有将任何一点自己国家的东西置于其诗歌中。这一点比较醒目，因为它以一种令人惊异的方式照应了这么一种闻名而鲜有人接受的事实，即在整个爱奥尼亚，迈锡尼的遗产极其缺乏。人们在特洛伊、福凯亚（Phocaea）、米利都（Miletus）等地发现了迈锡尼的陶瓶与陶片，在萨摩斯岛的赫拉尤姆（Heraeum）这个地方发现了一座孤立的墓葬，③ 在科罗彭（Colophon）发现了一座圆顶墓葬。④ 上述发现就是全部，谁也不会怀疑倘若这个地方有迈锡尼人的墓葬，那么其墓葬品应该出现在商人手中。罗德斯的情况就是这样，与上述地方相反，罗德斯出土了大量的墓葬与文物。罗德斯英雄在荷马史诗中占有一席之地是一种惊人的巧合，但我个人认为这并非是一种巧合。

特洛伊联盟

如果将那些与特洛伊结盟的民族考虑进去，那么这种奇怪的事实与关联就会进一步得以突出。⑤ 如果我们省略荷马的《船表》，然后将荷马史诗的部分诗文加以考察，我们就会发现，这些诗文的表述范围严格限定在小亚细亚西北部

---

① *Il*, xiv. v. 255；xv. v. 28.
② *Il.* v. vv. 628 *et seq.*
③ *Comptes rendus de l'académie des inscriptions et belles letters*, 1921, p. 122. *Gnomon*, III, 1927, p. 189.
④ *Art and Archaeology*, xiv（1922），p. 259.
⑤ 参见利夫（W. Leaf）先生饶有情趣的考证性论著《特洛伊》，第 269 页及其以下部分。（*Troy*, 1912, pp. 269 *et seq.*）

及与欧洲搭界的地方。① 荷马诗歌中讲得最多的是居住在欧洲的色雷斯人（Thracians），不过这一点我在下面的章节中会再次论及，这里同时省略了多劳涅亚（Doloneia）人。紧挨着它们的是帕奥涅斯人，这是色雷斯西部的一个部落。因为对两位帕奥尼亚（Paeonian）英雄的死亡表述要比对两位帕普拉哥尼亚（Paphlagonian）英雄死亡的描述更为详尽，与这些帕普拉哥尼亚英雄一道，我们就穿过了小亚细亚。诗文中略微次要的是关于哈里宙涅斯人与米克伊人的表述；荷马在诗歌中简略地提到了这两个民族英雄的死亡，在此过程之中，荷马两次提到了考寇涅斯人。佛吕癸亚人的英雄并没有卷入特洛伊战争之中，但从诗歌表述的背景来看，这个民族建立了一个强大的帝国，荷马描述普里阿摩斯拜访国家的章节提到了这个民族，赫卡柏（Hecabe）是他们的公主。麦奥涅斯人属于吕底亚，居住在美西安人的南部，荷马也仅仅在描述中一笔带过，关于这个民族的一些认知出现在荷马的另外一段诗文中。关于卡里安人的表述仅仅出现在荷马列举特洛伊人在多劳涅亚（Doloneia）的联盟过程中，并没有占据多少笔墨。

56

57

---

①我对此做了考证。色雷斯和色雷斯人被提及的次数相当频繁。来自于埃那斯（Ainus）这个地方的英雄佩罗斯（Peirous）之死被荷马详尽地加以表述（*Il.* iv. vv. 517 及其以下部分）；另外一名色雷斯人在史诗中被简略地提及（v. 462），他后来被埃阿斯杀死了（vi. 7）。色雷斯人在多劳涅亚（Doloneia）部落中占据了相当大一部分比重。史诗中还提及了奇科涅斯人（Cicones，原文 Kikones——译注）的首领被杀的事件（xvii. 73）。这部书（x. vv. 428 – 434）列举了特洛伊联盟的名字，从这个名单中我们可以看到，它们在《伊利亚特》中各自的地位。帕奥涅斯（Paeones）人居住在马其顿（Macedonia）这个地方的阿克西奥斯（Axius）河沿岸。一位帕奥涅斯人的英雄佩莱奇梅斯（Pyraichmes）被帕特洛克罗斯（Patroclus）杀死了（xvi. 285 *et seq*），另外一位英雄阿赛特罗派奥斯（Asteropaeus），则被阿喀琉斯杀死；后者的死亡在史诗中表述的更为详尽（xxi. 140 *et seq*），荷马在好几段诗文中都提到了佩莱奇梅斯，与他有关的人是阿庇萨奥尼（Apisaon）（xvii. 348 *et seq*）。在引用的部分并没有提及帕普拉哥尼亚人（Paphlagones），不过倒是提到了他们的首领皮尼门涅斯（Pylaimenes）被墨涅拉俄斯杀死的事件（v. 577），还有他的儿子哈拉帕利昂（Harpalion）被墨里俄涅斯（Meriones）杀死的事件（xiii. 656 *et seq*）。考寇涅斯（Caucones）人居住在帕普拉哥尼亚人的西边，不过在荷马列举的一些事件中，他们仅仅是被一笔带过了（xx. 329）。哈里宙涅斯人（Halizones）的首领奥狄奥斯（Odius）是被阿伽门农杀死的（v. 39），根据《船表》（ii. 856）的描述，他们的城市是阿莱拜（Alybe），不过这个地方的居民是什么人就不太清楚了。一个美西安人（Mysian）的英雄是被埃阿斯杀死的（xiv. 511）。据说普里阿摩斯从美西安人手里接受了礼物（xxiv. 278），美西安人的国家同时也被提及了（xiii. 5）。因此，这个民族看上去是属于欧洲的。米克伊人（Mysi）是墨埃西安（Moesian）部落的一个部分，墨埃西安后来迁移到了小亚细亚。据说佛吕癸亚人是普里阿摩斯统治国家的近邻（xxiv. 545）；普里阿摩斯的王后就是佛吕癸亚人的公主。阿波罗曾经以王后兄弟阿赛乌斯（Asius）的形象向赫克托耳显现，阿赛乌斯居住在珊伽里乌斯（Sangarius）的海边（xvi. 715 *et seq*）。麦奥涅斯（Maeones）是居住在吕底亚的一个部落，他们的国家在列举过程中也被提及了（iii. 401；xviii. 291），这个国家的民族在列举过程中同时也被提到了。据说麦奥涅斯的妇女擅长染色（iv. 142），出生在提摩罗斯（Tmolus）山附近海德（Hyde）这个地方的英雄伊菲提昂（Iphition）后来被阿喀琉斯杀死了，因为这种关联，巨该安（Gygaean）湖和叙洛斯（Hyllus）河及海尔美士（Hermus）河流才被论及的。

对于那些接近北方与特洛伊东部的民族来说，这是一种相当符合实情的限制，从特洛伊的处境来看，它是最为自然的。看上去明显而有可能的一种事实是，诗人荷马将属于他那个时代的神话纳入了对特洛伊联盟的表述，而特洛伊人自己古老的神话却没有得到表述。关于这一点我不得不多说两句，这是为了强调这样一种令人惊叹的事实，即迄今为止，在特洛伊联盟中，没有哪一个民族能像那些没有被提及的吕喀亚人那样占据了如此重要的地位，这个民族居住在遥远的小亚细亚南部。

吕喀亚人与奇里启亚人

关于吕喀亚和吕喀亚人的表述的诗文无数，我无法一一列举，在此我仅仅指出其中比较突出的一部分，也就是《伊利亚特》中关于吕喀亚的英雄萨耳珀东、格劳科斯和潘达罗斯（Pandarus）等人的赞歌。① 但在《伊利亚特》第四卷中，诗文却说潘达罗斯来自于泽勒亚（Zeleia）这个小镇与伊塞帕斯（Aesepus）河畔②，后者从伊达（Ida）山流向了大海③。所有这些表述在《船表》中都得以再现④。上述这些表述与潘达罗斯在吕喀亚人的地方化是互相抵触的，但学者们一般认为，吕喀亚的居民被错误地迁移到了特洛阿斯（Troas）与伊塞帕斯河畔。维拉莫威兹教授与斐尼斯勒（Finsler）博士则持一种相反的观点，他们认为，吕喀亚人本来就是特洛阿斯与伊塞帕斯的居民，到了后来，吕喀亚人的名字就变成了忒尔米莱斯（Termiles），⑤ 和吕喀亚土著的自我称呼一样。这种转变并没有明显的原因，因为缺乏描述这种变化的神话表述。这当然就暗示着萨耳珀东和格劳科斯的家乡就在伊塞帕斯河畔，但上述各位学者并没有得出这种结论。上述那种旧有的观点当然是正确的。诗人荷马并不知晓小亚细亚南部的那些民族，于是就张冠李戴，将潘达罗斯迁移到了特洛阿斯，将其置于特洛伊联盟中那些临近特洛伊的民族中。

此外，同样的事情似乎会发生在奇里启亚人（Cilicians）身上。据说安德洛玛刻（Andromache）是埃爱提昂（Eëtion）的女儿，后者是奇里启亚人的统治者

---

①尤其是《伊利亚特》第5、11、14卷。
②*Il.* iv. vv. 105 and 91.
③*Il.* xi. v. 21.
④*Il.* ii. vv. 824 *et seq.*
⑤Wilamowitz, *Hermes*, XXXVIII (1903), p. 585; Finsler, *Homer* (ed. 3; 1924), p. 17.

和忒拜的国王，阿喀琉斯曾经占领过这个位于普拉科斯（Plakos）山脚下的城市。① 可以明显看出，忒拜距离特洛伊并不很远，但奇里启亚人究竟在小亚细亚南部的哪个方位，这一点就不清楚了。我只能认为，诗人荷马确实听说过关于奇里启亚人的一些传闻，但他并不了解他们的生活环境，于是就随手将这些人安插到了位于普拉科斯山脚下的城市忒拜。

小亚细亚南部的希腊人

事实可能如此，但是以下事实依然令人费解，希腊人最为可怕的对手是紧挨着特洛伊的那些居住在小亚细亚南部的民族。这种事实与另外一个事实有所关联，即柏勒洛丰神话是在吕喀亚被地方化的，这位英雄的神话发生在迈锡尼时代，这种断代已被迈锡尼的艺术品所证实。此时我们就开始观察到这样一种事实，即占据了小亚细亚西部海岸之中部地区的爱奥尼亚极为缺乏迈锡尼的文物。另一方面，罗德斯（Rhodes）岛屿拥有神话与迈锡尼的文物，罗狄安人的一位英雄出现在《伊利亚特》之中，尽管有很多学者认为这一段诗文是后来添加的。

不过有一种对这种事实的明显阐释，它证实了神话的迈锡尼源头与史诗的迈锡尼背景。我在此不得不指出伊俄利亚缺乏迈锡尼文物的事实。② 考古资料证明，小亚细亚西部海岸被希腊人殖民的时间仅仅发生在迈锡尼时代晚期。在此之前，四处漂泊的希腊诸部落沿着大道向东方进发，他们被叙利亚与埃及伟大而富饶的文明所诱惑。在此过程中，希腊人屈服于财富与文明的统治，就像其他蛮族人一样，譬如，当日耳曼部落大量涌入罗马帝国时，他们就被罗马征服了。这些漂泊的部落将他们的痕迹留在了对塞浦路斯（Cyprus）的早期殖民活动及众多迈锡尼文物中。我们或许应该谈谈《伊利亚特》中的一段表述，这段

---

① *Il.* vi. vv. 395 及其以下部分；参见：i. vv. 366 以下部分；xxii. vv. 479 及其以下部分。E. Bethe, *Neue Jahrbücher für klass. Altertumswissenschaft*, VII, 1901, p. 671. 上文有一种观点认为，这座特洛伊城镇就是赛萨利人所说的忒拜城。支持这种观点的有克恩（O. Kern）教授（参见前引文，XIII, 1904, p. 16），以及考尔（P. Cauer）教授（参见 *Grundfragen der Homerkritik*, ed. 3, 1921, p. 261）。斯塔林（F. Staehlin）教授对这种观点做了一些发挥（参见 *Das Hypoplakische Thebe, eine Sagenverschiebung bei Homer*, Programm, München, 1907），但是他并未对奇里启亚的居民做任何说明，这是其最失败之处。一种显而易见的事实是，奇里启亚、忒拜、吕涅索斯（Lyrnessus）这些城市的名字都是荷马自己添加的，这些地名在帕姆庇利亚（Pamphylia）这个地方同样存在。（参见 Steph. Byz. s. v. Θήβη and Σάρδησσος；cp. P. Kretschmer, *Glotta*, XIII, 1924, p. 209 *et seq.*）

② 参见拙著《米诺-迈锡尼宗教及其在希腊宗教中的遗存》，第 27 页；同时参阅本书英文版第 53 页。

诗文说，阿伽门农王收到了一份极为珍贵的礼物，那是塞浦路斯的国王喀倪剌斯（Cinyras）敬献的一副装饰繁复的胸甲。① 在叙利亚的海岸上有大量的迈锡尼遗物。公元前1200年左右，希腊部落出现在埃及的代尔塔（Delta）这个地方。福里尔（Forrer）博士曾经认为，伟大的亚该亚王国覆盖了小亚细亚南部海岸，此种观点与希腊部落的流浪事实相吻合。

希腊人沿着大道一直到了小亚细亚的南部海岸。他们在罗德斯与塞浦路斯进行殖民活动，似乎他们又占据了一个要塞，或者在叙利亚海岸接近劳迪西亚（Laodicea）的埃德·马尔（ad mare）与临近的几个地区做生意。② 我们应当能够猜测到，这些希腊人同时设法弄到了很多战利品，并且在小亚细亚南部海岸获取了立足之地。不幸的是，我们在考古学上对此一无所知。不过格杰斯塔德（Gjerstad）博士近期对奇里启亚做了调查，他告诉我在这个地区有迈锡尼人殖民的证据。倘若福雷的观点正确，那么在公元前1330年左右，阿该亚（Achaean）国王已经拥有了帕姆庇利亚（Pamphylia）。除此之外，我们也应该能够推测出来，就在希腊人沿着小亚细亚南部海岸游走的过程中，他们一定与居住在该地的吕喀亚人和奇里启亚人发生了无数次冲突。

关于这些战争的记忆保存在神话与史诗之中，因此吕喀亚人就在其中占据了显赫的一个部分，柏勒洛丰的历险神话因而就被锁定在吕喀亚了。这一段忧伤的诗文讲述的是柏勒洛丰从梯林斯国王那里领命到吕喀亚国王那里的故事，其中当然涉及了希腊人带到塞浦路斯的米诺手稿。早期史诗赞美希腊人与吕喀亚人作战的这部分内容后来被介绍到了特洛伊史诗中，在此过程中，对于史诗来说相当重要的地理与年代背景被抽空了，然后将各种事件整合到了史诗中。但在早期的颂文中，吕喀亚人却异常醒目，最后，在特洛伊故事群中，他们成为居住在特洛伊附近的希腊人的主要对头。③

同样的事情也发生在奇里启亚人身上。希腊人在向东游走的过程中已经知

---

① *Il*. xi. v. 20.
② 饶有趣味的是，近期在叙利亚沿海一带属于劳迪西亚的埃德·马尔（ad mare）北部的米内特·埃尔·贝达（Minet el Beida）这个地方的发掘表明，此地与迈锡尼世界有着某种联系。参见杂志 *Syria*, X (1929), pp. 285 *et seq*。
③ 维拉莫威兹（Wilamowitz）教授在《伊利亚特与荷马》(*Die Ilias und Homer*, 1916, p. 305) 这部论著中认为，爱奥尼亚人之所以要认识吕喀亚人，是因为他们的国王宣称自己的血统有几分源于吕喀亚的英雄格劳科斯。(参见 Herodotus i. 147; *Inschr. von Magnesia a. M.*, No. 17; O. Kern, *Die Gründungsgeschichte von Magnesia a. M.* 1894.) 我在上文中就我的观点已经列举了一些类似的例子。格劳科斯的声名远扬归结于荷马史诗，这就是为何很多家族要附会到他身上的原因。

40 | 希腊神话的迈锡尼源头

道了奇里启亚人的很多情况，基于此，希腊史诗与颂文的吟唱中多次提到了奇里启亚人。诗人荷马接过了这种传统，并且听说过奇里启亚人是一个强大的民族，但荷马并不知道他们的具体居住区域，于是就想当然地将他们安插到特洛伊人统治的英雄后裔名下，他们的岳父是统治特洛伊最为显赫的英雄，这种情况类似于赫卡柏来自强大的佛吕癸亚王国。塞浦路斯的国王喀倪剌斯赠给阿伽门农一副锻造精美的胸甲，这段情节有可能也是从同样的源头传到荷马那里去的。

在我看来，这是对相关事实最为自然的解释。我之所以在这上面花了诸多笔墨，是因为它不仅能够确认柏勒洛丰神话的迈锡尼源头，而且还能够为荷马史诗的迈锡尼背景提供一种颇有价值的见解。

普洛提德斯姊妹

我之所以简单提及与梯林斯相关的另外一类神话，主要因为它们与迈锡尼时代之间的关系并不确定。这里要讲一讲国王普洛托斯女儿们的故事，根据通用的神话版本，这些女孩子患了癫狂病，后来先知墨兰波斯（Melampus）治愈了她们。据最早的神话文本赫西俄德的神话内容表述，赫拉之所以惩罚这些少女是因为她们过度沉溺于爱欲之中。在后期的口头叙事诗《墨兰姆珀狄亚》（*Melampodeia*）中，这个故事被转换为通常所见的狄奥尼索斯的癫狂主题。普洛提德斯姊妹（Proetides）之所以被狄奥尼索斯驱逐并致疯，是因为她们反对酒神的崇拜。根据希罗多德（Herodotus）的叙述，墨兰波斯曾经传授过狄奥尼索斯的名字与酒神祭仪，抬着阳具游行的行为显然属于希腊古风时代的宗教竞技，酒神的崇拜就是在此时被接受与确立的。根据希罗多德的这个神话版本，赫拉将这些女孩子弄疯的时间要早一些，它与梯林斯之间的关系要更为密切，赫拉是梯林斯的主神，但我们却不可能说她到底有多古老。

伊　　俄

我们已经确切地注意到，普洛提德斯姊妹的神话与伊俄（Io）的神话一样，含有相同的基本思想。尽管普洛提德斯姊妹变形为母牛的故事仅仅发生在后期作家们的笔下，故事中有一些相同的元素——赫拉的愤怒、癫狂、四处流浪，但在伊俄的故事中，宙斯的爱欲却是导火线，据说阿尔哥斯（Argus）整日看守着伊俄，后来赫耳墨斯杀死了这头怪兽。并没有确凿的线索来揭开这则神话的含义。我在此指出这样一种事实，即这则神话其实是依附在赫拉尤姆神庙的，后者建于迈锡尼城一座重要的遗址，这则神话确立了赫拉与母牛之间的关联。①这当然有理由认为赫拉尤姆神庙的赫拉崇拜发生在迈锡尼时代，或许这也是根据这则神话的一种猜测，尽管并没有确凿的证据。倘若一些阐释允许臆想，那么我们也许可以这样猜想，对自然女神伴有舞蹈的迷狂崇拜或许诱发了这则神话，迈锡尼的纪念碑上对这类女神的崇拜极其醒目，这种情况类似于狄奥尼索斯的迷狂崇拜催生了后期许多类似的神话。不过此乃一种猜想，我们在此将伊俄的神话忽略不计，它与我们的目的并没有多大关联。

阿尔哥斯

最后我们到了阿尔哥斯，它是希腊历史时期阿尔古利斯的都城。阿尔哥斯仅仅是迈锡尼时代诸多小城中的一个，它的遗址在迈锡尼时代也没有什么显赫的地位。在诸多与阿尔哥斯城相关的神话中，我们或许可以忽略文化英雄福洛纽斯（Phoroneus）的故事，他的神话远没有英雄纳乌普利亚（Nauplia）、帕拉墨得斯（Palamedes），以及与阿尔哥斯城齐名的英雄阿尔哥斯等人的神话那么重要；在后面的章节中，我会再次谈到这位英雄，主要将其视为英雄赫拉克勒斯的对手。②唯一比较有趣的神话，具体说来是最为有趣的神话应该是达那伊得斯姊妹（Danaides）的神话。

达那伊得斯姊妹

这个神话的核心总是讲述新婚之夜埃古普托斯（Aegyptus）的 50 个儿子被达那俄斯的 50 个女儿谋杀的故事。为何会发生如此大规模的谋杀？达那俄斯与埃古普托斯之间的关系如何？这些问题在不同的神话版本中有不同的说法，它们并不重要。接下来的故事同样有不同的版本，但我们已经发现，根据通用的一些神话版本的表述，我们会看到，达那伊得斯姊妹没有因为自己的残暴行径

---

① 参见拙著《希腊庆典》第 42 页及以下部分。
② 参见本书英文版第 212 页。

而遭到惩罚。①

那么，达那伊得斯姊妹谋杀自己的丈夫这个神话故事表达了一种什么样的意义？我们在前面已经介绍了自然象征主义对这个神话故事及其他神话的阐释，此处就无须再做详尽介绍。② 如果我们抛开那些多少有些牵强附会的阐释，那么我们就会看到，达那伊得斯姊妹的故事与朱迪丝（Judith）和霍洛弗尼斯（Holophernes）的故事有某些类似之处，后者讲述了一个犹太妇女诱惑了压迫她的人，在新婚之夜将其杀死的故事。也许我们可以尝试着将这种类似性继续分析下去。这个故事暗示着，犹太妇女朱迪丝故事中这种明显的女英雄主义的传统在希腊传统中已被遗忘。当希腊人讲述这个故事时，他们总是战战兢兢，但是，如果这个故事最初是一个犯罪故事的话，那就难以理解为何故事接下来没有惩罚，或者假如神明们给予了惩罚，为何这一点被忘记了。这种说法看上去绝对确切，也就是说，杀夫的行为，杀死埃古普托斯儿子们的行为最初并非是一种犯罪行为。这绝非一种好行为或坏行为。那么，接下来我们不禁要问：到底什么是英雄行为？

我们先前忽略了这样一个古怪的问题，鲜有人注意到这个问题：为何达那俄斯有那么多女儿，不少于 50 个？我们或许可以这样理解，为了凸显英雄赫拉克勒斯的英雄气概，神话故事说这位英雄一夜之间生出了 50 个儿子。但是，这里并没有明显的原因表明，为何达那俄斯有那么多女儿，为何会有这种大规模的杀夫行为。如果我们将达那伊得斯姊妹这个词语放到达那安少女的语境中理解，③ 将一般意义上解释她们为达那俄斯女儿的这种观点抛开，那么我们或许就会找到一条理解这些因素的阳光大道；达那俄斯是一个非常模糊的人物。

最近的一种观点认为，达那伊得斯姊妹的丈夫们开始是匿名的一群男人，

---

①这种说法不包括如下后起的神话版本：*Schol. Eurip. Hec.* 886。根据这个版本，律恩凯乌斯（Lynceus）是埃古普托斯唯一幸存的儿子，这个幸存者后来杀死了所有的达那伊得斯姊妹。弗里德兰德曾经在其论著中（*Argolica*, Berlin, 1905, pp. 5 *et seq*）对这个故事进行过详尽的论述，他将上述这些神话版本视为最早的，这种做法具有一定的武断性。这是他推论中极为无力的一点；另外一点是，并没有明显的原因表明，达那俄斯的兄长被逐出阿尔哥斯城之后，最后归隐到了埃及。著名的达那伊得斯姊妹被迫用无底桶打水的神话故事是在希腊化时期出现的，这个故事后来就在希腊人中间传来了，最初的时候，这个神话故事并没有神秘的意味。我个人比较赞同罗伯特教授在《希腊英雄传说》（*Griech. Heldensage*, p. 277）一书中所持有的观点，也即是说，这则神话故事是俄耳甫斯教创造的。

②阿波罗多洛斯（Apollodorus, ii. 1, 5, 11）和保萨尼亚斯（Paus., ii. 24, 2）将达那伊得斯姊妹与在勒纳（Lerna）的泉水联系起来的做法是极其肤浅的。阿密摩涅（Amymone）最初并非是达那伊得斯姊妹中一员。

③在斯特雷波援引赫西俄德的作品中，达那伊得斯是用达那安（Δαναaί）这个名字来代替的。（Strabo, viii, p. 371；frag. 24 Rzach, ed. 3.）

一直到公元前 7 世纪希腊人逐渐了解埃及人之后,① 这些男人才被视为埃古普托斯的儿子。当希腊人发现埃及人崇拜动物时,他们就将伊俄化身为母牛的神话传到了埃及,与伊俄相连的达那伊得斯姊妹的神话故事自然也就传到了埃及;这样,这些女人的丈夫自然就被当成了埃古普托斯的儿子。这个精心编造的神话故事群被归结于那些已经失传的口头叙事诗作者们的创造,达那伊得斯姊妹的神话只是其中保存下来的一段残篇,它讲述了达那俄斯的女儿们在尼罗河畔武装自己的故事。② 看来,这里第一次提到了这些女人杀死了自己的丈夫,果真如此的话,那么这个神话的地点就被改变了。因为在这个通用的神话版本中,达那俄斯带着他的女儿们逃到了阿尔哥斯,而埃古普托斯的儿子们则在后面追赶,强迫这些女人过着一种悲惨的婚姻生活。也有另外一些神话文本为了避开这种矛盾,将措辞指向了战斗,这些女孩子在去埃及之前就已经卷入斗争。③ 这似乎是一种躲避神话在埃及定位的可疑手段,它有可能是一个古老的神话版本。

希腊人不仅仅在公元前 7 世纪就已经对埃及有所了解,并且在公元前 12 世纪时,他们就已经对埃及有所了解,那时有一些希腊部落,实际上是达那安人(Danaans)的部落曾经设法侵略过埃及;而且,我们还知道这些迁移的民族携妻带子进入了埃及境内。这一背景使该神话上溯到这个时代成为可能。因为"达那安部落"在荷马史诗中是一个极为古老的词语,因此它很难在公元前 7 世纪被捡拾起来并被置于后期创造的神话之中。倘若该神话可以上溯到达那安部落侵犯埃及的时代,那么在这种时代背景下,就可以解释神话的源头。一群达那安部落的妇女被埃及人俘虏了,她们被迫嫁给了埃及男人;这群希腊妇女杀死了她们的埃及丈夫后就逃跑了。希腊男人在利姆诺斯被自己的土著妻子杀死的神话故事,与上面这个神话故事多少具有一些类似性,它解释了为何这个小岛沦为希腊人的殖民地。④ 这也许是一个潜在的简单事实,当然它解释了为何这则神话不能够被视为一种犯罪行为。达那伊得斯姊妹的神话仅仅是来自于那个动荡时代的一个普通故事,它比朱迪丝和霍洛弗尼斯的故事还要简单,不过二

---

① E. g. Ed. Meyer, *Forschungen zur alten Geschichte I* (1892), p. 84.
② *Frag. epic. graec.* ed. Kinkel, p. 78.
③ 关于这则神话故事的另外一种阐释,读者可以参阅爱德华·迈耶的论著(Ed. Meyer, *Loc. cit.*, p. 82, n. 3.)。
④ 我个人比较赞同维拉莫威兹教授的观点(参见 Wilamowitz, *Sitzungsberichte der preuss. Akademie der Wissenschaften*, 1906, p. 76),他认为这就是这则神话的意义,不过它的意义已经被极大地扩展与改编了。杜梅齐尔(G. Dumézil)教授最近撰文(参见 G. Dumézil, *Le crime des Lemniennes*, 1924)提出了另外一种观点。

者具有一些相似之处。①

  对于许多人来说，这种将达那伊得斯姊妹的神话解释为一种来自达那安人袭击埃及的历史记忆的观点，或许是一种很危险的假说，我非常了解其假想性的特征；不过与我们上面所列举的其他假说相比而言，它成立的可能性一点也不逊色。倘若我的猜想击中要害，那么这则神话就是唯一能够上溯到迈锡尼时代与阿尔哥斯城联系的故事。事实上，这则神话显然与整个阿尔哥斯省份有关，而与这个省份后来的都城没有什么关系，它与后者的关联是松散而次要的。神话立场上阿尔哥斯城的无足轻重对应的是该城市在迈锡尼时代地位的低微。当阿尔哥斯城成为这个省份的都城之后，它自然尽力为自己打造一则神话传说；我们已经看出了这种努力，但它却欺骗不了任何人。

---

① 爱德华·迈耶（Ed. Meyer）教授在《历史文物》（*Geschichte des Altertums*, I, 1884, p. 264）第一版中认为，达那俄斯从埃及迁出的神话故事保存了希腊那些民族四处漂泊的古老记忆。不过后来在其后期论著（*Forschungen*, *Loc. cit.*）中，他又改变了自己的立场。

第二部分　拉科尼亚

迈锡尼时代的拉科尼亚

沿着迈锡尼文明的头号所在地阿尔古利斯向东南走下去，我们来到了东南部省份拉科尼亚。这个地方发现了迈锡尼文明的一些重要文物，但无法与阿尔古利斯的相比。靠近斯巴达的瓦斐奥遗址圆顶墓中出土了两个金杯，它们是米诺精美绝伦的艺术品，与这两个金杯一起出土的还有各种首饰碎片，所有这些都表明，拉科尼亚是迈锡尼时代一个相当富裕的省份。尤为值得注意的是阿米克莱的大量考古发现，这表明迈锡尼时代的人们对前希腊神明许阿铿托斯（Hyacinthus）的祭礼就在此举行。斯巴达的墨涅拉埃昂（Menelaeion）神庙的建造也许可以上溯到迈锡尼时代，它实际上是海伦在铁拉普涅（Therapne，原文Therapnae——译注）这个地方的避难所。[①] 其他地方发现的迈锡尼时代的遗物不如上面那么重要。

在着手讨论拉科尼亚人（Laconian）的神话之前，我们要探讨一个问题。在历史时期，阿尔哥斯宣称自己是伯罗奔尼撒半岛的老大；尽管它难以支撑这些宣言，它却从来就没有完全向斯巴达臣服过。这些宣言在神话中找到了一个对应的表述，神话说阿尔古利斯是阿里斯托玛克斯（Aristomachus）最年长的儿子铁美诺斯（Temenus）从祖上继承的一份遗产。我们将会看到，斯巴达人如何出于自己的利益而试图更改并重塑这种神话，这种例子比比皆是。与阿尔哥斯的宣言对应的是这两个省份在迈锡尼时代的关系，那时阿尔哥斯是迈锡尼最重要的省份，拉科尼亚相对不重要，我们将这两个省份上溯到了迈锡尼时代，是因为在后来的时代，我们找不到确保阿尔哥斯主导优势的证据。关于斐冬国王（King Pheidon）的信息极其缺乏而不可靠，他统治的时间太短以致无法建立这

[①] 参见英国学者在雅典编撰的《年鉴》[*Annual*, XV (1909), pp. 108 *et seq*]。

种持久的宣言。

阿伽门农在斯巴达

在荷马史诗中，阿尔哥斯与拉科尼亚这两个省份之间的关系同样如此。拉凯戴孟（Lacedaemon）作为迈锡尼国王的属臣出现在史诗中，或者更准确地说，他是一位让位给自己年轻兄弟的隐退者。阿伽门农与墨涅拉俄斯二人共同执政，他们是斯巴达人的国王，此为许多没有确凿根据说法中的一种，这些说法试图在荷马史诗中找到斯巴达在希腊历史时期的踪迹。总的来说，在荷马史诗及神话中，墨涅拉俄斯显然从属于阿伽门农。不过一个证据确凿的神话说，阿伽门农与其儿子俄瑞斯忒斯的家乡在拉科尼亚。我们一定要关注这个神话版本，因为它有可能将这位霸主的地位从阿尔古利斯转移到拉科尼亚。

下面介绍一种大家都接受的观点，至少在一些人看来如此。在公元前5世纪初，诗人品达（Pindarus）在其一首颂歌中提到阿特代斯也即阿伽门农死在了阿米克莱，品达在该诗中将俄瑞斯忒斯称为拉凯戴孟尼亚人（Lacedaemonian）；在另外一首颂歌中，品达歌颂了一名来自提涅多斯的获奖竞技员，他说这名竞技员的先祖曾经跟随俄瑞斯忒斯从阿米克莱迁出，[1] 在彭提卢斯（Penthilus）的指引下迁入提涅多斯。[2] 希罗多德著作中的一段叙述对这件事情交代得尤其清楚。[3] 希波战争中，国王盖隆（King Gelon）要求掌握对抗波斯人的战争联盟的霸权。斯巴达使者回复说，倘若阿伽门农王听说霸主地位被西拉库赛（Syracuse，原文Syracusan——译注）的盖隆王从斯巴达人手中拿走，他会暴跳如雷。不论斯忒赛克洛斯（Stesichorus）是公元前7世纪喜美拉（Himera）的一个市民，还是公元前500年的一个罗克里亚人，[4] 他都会为我们提供相同的地理位置。[5] 我们从上述表述中只能得出一种合理的结论，即斯巴达人曾经设法盗用过阿伽门农的名字，将其视为独立统治伯罗奔尼撒半岛霸主的原型。这种做法与多里安人假托自己是赫拉克勒斯后裔，以此证明其统治伯罗奔尼撒半岛的做法

---

[1] Pindarus, *Pyth.*, xi. vv. 24; 47 *et seq*; *Nem.*, xi. v. 44 resp.
[2] 同上，第49页。
[3] Herodotus, vii, 159.
[4] 维拉莫威兹教授倾向于这样认为（参见 "Die griech. Heldensage," I, *Sitzungsberichte der preuss. Akad. der Wissenschaften* 1925, p. 46, n. 1)。
[5] In the *Schol. Eurip. Orestes*, v. 46.

第二章 迈锡尼中心与神话中心 | 47

如出一辙。在与阿尔卡地亚人交战的过程中，斯巴达人将俄瑞斯忒斯的骨头从铁该亚（Tegea）迁到了斯巴达。

不过，一个较早的证据是《奥德赛》中一段诗文，① 即阿伽门农从特洛伊（Troy）返乡途中经过马勒亚海峡（Cape Malea），一阵狂风将他吹到了海上，到了一个极其偏远之地，那里居住着埃癸斯托斯的国民，不过神明后来改变了风向，使得他能够欢快地回到祖国。但埃癸斯托斯派出了暗探监视阿伽门农的行踪，并宴请阿伽门农及其随从，然后将他们杀死在宴席上。我们可以看到，上述这些诗句表述的内容并不一致；这令人颇为疑惑，我们不得不返回先前的叙述中去。前面的一段诗文中已讲到，埃癸斯托斯引诱了克吕泰梅斯特拉，他后来做了迈锡尼的国王，但诗文在讲到阿伽门农被谋杀时，仅仅用了两句话一笔带过。②

现在一个人从特洛伊到阿尔古利斯，途中显然不经过马勒亚海峡，同时，要经过的话就一定是去拉凯戴孟的路线。观察到了这一事实，有些学者就开始运用逻辑工具对这些诗文进行质疑，他们猜测，这段关于马勒亚海峡的诗文是在阿伽门农以及埃癸斯托斯在拉凯戴孟地方化的基础上进行的。③ 他们认为该诗文中，阿伽门农在阿米克莱建有府邸的表述是编造的，其目的是使得它与阿伽门农在迈锡尼的王宫这一当下观点相符合。我对此不做评论，不过我要指出一点，当一名诗人要在自己的诗歌中使用早期的颂歌时，他必然要对颂歌中不一致的地方和错误做一些改编，这是非常容易而且几乎不可避免的。荷马史诗中无疑同样存在这种疏漏与错误。在该诗文第 514 行（《奥德赛》第四卷——译注），"陡峭的岩壁马勒亚"，以及第 519、520 行诗句显然就是如此。先前的诗文中已经讲过，当阿伽门农经过马勒亚海峡时，他被狂风吹到了海面上，到了一个海角之国，那里是埃癸斯托斯的国家。这两段可疑的诗文又说，"当平安归返的可能出现，神明扭转了风向，他们最终回到了家乡"。接下来，这一段诗文叙述到，阿伽门农与其随从欣喜万分地安然着陆，但埃癸斯托斯派遣了一名暗哨跟踪，最后杀死了他们。这两段诗文在给定情景中令人难以理解，因此存在

---

① *Od.* iv. vv. 514 *et seq.*
② *Od.* iii. vv. 243 *et seq.*
③ Ed. Schwartz, "Agamemnon von Sparta und Orestes von Tegea in der Telemachie," *Strassburger Festschrift zur xlui. Versammlung deutscher Philologen*, 1901, pp. 23 *et seq.* 比较 K. Kunst, "Die Schuld der Klytaimestra," *Wiener Studien*, XLIV (1924–1925), pp. 18 *et seq.*

一些问题。正如孔斯特博士（Dr. Kunst）所言，[1] 与马勒亚海峡相关的表述是从墨涅拉俄斯返乡途中在这个地方不幸遭遇的描述接替过来的。我个人比较赞同施瓦茨（Schwartz）教授的观点，即第 519、520 行（《奥德赛》第四卷——译注）这两段诗文是后人补加的，其目的是掩饰矛盾。[2] 第 517 行之前的诗文将这两种表述混杂在一起，被一些编者所采用，不过诗文的难点并没有改变。

如果去掉这两行有问题的诗文，用阿尔哥斯半岛最南端的海峡取代《奥德赛》第四卷第 517 行的马勒亚海峡，那么这些诗文表述的内容就连贯了。阿伽门农被一阵飓风从他打算在阿尔古利斯落脚的地方吹到了一个离阿尔古利斯十分遥远的海滩，那里住着埃癸斯托斯的国民；作为迈锡尼王室的一名成员，阿伽门农在这个地方本该拥有一座城堡和城池。命运就因此让阿伽门农落到了埃癸斯托斯手中。为何埃癸斯托斯在赢得了克吕泰梅斯特拉的芳心之后不住在迈锡尼城？这是一个很无聊的问题；当埃癸斯托斯杀死阿伽门农之后，他就住在了迈锡尼城，因为他获得了伟大王者的宝座。最为可能的一种答案是，这段诗文背后隐藏着行吟诗人所犯下的一个错误，斯巴达人钻了空子，利用这段诗文大做文章，他们为了自身的利益而使用阿伽门农的名字。除此之外，我与哈里（Harrie）教授都倾向于认为，[3] 亚历山德拉神庙在斯巴达拥有带有阿伽门农纪念物的神庙，在确认这个故事中占有举足轻重的地位。

这样，关于阿伽门农与俄瑞斯忒斯为何在拉凯戴孟被地方化，我们就找到了一个比较满意的答案。考虑到这两座城市在迈锡尼时代的地位相对重要一些，因此阿伽门农不可能将王权从迈锡尼带到拉凯戴孟，人们也不可能将他迁移到拉凯戴孟。

海　伦

当我们转向拉科尼亚人的神话时，一种奇怪的情况极为醒目：我们遇到的英雄神话中的名人比古老的神明还要稀少，后者已被包含到了英雄神话中。海伦最初是迈锡尼时代的一位古老女神，她总是作为一名女神在斯巴达出现。在公元前 2 世纪的一块浮雕上，我们看到了海伦的形象，她夹杂在狄奥司科洛伊兄弟（Dioscuri）诸多神色呆滞的**木雕神像**（原文如此，加以强调——译注）中

---

[1] Kunst, *loc. cit.*, p. 23.
[2] Schwartz, *loc. cit.*, p. 25.
[3] I. Harrie, "Zeus Agamemnon," *Archiv für Religionswissenschaft*, XXIII (1925), pp. 366 *et seq.*

间，这些木雕神像腕袢下垂，头上戴着一个水果篮子一样的首饰。① 海伦在斯巴达有两座神庙：一座叫作墨涅拉埃昂，这是一座设在铁拉普涅（Therapnae）的著名神庙，它矗立在迈锡尼遗址上；而另外一座则建在距离普拉塔尼斯塔斯（Platanistas）不远的地方，这个神庙中与海伦祭仪相关的还有树崇拜。但我们并不知道这两个神庙中究竟哪一座用海伦的名义来举行海勒涅亚祭仪。海伦与树崇拜的关联被一种叫作**海勒涅昂**（heleneion）的植物所证实，这种情况就像"**许阿铿托斯**"（hyacinthus，原文 hyakinthos——译注）这个词语一样，既可以指一种树木，也可以指称一位神明。罗德斯岛屿同样有海伦与树连在一起的崇拜，这个地方崇拜海伦·顿德里提斯（Helen Dendritis，海伦树——译注）。②

但在神话故事中，海伦同样在阿提卡（Attica）被地方化了。忒修斯在珀里托俄斯（Peirithous）的帮助下拐走了海伦，并将她藏在阿庇达那（Aphidna）的堡垒中。试图将这个神话从阿庇达那分离出来纳入阿提卡的做法最后失败了。③ 为了确证这种观点，几乎没有必要将它与阿提卡海岸附近一座叫作海勒涅（Helene）的岛屿及其他可疑地方联系起来。④ 海伦被其兄长狄奥司科洛伊营救的神话显然是后期添补的。我们认为海伦的故乡也在阿提卡，这一观点应该不是什么惊人之见，因为假如海伦是一个古老女神的话，那么她在好几个地方都应该受到崇拜。尽管海伦的崇拜主要在斯巴达有所保存，但其他神话中都留下了关于这位女神崇拜的踪迹。

那么，我们接下来不禁要问：为何这位前希腊的古老女神后来成为特洛伊

---

① 参见托德与韦斯著《斯巴达博物馆目录》（Tod and Wace，*A Catalogue of the Sparta Museum*，pp. 117 and 158）。我现在比我在《米诺－迈锡尼宗教及其在希腊宗教中的遗存》（原书第458页注释1）一书中更倾向于认为，这种与篮子ἑλένη连在一起的头饰里面装的是一种在Ἑλενηφόρια携带的难以名状的神圣物品，这种立场是根据波鲁科斯（Pollux，x. 191）的描述而得出的。这种头饰看上去更像一个篮子而不是像缪勒教授（K. Val. Müller）所说的一个普通的"珀劳斯"（polos——马球）（参见他1915年在柏林的专题演讲"Der Polos"），他仅仅将这个东西视为一个装饰性头饰，没有什么特殊意义。Ἑλενηφόρια这个词语最初指的是阿提卡（Attic）的一个仪式，但自从凯贝尔（Kaibel）教授解读出了在雅典那埃斯（Athenaeus）这个地方的Δίφιλος δ᾽ ἐν Ἐλαιωνηφοροῦσι手稿之后（vi. p. 223 A），这种猜测就没有根据了；因此，我们唯一的资料就只能是波鲁斯的诗文了。

② 关于上述观点，读者可以参阅拙著《米诺－迈锡尼宗教及其在希腊宗教中的遗存》第456页及其以下部分。

③ 参见特普弗（J. Toepffer）教授的文章"Theseus and Peisistratos" in *Beiträge zur griech. Altertumswissenschaft*，pp. 153 et seq.；V. Costanzi，"Il culto di Teseo nell'Attica," *Religio*，I (1920)，pp. 315 et seq；Cp. Wilamowitz，"Die griech. Heldensage Ⅱ," *Sitzungsberichte der preuss. Akad. der Wissenschaften*，1925, p. 236。

④ 这种行为就像菲莱（Pfuhl）的做法一样。参见波利－维瑟瓦（Pauly-Wissowa）教授的论著（*Realencyklopädie der klass. Altertumswissenschaft*，s. v. Helena. p. 2829）。

战争的核心人物？我想这一点可以理解，但需要解释一下。海伦被忒修斯与亚历山大带走是一个比较特殊的事件。在许多特定的祭仪性传说中，女神被劫是众所周知的因素；譬如，普路托（Pluto）劫走克瑞（Kore）的故事。尽管乍一看来，克瑞与海伦被劫的故事比较奇怪，但二者实际上具有某种相似性，假如我们将目光从史诗中的海伦身上移开，然后将其视为一位古老女神的话；海伦就像克瑞一样，是一位植物女神。在忒修斯的神话中，我在后面还会论及，被劫的显然是另外一个。① 忒修斯与其朋友珀里托俄斯试图带走珀耳塞福涅（Persephone），而珀耳塞福涅是克瑞。如果史诗在其中加上一种怀旧情感说——海伦最初是与克瑞-珀耳塞福涅类似的女神，这个神话就容易理解了。

这样，根据希腊神圣的祭仪传说与宗教，克瑞被普路托劫持的神话含义就浮出海面了；海伦被劫的神话是一个轻佻且充满诽谤与亵渎的故事；不过这种差异有可能是神话在不同情景中发展所造成的。神话说前希腊古老的女神海伦被劫走了，但入侵的希腊人并没有把握住这则传说的深层意义，他们仅仅抓到了英雄时代的一些共同因素，比如因偷窃家畜或女人而引起的一些纷争，于是一个叫海伦的女人就被劫走了。当一个漂亮女人被劫的常见故事主题成为特洛伊战争的导火线时，希腊人就听到了一个与女神海伦齐名的女人被劫的神话故事，但女神海伦的崇拜在许多地方已经荒废了。或者我们最好这样说，祭仪故事中的海伦已经被置换为克瑞，不过克瑞一向拥有尊贵的地位，并没有像海伦那样被拉进英雄神话中。因此，海伦最终成为一位世俗中的女人，当然她变成了一位人间公主。海伦被视为特洛伊城的王后，在那里她依旧格外得到了人们的崇拜，当她后来被引入特洛伊故事群中时，其地位依然低微，变成一位与亚洲王子私奔的美女。

许阿铿托斯

我在这里主要省略了许阿铿托斯的神话故事，仅仅提醒大家注意这样一个著名但又十分有趣的现象，即许阿铿托斯显然是一个前希腊的名字，许阿铿托斯在阿米科莱的神庙出土了很多迈锡尼时代的器物。② 许阿铿托斯也许是希腊时代迈锡尼崇拜延续得最好的一个例子，但他后来被阿波罗（Apollo）取代了。于是许阿铿托斯被阿波罗在无意间杀死的著名神话就出现了。许阿铿托斯的死亡

---

① 参见本书英文版第170页及其以下部分。
② 参见拙著《米诺-迈锡尼宗教及其在希腊宗教中的遗存》第403、485页及其以下部分。

无疑是源于米诺人关于神明死亡的信仰，即植物神的死亡。我们还不能断定这个神话到底有多古老，在某些方面看上去相当晚近。当然它比阿波罗神话的出现要晚一些。

狄奥司科洛伊兄弟

在拉凯戴孟，海伦的两个兄弟狄奥司科洛伊既是神明又是最为有名的英雄。他们也许是希腊神明中最为复杂的形象了。① 我们一般认为，他们是年轻的骑士，是斯巴达青年的楷模，他们是危急关头的救世主，尤其对那些居住在海边的人而言。但他们又是屋神，在希腊受到普遍崇拜。他们的标志是两个绘有混合物（或泛种）图案的双耳细颈陶器、两条蛇②和晒干的砖头砌成的家宅牌门（dokana）。献给他们的祭品是食物，招待神明的食物（theoxenia，希腊语 θεοξενια，由"神"和"做客"两个词合并，它是古代的一个节日，主要是在德尔菲的一个节日。在这个节日里，阿波罗邀请所有的大神来做客——译注），它通常发生在家庭崇拜中。两兄弟与斯巴达诸位国王有特别的联系，当国王们作战时就带上他们。

另一方面，狄奥司科洛伊兄弟是被拉凯戴孟地方化的英雄，他们是廷达瑞俄斯（Tyndareus）的儿子和海伦的兄弟。《伊利亚特》中关于他们的表述仅有一段话③，狄奥司科洛伊兄弟在这里以竞技健将的形象出现，诗文说泥土已经将这两位英雄覆盖在他们祖国的土层中。狄奥司科洛伊是希腊众多孪生兄弟神话中的一个例子，但他们同时被当作神明崇拜。看来最初这些神话英雄与这些神明可能是一些彼此分离的形象，到了后来就被整合到一起了，以至于出现了我们现在所熟知的狄奥司科洛伊这种形式。荷马在史诗中说狄奥司科洛伊兄弟死了并被埋于黄土之下，也就是说，荷马仅知道这些人是英雄罢了。这种矛盾后来被一些有名的神话消除了，在这些神话中，波鲁科斯被描述为一位神明，他的孪生兄弟卡斯托耳（Castor）是凡人，或者他们交替着来，人间冥府天天轮换。④

---

① 这些问题比法内尔（Farnell）在其论著《希腊英雄崇拜》（*Greek Hero Cults*）一书中提出的还要复杂。（参见 Farnell, *Greek Hero Cults*, 第175页及以下部分。）例如，他忽略了非常重要的房屋崇拜，对该问题一字未提。
② 在这里，他们类似于宙斯·凯特西奥斯（Zeus Ktesios），是真正的房屋之神。参见拙文 "Zeus Ktesios," *Athen. Mittheilungen*. XXXIII（1908），第279页及其以下部分；以及拙著《希腊庆典》（*Griech. Feste*），第417页以下部分。
③ *Il.* iii. vv. 237 *et seq.*
④ *Od.* xi. vv. 303 *et seq.*

阿法勒忒戴

狄奥司科洛伊兄弟有可能与米诺宗教相关。我在另外一部论著中已探讨了这种可能性,[①] 不过我深知证据并非确凿,因此我在此也没有什么可添加的,只有寥寥数语关于狄奥司科洛伊兄弟与另外一对孪生的阿法勒忒戴(Apharetidae)兄弟的斗争,因为关于这二位英雄的神话不太重要而且主要因为他们与海伦的关系,不过关联几乎不是那么古老。不同的神话编纂者对这场纷争起因的看法有所差异。一种说法是,狄奥司科洛伊兄弟与阿法勒忒戴兄弟在阿尔卡地亚都偷盗了牛,因而分赃时有了争执;另外一种说法则是,狄奥司科洛伊兄弟抢走了琉喀波斯(Leucippus)的女儿,她们又是阿法勒忒戴兄弟的新娘。有时这两个神话版本是交合的。一般认为第一种说法比较原始,是较早的神话版本;将这两个版本整合到一个神话中要源自一部叫《赛普利亚》(Cypria)的口头叙事诗。[②] 阿法勒忒戴兄弟显然是美塞尼亚人(Messenian)的英雄,他们与狄奥司科洛伊兄弟之间的纷争因此被视为美塞尼亚和斯巴达之间冲突的反映,但根据《赛普利亚》之后诗人吕柯普隆(Lycophron)的表述,双方争斗的地点却接近斯巴达。[③] 由此看来,这个故事有可能最初发生在拉凯戴孟,它比美塞尼亚与斯巴达之间的战争要早一些,但我们在此不可能猜测说它到底有多古老,毕竟,我们没有确凿的证据将这个故事与迈锡尼时代连接起来。

总结了上述观点,也许我们可以说,一方面,拉科尼亚拥有迈锡尼的文物,但数量较少且并不重要,远远比不上阿尔古利斯拥有的文物;另一方面,拉科尼亚还有少许神话,与阿尔古利斯相比,这些神话数量较少且都不太重要,而且英雄神话尤其稀少。

[①] 参见拙著《米诺-迈锡尼宗教及其在希腊宗教中的遗存》第 469 页及其以下部分。

[②] 这些结论已被温策尔(G. Wentzel)先生在其卓越的论著 Ἐπικλήσεις θεῶν (Göttingen 1890, V., pp. 18 et seq.)中论证,现在已被普遍接受。

[③] Lycophron, Alexandra, v. 559. Paus. iii. 11. 11. 上述两部论著均提到了阿法柔斯(Aphareus)在斯巴达市场上的纪念碑,以及(iii. 13, 1)斯巴达城靠近斯基阿斯(Skias)这个地方伊达斯(Idas)和律恩凯乌斯的坟墓,但吕柯普隆自己最后发现,他们有可能埋在美塞尼亚境内。

第三部分　皮洛斯的疆域

迈锡尼时代的美塞尼亚等地

拉科尼亚西部被高大陡峭的塔乌该托斯（Taygetus）山隔开的那一部分就是美塞尼亚，但这个省份在北部的界线并不像拉科尼亚的界线那样整齐固定。在历史时期，这个边界变化得不止一点点。[1] 特里斐利亚（Triphylia）是美塞尼亚北部的一个沿海地区，它介于内达（Neda）河与阿尔甫斯（Alpheus）河之间，很早以前就是一个拥有独立权力的省份，因此不能够算作那个大省份的一个组成部分，一直到公元前5世纪中叶，埃莱安人（Eleans）征服了这个地区，同时征服的还有奥林匹亚（Olympia）与皮萨提斯（Pisatis）这两个地区。后来，阿尔卡地亚人宣布占有特里斐利亚。现在，为了弄清楚伯罗奔尼撒西南部的哪些部分在早期被划归到了美塞尼亚，我们要转向考古学与神话学。

与先前相比较而言，我们现在可以比较清晰地探寻美塞尼亚地区迈锡尼人的殖民地的踪迹，这要很大程度上归功于瓦尔敏（Valmin）博士的艰苦工作以及其他学者的早期探索，瓦尔敏博士将数年时光献给了这个地区。与在阿尔古利斯、贝奥提亚、阿提卡等地相反的是，迈锡尼文明在伯罗奔尼撒西部地区一直向着海岸延伸下去，除了一个例外，我在下文将会探讨这个问题。除了赛萨利（Thessaly）南部地区，迈锡尼时代希腊其他地区并没有出现类似的情况。在美塞尼亚海湾东部的卡米珀斯（Kampos）发现了一座保存完好的圆顶墓穴。还不能够断定希腊神话中阿伽门农许给阿喀琉斯的七座城市是哪几座，其中的两座除外，不过依靠这两座已经被确认的城市，学者们相信这七座城市一定都在美塞尼亚海湾附近。在靠近海湾的萨马利那（Samarina）、批狄玛（Pidima）以及卡特勒里（Karteroli）发现了一些迈锡尼的陶片，但至今极为稀少。平原的上

---

[1] 关于这方面的最新探讨，读者可以参阅 N. Valmin, *Études topographiques sur la Messénie ancienne* (Dissertation, Lund 1930), pp. 5 *et seq*。

部地区至今仍未发现迈锡尼的文物。① 在海岸西部的莫萨涅（Mothone）、凯帕利赛亚（Cyparissia）发现了少许迈锡尼文物。真正重要的迈锡尼时代的遗址是位于斯法科特利亚（Sphacteria）岛屿附近的皮拉斯。在距离塔伽那（Tragana）北部不远的地方有一座史前时代的卫城，还有两座圆顶墓穴，其中一座墓葬已被发掘，出土了迈锡尼晚期一些美丽的陶瓶。在奥西曼·阿咖（Osman Aga）附近还发现了另外一些圆顶墓。②

在伯罗奔尼撒半岛西部发现了一座最为重要的迈锡尼时代遗址——卡考那陶斯（Kakovatos）村庄，它坐落在海岸上，距离北部的内达河河口与美塞尼亚边界仅有六英里左右。这个地方保留了一个带城墙的卫城遗址，一座宫殿，一些迈锡尼的陶片，以及三座颇具规模的圆顶墓葬；尽管这些墓穴已经被盗，丰富的出土文物表明它们曾经拥有相当多的陪葬品。在这些器物当中，尤其醒目的是那些属于迈锡尼时代第二阶段的美丽陶器，在美塞尼亚的皮洛斯圆顶墓葬中同样发现了迈锡尼时代第二阶段的陶制品，还有其他一些陶制品来自克莱地（Kleidi），克莱地位于卡考那陶斯稍北的海岸，距离萨米孔（Samikon）不远，多费尔德（Dörpfeld）教授将其等同于荷马时代的阿瑞奈（Arene）。③ 跟随古代那些认为荷马时代的皮洛斯属于这个地区的诗人们的观点，多费尔德提出了如下见解：在卡考那陶斯村的迈锡尼遗址等同于荷马时代的皮洛斯城，它是涅斯托耳的城市。这种观点引起了人们对这个小村庄的关注且已经被广泛接受，但依然存在一些争议。

上美塞尼亚平原西部是苏利玛（Sulima）平原，那里现在开通了一条通向凯帕利赛亚的铁路。就在这个地方，瓦尔敏博士发现了一些有意思的东西。④ 马尔赛（Malthi）山脉将这两个平原分开。在马尔赛山上有建于希腊青铜器时代（Helladic）早期的迈锡尼殖民地，这个地方还发现了一座拱形顶的房子。考古学者同时还发掘出一座面积相当大的迈锡尼时代的房屋。马尔赛山脉下面的平原有两座圆顶墓，其中的一座已经被发掘，平原西部稍远的靠近科帕纳科（Ko-

---

① 另一种显而易见的事实是，美塞尼亚地区没有发现几何时代的陶制品。
② 这些墓葬由考柔尼特斯（Kourouniotes）教授负责发掘，具体可参见 Kourouniotes, *Ephemeris archaiologike*, 1914, p. 99 *et seq*; cp. *Bulletin de correspondence hellénique*, L (1926), pp. 552 *et seq*。这些墓葬的年代一定在 LH III 时期，而不是考柔尼特斯标注的 LH II 时期。
③ *Athen. Mittheilungen*, XXXIII (1908), p. 321.
④ 具体可查看瓦尔敏博士的论著，前引书，第 103 页与第 112 页及其以下部分，以及他的论文："Two Tholos Tombs at Bodia in Eastern Triphylia," *Bulletin of the R. Society of Letters of Lund*, 1926-1927, pp. 53 *et seq*; "Continued Explorations in Eastern Triphylia," *ibid.*, 1927-1928, pp. 171 *et seq*。

panaki）的地方发现了另外四座圆顶墓，其中一座已经得以清理。墓葬发掘时已被盗贼洗劫一空，因而发现的东西很少；这些墓葬属于迈锡尼时代晚期，由此可以证明，迈锡尼人设在苏利玛平原的殖民地肯定比西部沿海地区的殖民地要晚一些。大量的圆顶墓葬表明，这个属于内陆地区但距离西部沿海地区不远的区域在迈锡尼时代晚期占有重要地位。

涅斯托耳的皮洛斯

上述这个地区，即美塞尼亚最西部与特里斐利亚地区，比伯罗奔尼撒半岛西部地区拥有更多迈锡尼人的殖民地，后者发现的迈锡尼时代的文物极其稀少。这就表明，迈锡尼殖民者到了沿海地带，首先占据了沿海地区一些有利的地方，到了后来，这些人才沿着凯帕利赛亚（Cyparissia）河流到了苏利玛平原。这个地区的殖民者不可能来自南部或东部，因为上美塞尼亚平原尚未发现迈锡尼居住地的踪迹。

伯罗奔尼撒西部沿海地区聚集了大量的迈锡尼人，该地区不得不被一些学者纳入与涅斯托耳的统治的关系考察中，后者是皮洛斯的统治者。利夫博士（Dr. Leaf）在他那本富有启迪性的论著《荷马与历史》（*Homer and History*）一书中忽略了这个层面的探讨，但这一点值得探讨下去，因为考古资料已经指向了这种古老的传统，以及已被合并到荷马史诗中的皮洛斯人的口头叙事诗残篇。但是，由此就引出一个令人困惑的问题：究竟哪一座遗址是涅斯托耳的皮洛斯城？多费尔德教授将其等同于卡考那陶斯村，但很多学者却倾向于采用一种比较陈旧的观点，认为它是属于美塞尼亚人的皮洛斯城。苏利玛平原的殖民地与滨海地区的殖民地之间还有一段距离，因此它们对这个问题几乎没有什么用；从属于美塞尼亚的皮洛斯出发到苏利玛平原的殖民地远比从卡考那陶斯—皮洛斯出发要更为困难。

从圆顶墓葬的数量、大小与富有程度来看，卡考那陶斯村显然是这个地区最为重要的城市，这显然是支撑多费尔德教授观点的一个有力证据；除此之外，根据出土的文物，卡考那陶斯村比美塞尼亚的皮洛斯时代要早。《奥德赛》中描述了忒勒玛科斯乘马车从皮洛斯到斯巴达的路线在这一关系中被有力地讨论过；① 我在此将其省略，因为这个问题处理起来有些棘手；我认为已经有太多重

---

① *Od.* iii. vv. 447 *et seq*，回来的路线参见 *Od.* xv. vv. 182 *et seq*。

要的东西附加到它上面去了。皮洛斯人有一首合并到荷马史诗中去的口头叙事诗，它比后起的史诗特勒马科亚（Telemachia）更多地包含了本土的一些信息，多费尔德教授从中得出的一些观点看来是不可批驳的。皮洛斯人与埃佩安人或埃莱安人（Eleans）在阿尔甫斯河边的战役，小镇被皮洛斯人的敌人埃莱安人围困的情景——小镇即色奥萨（Thryoessa），远离阿尔甫斯河，位于多沙的皮洛斯①的边远地区——这些证明了皮洛斯人的疆域已经扩张到了阿尔甫斯河流域，其中还包括特里斐利亚和皮萨提斯。皮洛斯人也会与埃莱安人友好往来；涅斯托耳在埃佩安人的国王阿马里科斯（Amarynceus）的竞技运动会上取得了胜利。② 皮洛斯人主要与埃莱安人或埃佩安人的交往证明，卡考那陶斯村比边远的美塞尼亚的皮洛斯更有可能是涅斯托耳的皮洛斯。甚至皮洛斯人与阿尔卡地亚人（Arcadians）之间的战争③，也更适合发生在特里斐利亚的皮洛斯而不是美塞尼亚的皮洛斯。后者有可能属于皮洛斯人管辖，但卡考那陶斯—皮洛斯却是其首都。

七　城

这样，皮洛斯的疆域大致就确定下来，除了涉及《伊利亚特》中那段备受争议的诗文的问题外，即假如阿喀琉斯熄灭怒气，与阿伽门农的女儿携手到老，阿伽门农将会赐给他多沙的皮洛斯沿岸的七座城市。④ 这些城市在历史时期大部分都是未知的，并且它们的位置也无法确定，不过我们现在已经知道，卡尔达米列（Cardamyle）位于美塞尼亚海湾的东部，斐罗埃（Pherae）等同于美塞尼亚海湾最凹处的法拉埃（Pharai）。因此，我们得出的推论就是，阿伽门农赐给阿喀琉斯的其他几座城市同样在美塞尼亚海湾附近。⑤ 更进一步就可以做如下推论，皮洛斯的疆域涵盖了历史时期美塞尼亚省份的所有地盘。不过，我们不敢保证说希腊语 νέαται Πύλου，也就是"临界"这个单词，一定可以理解为"皮洛斯疆域最为边远的部分"，就像它在色奥萨的例子里当然有这个意思一样。将其翻译为"位于皮洛斯境内"同样行得通，倘若采用这种说法，那么上述七座城市的政治境况就和我们无关了。这种说法当然已经改变。因为假如阿伽门农

---

① *Il.* xi. vv. 670 *et seq.*
② *Il.* xxiii. v. 630.
③ *Il.* vii. v. 133.
④ *Il.* xi. vv. 291 *et seq.*
⑤ 最后一部分的探讨参见瓦尔敏的论著，前引书，第 206 页及其以下部分。

许诺要让出这七座城市，那么它们一定就在他掌控之中；他不可能让出属臣皮洛斯君王所拥有的东西。这一段诗文暗示着位于美塞尼亚海港的七座城市并非是属于皮洛斯的疆域，而是与皮洛斯接壤。此处只能够接受后面一种可能，假如我们不能推断，诗人在无意中将其从皮洛斯人那里接管过来。

基于这种探讨，我们就可以理解如下所述，即根据通常的地理单位，学者们一般认定并将皮洛斯的疆域等同于历史时期的美塞尼亚省，也许还要加上特里斐利亚。但在我看来，这种做法损害了问题所在。迈锡尼时代皮洛斯的疆域不同于历史时期的疆域。在迈锡尼文明第二阶段的初叶，它在沿海地带站住了脚跟，到了后期，迈锡尼文明才开始向内陆的苏利玛平原挺进，这一事实证明，迈锡尼人来自海外。美塞尼亚人的皮洛斯与特里斐利亚人的皮洛斯都是典型的海盗（Viking）城镇，它们的地理位置颇为适宜，距离海岸很近，与移民点离得很远。① 因此，迈锡尼人向内地的扩展只能够发生在晚期。实际上，仅仅在苏利玛平原发现了人口密集的迈锡尼居民点，上美塞尼亚平原尚未发现迈锡尼人殖民点的踪迹，这就表明迈锡尼人的中心在西部沿海地带。最初，迈锡尼的海盗有可能一举通过了美塞尼亚海湾，如果他们并非来自科林斯海湾（Corinthian gulf）的话。后来，这些人甚至在美塞尼亚海湾的沿岸地带设法弄到了一块立足之地，这种情况反映在荷马史诗关于美塞尼亚七座城市的表述中。

弥倪亚斯人

神话传统保留了迈锡尼文明从海上到达伯罗奔尼撒半岛西部的事实，根据神话表述，弥倪亚斯人迁入了伯罗奔尼撒地区。神话大部分是关于欧尔科美诺斯（Orchomenus）的弥倪亚斯人的故事，我们不得不在后面的章节中再次详细地论及他们及其与皮洛斯之间的关系。此处我仅仅指出，不可忽视这种神话传统，因为《伊利亚特》记载在皮洛斯地区有一条叫作米努埃俄斯（Minyeios）的河流，这证明了神话传统的可靠性。② 当论及这条河流的得名时，斯特雷波（Strabo）说，该河流的名字要么源于曾经与涅琉斯（Neleus）的妻子克罗里斯

---

① 加德纳（N. Gardiner）在其论著《奥林匹亚》（*Olympia*, p. 35）中认为，这些侵略者是沿着大陆从阿尔古斯到达这个地方的，因为卡考那陶斯并没有海港；但他又说（p. 38），在其他地方不会像这个地方一样发现如此众多的琥珀，他认为这无疑是来自亚得里亚（Adriatic）海前部的贸易路线提供了一种证据。加德纳的这两种观点看上去彼此矛盾，不过我个人倾向于接受后一种说法。早期最好的海港是拥有优质沙子的海岸，航行的船可以停靠，因此就有了"多沙的"皮洛斯这种说法。

② *Il.* xi. v. 722.

（Chloris）一起从贝奥提亚的欧尔科美诺斯迁移而来的弥倪亚斯人，要么源于阿尔哥斯诸英雄（Argonauts）的后裔弥倪亚斯人，他们从利姆诺斯被驱逐到了拉科尼亚，后来又迁移到了特里斐利亚。① 斯特雷波的学说本身并无多大价值，因为它们只不过试图解释在特里斐利亚的弥倪亚斯人延续的传统罢了。这种传统后来被一些族谱所确认，它们看上去并非无中生有的编造，同时也并非是编造的传统，即涅琉斯的后裔与皮洛斯人一起迁移到了爱奥尼亚。既然这种传统只能在其与弥倪亚斯人问题的关系上被充分利用，我会在另外一个章节中再次阐释。② 我在此仅仅补充我的一点观察，即其残篇被收进荷马史诗的皮洛斯人的口头叙事诗记载，皮洛斯人的处境极不稳定。

皮洛斯人的叙事诗

现在我们不得不考察一下皮洛斯人的口头叙事诗留下了什么。③ 叙事诗中的内容与神话鲜有关联，因为它更多地带有历史性特征，因而与史诗之间的关联较多一些。罗伯特（Robert）教授认为，即使荷马史诗中的情节源于爱奥尼亚人的史诗，这些神话最初也是属于皮洛斯人的，他们天生的死对头是阿尔卡地亚人。④ 维拉莫威兹教授持另外一种观点。⑤ 他提醒大家关注皮洛斯人的源头科洛彭人（Colophonian），认为皮洛斯人的叙事诗生成于小亚细亚的科洛彭城。为了反驳这种皮洛斯人源头的观点，维拉莫威兹教授进一步指出了关于战争及军队行军的描述中的一些地理学上的不可能之处和错误之处，然后就推论说皮洛斯人的位置不能确定。他认为，皮洛斯这个名字最初意味着冥界（Nether World）的入口，后来指伯罗奔尼撒半岛西部地区，最后指特定的一个地方，但绝不是一个小镇。

当然，在一则神话中，冥界之门与涅斯托耳的皮洛斯被混在了一起，我们稍后会再次论及这个神话，但这并不能够证明涅斯托耳的皮洛斯最初就是冥界之门。正是同样视角的神话观点，使特洛伊成为东方的太阳之城与西方的月亮

---

① Strabo, viii. p. 347.
② 参见本书英文版第143页及其以下部分。
③ 本书洛克教授的文章 [*Wie, wo, wann ist die Ilias entstanden?* (1920)] 对史诗中涅斯托耳的部分内容给予了极大关注，在其论著中，他列了整整一章来论述，并将其名字定为"涅斯托耳"（Die Nestoris）。他就此推断，此种对涅斯托耳与皮洛斯人的偏爱是因为《伊利亚特》关注的是设在奥林匹亚的比赛，但这种推断恐难成立。
④ C. Robert, *Die griech. Heldensage*, p. 191.
⑤ Wilamowitz, *Die Ilias und Homer* (1916), pp. 207 *et seq*.

之城。皮洛斯在神话中是作为一个真实的城市而出现的，争论地理上的一些矛盾之处没有丝毫益处，因为维拉莫威兹教授已经指出，史诗在地理与距离上的表述总是很马虎；但我们在此应该补充一点，史诗的这种粗疏并不能驳斥这些地方的真实存在，以及神话最初与它们之间的关联。这种矛盾性未必能够证明史诗最初是在这些民族中产生的，他们对上述这些地方确切的地理位置一无所知；人们反复加工史诗的过程中，难免会出现一些错误。

我不得不认为皮洛斯人的叙事诗与史诗一样，源自与事件描述相关的那些民族，即皮洛斯人的叙事诗是在皮洛斯民族当中诞生的；叙事诗后来随着皮洛斯人到了爱奥尼亚，在这个地方，叙事诗中的部分内容被合并到了《伊利亚特》中；原来具有历史性传统的内容遭遇了史诗与神话的改编。但在所有的事件中，这些叙事诗并非只有虚构。①

值得注意的是，赫拉克勒斯是埃佩安人的首领，或者他在其伙伴中十分突出，他曾经给皮洛斯人以严重的打击，杀死了涅琉斯的十一个儿子，只有最小的涅斯托耳得以逃生。② 这是一段不怎么光彩的传统，我们因而可以相信它有着一些真实的基础；也就是说，皮洛斯人曾经在埃里斯被他们的死对头狠狠地打击过。然而，这个故事一定还可以与另外一则经常被引用的情节做比较，即赫拉克勒斯在皮洛斯与冥界之王哈得斯（Hades）发生了争斗，他射伤了冥王哈得斯。③ 此处的皮洛斯其实就是冥界之门，这则神话是英雄赫拉克勒斯战胜死亡的老式版本，这一点被公正地认可，而且在我们论及赫拉克勒斯时应该更多地提及。④ 因为这些名字具有大量的类同之处，就被应用到皮洛斯城了，这样赫拉克勒斯后来就成为皮洛斯人的对头了。这则神话是英雄赫拉克勒斯行为中最为古老的部分，沿着这个起点走下去，我们就可以得到这样一种观点：赫拉克勒斯是多里安人的首领与英雄。

实际上颂扬了古维京帝国最后一次抗击外来侵略者的皮洛斯人的叙事诗，不可能是异国他乡的人民构想出来的，对于他们来说，皮洛斯人仅仅是神话中

---

① 不必对皮洛斯人被称为阿该亚人（Achaeans）感到惊奇，因为他们是前多里安人，或者因为他们的敌人叫作埃佩安人或埃里安人。埃佩安是一个部落的名字，而埃里斯则是一个省份的名称（希腊文为 Ϝ Ηλις，拉丁文为 Vallis，Ϝαλις 和 Ϝαλειοι 这两种写法是希腊本土的形式）；也就是说，一个本土的名字源自本地的居民。

② *Il.* xi. vv. 689 *et seq.*

③ *Il.* v. vv. 395 *et seq.*

④ 参见本书英文版第 203 页及其以下部分。关于这一点的证据，读者可以参看 E. Drerup，*Das fünfte Buch der Ilias*（1913），p. 180 *et seq*。

的人物。套用罗伯特教授的说法就是,这个故事的神话性内容极为稀少。然而,即便维拉莫威兹教授的观点被大家接受,以下事实不会改变:伯罗奔尼撒半岛西部海岸拥有丰富的史诗传统,而且同时是这座半岛西部沿海唯一一个拥有相对丰富的迈锡尼时代文物的地方。这些传统或许更多的是一种历史事实而不是神话虚构;倘若如此,那么对于我们的目标来说,它们的价值保持不变或变得更加大了。因为此处提到的这种传统是通过史诗流传下来的。上述地区至今还保留着丰富的史诗传统与迈锡尼时代的文物。

第四部分　伯罗奔尼撒半岛其他地域

迈锡尼文物；神话

如果我们将目光转向伯罗奔尼撒半岛其他地区，譬如，位于半岛中部地区的阿尔卡地亚山区，西北部的埃里斯地区，以及靠近科林斯海湾南部的阿该亚省，那么我们就会发现，这些地方的迈锡尼时代的文物非常稀少。直到近期，来自阿该亚的发掘物才首次被报道：接近卡拉尼拉塔（Kalavryta）的古门尼特匝（Goumenitza）发现了迈锡尼晚期的一些墓穴①，在厄律曼托斯（Erymanthus）山西部斜坡的普洛斯透尼塔特匝（Prostovitza）附近发现了一些石凿墓穴，在距离帕特拉斯（Patras）南部十二英里的卡拉尼多里塔匝（Chalandritza）附近出土了一些石凿墓穴与三座圆顶墓穴。② 在上述这些地方中，只有卡拉尼多里塔匝发现了一些比较重要的东西；报道很少提及且几乎没有什么细节性表述。阿尔卡地亚地区保存的迈锡尼文物看上去并不是那么重要；最引人注目的是靠近铁该亚的萨拉尼达珀塔莫斯（Sarandapotamos）发现的圆顶墓，其中一座已被发掘。③ 埃里斯这个地方发现的墓穴至今仍极为稀少，奥林匹亚地区仅仅发现了一块迈锡尼时代的陶片，古代披萨（Pisa）人居住的山上也仅仅发现了少量的陶片。④

奥林匹亚神话

这些地区发现的迈锡尼文物的匮乏，与其神话数量稀少高度一致。阿尔卡

---

① *Deltion archaiologikon*, IX (1924－1925), App. pp. 14 *et seq.*
② *Journal of Hellenic Studies*, XLIX (1929), p. 235. 近期的一些发掘报告同上，参见 L (1930), p. 241; *Bulletin de correspondence Hellénique*, LIII (1929), p. 501 *et seq.*。
③ 这部分报告尚未公开，斐汶（Fimmen）博士在其论文中提及了一些，参见前引文，第 10 页。
④ Dörpfeld [*Athens. Mittheilungen*, XXXIII (1908), p. 319] 并没有提到任何迈锡尼时代的文物；*Archäologischer Anzeiger* (1909, p. 121) 明白无误地写道"没有关于迈锡尼时代的任何发现"，但尽职的斐汶博士掌握了很多第一手资料，就如他所言，尽管迈锡尼时代的陶器数量不多，但同时一定有迈锡尼时代的其他发现。

地亚地区至今还保留着一些比较古怪的老式祭仪乃至神话，但其中比较有趣的部分都是关于神明的神话，而不是英雄神话，譬如卡利斯托（Calliste）的神话、奥革（Auge）的神话等等。少量的英雄神话为后期创造。阿塔兰塔（Atalanta）有时被描述为阿尔卡地亚人，有时又被说成贝奥提亚人；也许她是众多民间故事中的人物之一，这些人物最初并没有被地方化而且他们的故事就在不同的地方被讲述。

埃里斯的神话数量同样十分稀少。在阿尔甫斯河河岸的萨尔摩涅（Salmone）镇有一个与其同名的英雄萨尔摩纽斯（Salmoneus），关于这位英雄近年来已有很多探讨，并且已经被视为一个古老而高贵的国王般巫师。① 这一点有可能是真的，从而也就表明，这位英雄在英雄神话故事中无足轻重。萨尔摩纽斯的神话是一个本土的仪式性神话，依附在皮洛斯-赛萨利亚人的族谱之上。② 从希腊宗教史的角度来看，一个有趣的事实是，大部分著名的先知与占卜者都与埃里斯有关。譬如，伊阿米达厄（Iamidae）、克吕提亚达厄（Clytiadae）二人在奥林匹亚服侍过众神③，著名的神话先知墨兰波斯和比亚斯（Bias）据说是埃莱安英雄阿密塔翁（Amythaon）的儿子，后者与英雄涅琉斯在谱系上具有一定关联。对于我们的目的来说，这些神话没有任何趣味可言；它们之中一些精心编制的细节有可能归结于古风时期的一些宗教思想。

倘若奥林匹亚竞技会的创建没有被放入英雄时代且与神话无关，那么它纯粹就是一个奇迹。我们关注的并非是阐明这些竞技的源头及其神话史，它们已经被极为生动地探讨过了，④ 我们现在要做的是尽力弄明白它如何与我们的通则相符合。除了一块陶片之外，奥林匹亚几乎就没有迈锡尼时代的文物，人们对奥林匹亚进行了彻底勘察后依然一无所获，仅仅在其邻地披萨发现了少量无足轻重的陶片，这个地方曾经在早期控制了奥林匹亚竞技会。那些附会在奥林匹亚的神话因此应该属于后期创造，即使其中有一些早期的因素。一些相对晚近的数据表明，有相当一部分推源论神话关注的是奥林匹亚竞技会的创建，但这

---

①J. G. Frazer, *The Golden Bough* (ed. 3), I, p. 310, and II, p. 181. S. Reinach, *Cultes, Myths et Religions*, II (1906), pp. 159 *et seq.*

②参见本书英文版第141页。

③L. Weniger, "Die Seher von Olympia," *Archiv für Religionswissenschaft*, XVIII (1915), pp. 53 *et seq.*

④加德纳其在论著《奥林匹亚》（*Olympia*, 1925）第58页及其以下部分做了总结。罗斯（H. J. Rose）在其论文中对这个猜想做了有力的批驳 ["The Greek Agones" in *Aberystwyth Studies*, III (1922), p. 1 *et seq.*]。对该问题最后做出批评的是瓦卢瓦（R. Vallois），参见其论文"L'origine des jeux olympiques," *Revue des études anciennes*, XXVIII (1926), pp. 305 *et seq*, and XXXI (1929), pp. 113 *et seq.*

些神话没有一个被人们所接受，以至于它们自身就是相互排斥的。

保萨尼阿斯的论著中有两则稀奇古怪的神话，① 一则是赫拉克勒斯——此处的赫拉克勒斯据说是伊达（Ida）山的达克提利斯（Dactyls）精灵中的一个，被委任去抚养童年时代的宙斯——连同他的四位兄弟一起建立了奥林匹亚竞技会；② 另外一则神话则说，宙斯战胜了对头克洛诺斯（Cronus）之后自己创立了竞技会。这两则神话显然都是后来创造的，我们在此无须多费口舌。

流传更广的是另外一则神话，神话中说赫拉克勒斯在杀死了摩利俄涅兄弟（Molione）之后创建了奥林匹亚竞技会。③ 这对强壮的孪生兄弟显然是从皮洛斯人的神话中挪过来的。涅斯托耳两次提及他们：涅斯托耳说，这兄弟俩站在埃佩安人一边参加了战争，他差一点就杀死了他们；④ 在另外一段诗文中，涅斯托耳又说，他们在波乌帕拉斯昂（Bouprasion）举行的阿马里科斯的葬仪战车比赛中获得了冠军。⑤ 赫拉克勒斯在反击埃里斯国王奥革吉亚斯（King Augeias）的过程中杀死了这一对兄弟，奥革吉亚斯原来许诺赫拉克勒斯打扫完牛厩就可以获得相应报酬，但他最后食言了。在皮洛斯人的叙事诗中，奥革吉亚斯是埃里斯的国王。⑥ 赫拉克勒斯在这部叙事诗中是皮洛斯人的死对头；在这则神话中他则是埃莱安人的敌人。

这种变化或许与占据统治地位的人口的变化有关。历史时期的埃莱安人说希腊西北部方言；他们是居住在希腊西北部的一个部落，为埃托利亚人（Aetolians）的亲族，后者曾经越过瑙帕卡特斯海峡（Strait of Naupactus）到达希腊西北部。假如多里安人沿着同样的路线侵入了伯罗奔尼撒半岛，那么他们到达的时间要更早一些，并且遭到了埃莱人的驱逐。这种观点当然暗示着，与皮洛斯人交战的埃佩安人属于较早侵入希腊的多里安人。在荷马时代，最后的侵略已经开始了，不过荷马将埃佩安人与埃莱安人混淆在一起了。但我们已经注意到，埃莱安是一个希腊本土的名字，而不是一个部落的名字。不过这种观点还需验证。赫拉克勒斯与奥革吉亚斯争斗并杀死了摩利俄涅兄弟的故事显然是后

---

① Paus. v. 7, 8 et seq.
② Cp. Vallois loc. cit. (1926). 这则神话似乎与真实祭仪有着某种联系。法内尔曾经对其做过轻蔑的判断，参见 Greek Hero Cults, pp. 125 et seq.
③ Pindarus, Ol. x. v. 26 et seq; Apollodorus, ii. 7, 2, 5, etc.
④ Il. xi. vv. 709 et seq.
⑤ Il. xxiii. v. 638.
⑥ Il. xi. vv. 701 and 739.

来创造的，构成神话的一系列成分显然是从皮洛斯人的史诗故事群中移植而来的。①

雕刻家们将珀罗普斯与俄诺玛俄斯（Oenomaus）的神话中一些比较著名的情节拿来，雕刻在奥林匹亚宙斯神庙的东山墙上。我们在上面已经看到，②珀罗普斯是与珀罗佩斯（Pelopes）部落同名的一位英雄，他以其名命名伯罗奔尼撒半岛，被视为阿特柔斯后裔的祖先。俄诺玛俄斯在神话中的出现比较孤立；他并没有被附会在埃莱安人的国王的族谱之中。据一些作家说，这个族群的目标是到达科林斯地峡；神话中的一些人物与情节大部分都锁定在伯罗奔尼撒半岛的东北部，有一部分甚至在莱斯博斯。这样，我们就能够推断，这则神话从莱斯博斯传向奥林匹亚地区，③或者从伯罗奔尼撒半岛东北部传向奥林匹亚地区。④现在我们必须承认，并没有确凿的证据表明这则神话在这些地区的地方化比它在奥林匹亚地区的地方化要早。⑤

好几位学者指出了这样一个颇为重要的事实，即最初奥林匹亚竞技会上的赛跑并非是一种竞技活动，而是根据原始风俗而举行的抢新娘活动，希腊人同样知道这种风俗。在希腊神话中，这是一种相当普遍的主题。⑥这就表明，珀罗普斯与俄诺玛俄斯竞赛的神话被精心改编过，其意图是将其应用到奥林匹亚竞技会上。不过依然不太确定这则神话的源头到底在哪里。

从我们的视角来看，一个重要的事实就是，这则甚至其他与奥林匹亚竞技会建立有关的神话与迈锡尼时代毫无关系。正如奥林匹亚极其缺乏迈锡尼文物，与奥林匹亚附会在一起的神话同样与迈锡尼时代的那个地方没有任何关系。这些神话是后期创造的，从其他一些地方传到了奥林匹亚，或者其中夹杂了一些早期的神话成分，然后被加以改编。我们必须对这种解释感到满意；此处我们不可能辨认这些神话是如何在早期时代发展的。

---

①加德纳《奥林匹亚》（Olympia，p. 60）一书中认为，它仅仅是赫拉克勒斯后裔（Heraclidae）回归神话故事中的一个组成部分。

②参见本书英文版第44页。

③Robert, Die griech. Heldensage, pp. 209 et seq；卡克里蒂斯（J. Kakridis）教授在其论著中（Apaí, Athens 1929）做了部分修改，同样参见杂志 Hermes, lxvi (1928)，pp. 119 et seq。

④参见威斯萨克教授文章，载罗施尔（Roscher）教授选编论著（Roscher's Lexikon der Mythologie, III, pp. 767 et seq.）。

⑤Vallois, loc. cit. (1929), p. 122.

⑥为了新娘而进行赛跑在神话中是一个比较常见的主题，譬如，达那伊得斯姊妹的追求者，珀涅罗珀（Penelope）的求婚者，佩列涅（Pallene）的追求者，以及赛贝（Thebe）的追求者，赛贝是一位与忒拜（Thebes）同名的女英雄，忒拜城则位于普拉科斯山（Mt. Plakos）脚下。

第五部分　爱奥尼亚诸岛

伊　萨　卡

奥德修斯（Odysseus）的家乡在伊萨卡（Ithaca），因此《奥德赛》（*Odyssey*）中的第二大部分场景都是在这个岛屿上展开的。根据荷马史诗中的神话的引导，既然迈锡尼文物的勘探已经在迈锡尼与特洛伊两地取得了丰硕的成果，那么我们就可以理解为何谢里曼（Schliemann）先生与多菲尔德教授试图执行在伊萨卡岛发掘奥德修斯的王宫的计划。当然，多菲尔德教授本人持有这样一种观点，即神话中的古老的伊萨卡岛就是现实世界中的琉卡斯（Leucas）岛。我们无须在此探讨这个令人头疼的难题。一般而言，这两个岛屿几乎没有发现迈锡尼时代的文物，仅仅发现了少量的陶片，甚至在距离希腊比较偏远的地方也出现这类情况。[1] 寻找迈锡尼文物失败的原因是十分明确的。其中一个前提就是错误的。因为奥德修斯的神话不是一个英雄神话，而是一部罗曼司（romance）。[2] 一则罗曼司或许会采用一种比较随意的方式来选择英雄并将其地方化；这样，那些被地方化的情节就靠不住了。罗曼司会用一种比较松散的方式从一个地方传到另外一个地方，一些学者认为神话的传播也比较适合这种方式。寻找奥德修斯王宫失败的事实从负面证明了这些讲座所保守的观点。

奥德修斯与凯帕列尼亚人

另一方面，除了回归故事，奥德修斯是荷马史诗各英雄中最为杰出的英雄

---

[1] W. Dörpfeld, *Alt - Ithaka* (1927), p. 150 (Ithaca), pp. 283 and 337 (琉卡斯岛屿上不同的城市)。我们不可能知道近期新闻报道会带来什么样的评论，新闻报道说，人们在伊萨卡已经发现了"迈锡尼与前迈锡尼时代的一些真正重要的城市聚落群（des restes très importants d'agglomérations mycéniennes et promycéniennes)"。参见 *Journal of Hellenic Studies*, XLIX (1929), p. 235。假如这是真的，那么我的观点就要被推翻。不过我想最妥当的办法还是先等等再说。我在今年秋季《时代》（*Times*）周刊关于伊萨卡的探讨中并没有看到相关的回应。参见 *Bulletin de correspondence hellenique*, LIII (1929), p. 505。

[2] 在这一点上，我个人比较赞同维拉莫威兹教授的观点，参见 *Die Ilias und Homer*, pp. 281 et seq。

之一，他在《伊利亚特》中扮演了极为重要的角色。这似乎表明，奥德修斯与其他英雄一样，属于一个比较古老的世代。奥德修斯的名字表明，其历史相当古老。在比较古老的英雄名字中，以"-eus"结尾的较为常见，奥德修斯、奥林透斯（Olytteus）等，① 这些形式不同的名字呈现了一个令人困惑的语言学问题，也证明了其名字的古老渊源；因为后来的一些名字是如此规范，以至于一眼就能看出其源头。

奥德修斯居住在伊萨卡岛上，就是历史时期的伊萨卡或琉卡斯岛。尽管奥德修斯本人在《伊利亚特》中扮演了极为重要的角色，但其国家与人民在史诗中仅仅被提及了两次。在史诗后来表述的场景中，海伦从特洛伊的城墙上探首，一一向特洛伊国王指明希腊的众英雄，海伦说，奥德修斯是在多石的伊萨卡长大的；② 在另一段诗文中，信使欧律巴忒斯（Eurybates）被说成是一位伊萨卡人（Ithacan）。③ 另一方面，当阿伽门农在检阅军队提及奥德修斯的人民时，他将其称为凯帕列尼亚人（Cephallenian）。④ 在《奥德赛》中，诗人荷马说奥德修斯居住在伊萨卡岛上，曾经两次被称为伊萨卡人，但他并非被称作伊萨卡的国王，而是凯帕列尼亚人的君王。这样的称呼出现在史诗后来的描述中，那个时候，奥德修斯遇见了自己年迈的父亲莱耳忒斯（Laertes，原文作 Laërtes——译注）。⑤ 那时莱耳忒斯担心居住在伊萨卡的人们会向凯帕列尼亚镇传递奥德修斯回来的消息。莱耳忒斯依然记得自己年轻时拥有的王权，将自己称为凯帕列尼亚人之王。在后来的诗文中，⑥ 安提诺俄斯（Antinous）的父亲抱怨说，奥德修斯杀死了凯帕列尼亚最为勇敢的年轻人。但在荷马史诗中，凯帕列尼亚岛屿这个名字却是缺席的。奥德修斯统治的四座岛屿分别是伊萨卡、代里科昂（Dulichion）、萨麦（Same）、扎昆托斯（Zacynthus）。

这些诗文都是晚近创造的，我们或许可以断言，一个后来的名字强行侵入其自身，就像皮洛斯人的叙事诗中的埃佩安人被称为埃莱安人一样。但在这里，国家的名字与人民的名字要被颠倒过来。埃莱安人的名字从埃里斯而来，凯帕列尼斯（Kephallenes）人民，就像其希腊语书写形式一样，用自己民族的名字

---

① 譬如施米特（J. Schmidt）曾经做了相关的搜集，参见作者发表于罗施尔主编论著中相关阐释（Roscher's *Lexikon der Mythologie*, iii. pp. 645 *et seq.*）。
② *Il.* iii. v. 201.
③ *Il.* ii. v. 184.
④ *Il.* iv. v. 330.
⑤ *Od.* xxiv. vv. 350 *et seq.*
⑥ *Od.* xxiv. v. 429.

来命名凯帕列尼亚（Cephallenia）岛屿。在荷马时代，该岛屿还有另外一个名字，可能就是代里科昂，按照多菲尔德教授及其追随者的设想，据旧时的观点可能指萨麦。①

迈锡尼时代的考古发现以某种特定的方式与这一观点相对应。人们在伊萨卡岛与琉卡斯岛已经发现了少量迈锡尼时代的文物，不超过在外地发现的文物数量，在凯帕列尼亚迈锡尼时代的文物尤其多，其中包括四座圆顶墓、各类石凿墓穴以及在靠近狄阿卡（Diaka）的地方发现的其他类型的墓穴，墓穴中有一个属于迈锡尼亚文明的陶器。② 斐汶博士提示说，这些东西加上那些不可等闲视之的陶器、青铜器物等等，出土于帕莱（Pale）半岛欧科佩达（Orkopeda）的一个聚居地。③ 这样，考古实物就表明，描述凯帕列尼亚的统治的史诗传统是相当古老的；不过它属于迈锡尼时代比较晚近的时期，并无多大价值。

不过，我们要在此提出一些不同的说法。我们已经提出要注意这样一种事实，在多里安人的方言中，凯帕列尼斯（Kephallenes）这个名字被称作凯帕莱尼斯（Kephallanes），它与希腊西北部的几个部落一样有着相同的词尾，譬如埃尼亚涅斯（Ainianes）、阿提尼塔涅斯（Atintanes）、阿塔玛涅斯（Athamanes）等等。从上述事实我们就可得出一个结论，即凯帕列尼斯是希腊西北部的一个部落。倘若如此，那么这个部落在历史时期一定侵略过爱奥尼亚诸岛，也就是说，在史诗非常晚近的时代，而且在荷马时代之后，他们用自己部落的名字命名这座岛屿。凯帕列尼亚岛屿的名字第一次出现是在希罗多德的《历史》一书中。不可否认这一切都是可能的事实，假如这确有其事，那么我们收回前面的推论。④

奥德修斯故事群

这看上去是一个不太确定的话题，不过对于我们的目标来说，它无关紧要。并且不得不坦率承认，我不明白奥德修斯的故事为何被精确地锁定在伊萨卡。如果我们采用维拉莫威兹教授的观点，或许可以这样解释：伊萨科伊（Ithakoi）最初是一

---

① 参见 Wilamowitz, *Homerische Untersuchungen*（1884）, p. 73。
② *Deltion archaiologikon*, V（1919）, pp. 92 et seq。
③ 同上，VI.（1920 – 1921）, pp. 175 et seq。
④ 争论的焦点是，以"-ānes"和"-ēnes"结尾的名词是属于希腊西北部部落的专有名词，这种说法并非是那么确定。假如阿塔玛斯（Athamas）是与阿塔玛涅斯同名的一位英雄，不过这一点还不能确认（参见本书英文版第133页），那么这就有可能表明，在迈锡尼时代，有这种词尾的部落名字就已经出现了。

个部落的名字，后来被拿来命名岛屿，① 就像凯帕列尼亚斯这个部落的名字后来被命名岛屿凯帕列尼亚一样，但这只不过是一种猜测。我们应该发现，并没有古老的神话故事群附会在奥德修斯身上。奥德修斯回到自己忠贞忍耐的妻子身边的故事仅仅是一个罗曼司；他在海上的历险是一个水手的故事，这样的故事经常被熟知大海性情的人讲述；在希腊殖民化时期，海上历险是一种时尚（en vogue）。起初，这些故事并非固定在某一个具体的人物身上，仅仅附会在某个或其他看上去比较适合这些故事的人身上，而作为生活在遥远海岛上的国王，奥德修斯比较适合这样的故事。关于奥德修斯的其他神话都是后来创造的。奥德修斯的名望要归功于那些后期的神话以及一个极富天才的诗人，他将奥德修斯描述为一位机智狡黠的英雄，从而使他成为《伊利亚特》中一位重要的人物。奥德修斯并没有自己的神话故事群，但在荷马史诗的发展中，这位英雄却被置于最显著的位置。而这与希腊这些偏远省份发掘的文物情况是相互对应的，此时，考古学资料表明，这些文物属于迈锡尼时代。

---

① Wilamowitz, *Die Heimkehr des Odysseus* (1927), p. 187.

第六部分　南部贝奥提亚

迈锡尼文物

贝奥提亚仅次于阿尔古利斯，不论在神话还是在迈锡尼文物的丰富上，它都位居第二位。我们在贝奥提亚发现了两座迈锡尼时代的重要城市；尽管命运无常，这两座城市昔日的光彩较其他地方几乎荡然无存，但依然能够充分表明，它们曾经强大兴盛，人口稠密。我们发现了盖拉宏伟而高大坚固的城堡，以及为了提高耕作产量而进行的粗放劳作，该粗放劳作通过科帕伊斯（Copais）湖泊的水灌溉田地，它比其他任何东西都能够表明，迈锡尼文明在相对稳定的事业上拥有高度的文明水准；它们远远超过了迈锡尼通向各地四通八达的大道，我会在后面的章节中论及这一点。

但是当对这个省份的迈锡尼时代的文物做一番彻底勘查之后，我们就会发现，它看上去并非是我们所预料中的那样，应该有很多杰出的发现，[①] 实际上，在贝奥提亚其他地方以及迈锡尼的聚落中，还有一些比较偏远的地区，看上去均没有发现多少迈锡尼时代的文物。[②] 阿提卡地区更加稠密地分布着迈锡尼时代的遗址、墓穴与文物，更不用说阿尔古利斯了。贝奥提亚这种情况主要由发掘不足所致，还有人们对迈锡尼时代的文物的认识有所欠缺。对贝奥提亚的考古勘察并不像阿尔古利斯与阿提卡那样彻底，不过人们已经对其给予了更多关注，这种解释很难涵盖整个事情的真相。看上去就是，假如贝奥提亚能够发现迈锡

[①] 参见 D. Fimmen，"Die Besiedelung Böotiens bis in frühgriechische Zeit，" *Neue Jahrbücher für klass. Altertumswissenschaft*，XXIX（1912），pp. 524 *et seq*。补充内容参见 D. Fimmen，*Kretisch-mykenische Kultur*，pp. 5 *et seq*。

[②] 在埃乌特里西斯（Eutresis）这个地方并没有挖掘出多少迈锡尼时代的文物，它在科林斯湾附近，介于科列乌西斯（Creusis）与忒拜之间，但在迈锡尼时代，这个地方却建有厚重的库克洛佩安（Cyclopean，巨大厚重的城墙——译注）城墙。参见 Hetty Goldman，*Excavations at Eutresis*（Fogg Art Museum，Harvard University，1927），p. 82 *et seq*。同样的表述参见 Haliartus，*Annual of the British School at Athens*，XXVIII（1926 – 1927），p. 129。关于城墙的表述，同上，XXVII（1925 – 1926），p. 82。

尼文明的新地带，那么它一定在南部地区，它整整占据了两个大的中心地带，还有少许疆域渗进了乡村地带。科帕伊斯湖泊的排水系统为从事耕作的城镇提供了大量的可耕地，这一点与我们的观点是一致的。

忒 拜

当然，这仅仅是一种猜测，或许我们要根据其自身的价值来判断。因为我们的目的是确认迈锡尼中心存在这样一个重要的现实。我的论述首先从忒拜开始，其他地方暂不论述，直到我论及与它们相关的神话为止。人们在忒拜城一个迈锡尼时代的王宫中发现了大量的文物，遗憾的是，只能对这些地方进行部分发掘，因为它位于一个现代城镇的中心地带。① 这同时是古代忒拜的一个炮台，当然，遗址上的连续性聚落对锡尼文物造成了极大破坏。尽管如此，留存下来的东西却充分表明，迈锡尼时代的忒拜城拥有非同寻常的重要地位。尤其醒目的是墙画残片，其时间比欧尔科美诺斯的要早一个时期，② 一个陶窑，大量的马鞍口双耳陶罐（stirrup jar）以及上面雕刻简短铭文的陶罐碎片。③ 此外，我们已经发现了含有大量陪葬物的墓穴。④ 所有这些都表明，迈锡尼时代的忒拜城是一个富庶而人口众多的地方。

因此，尽管忒拜迈锡尼时期的文物在后期遭到了致命的破坏，留存下来的丰富遗产表明，这座城市曾经是迈锡尼文明的一个重要中心；相应地，附会在忒拜上的神话丰富多样、举足轻重。或许这一点可以表明著名的忒拜神话故事群的丰富性，不过，这些神话故事群包含了一些特殊因素，恰恰是这些因素使得我们能进一步理解神话，尽管在研究过程中不可避免地会遇到一些不太肯定

---

① 克拉莫波罗斯（Keramopoullos）教授负责对这个地方进行发掘，参见 *Ephemeris archaiologike*，1909，p. 57 *et seq*；*Praktika*，1911，p. 143 *et seq*；1912，p. 85 *et seq*。对其进行总结的资料参见 *American Journal of Archaeology*，XXXIV（1930），p. 219 *et seq*。

② 参见 *Tiryns*，II，p. 199；G. Rodenwaldt，*Der Fries des Megaron von Mykenai*（1921），p. 69，n. 152。关于这些器物的较早时期，参见 W. Lamb，*Annual of the British School at Athens*，XXV（1921–1923），p. 254 *et seq*。

③ 关于这方面的简略阐释，可以参见拙著《米诺–迈锡尼宗教及其在希腊宗教中的遗存》第 20 页注释 8。关于题铭的具体阐释，读者可以参见森德沃尔（J. Sundwall）先生的论文［*Klio*，XXII（1928–1929），p. 228 *et seq*］。珀森教授曾经饶有兴致地试图解读米诺–迈锡尼的铭文，其根据是忒拜出土陶罐上的三段题铭：ku-te-me-se va-na tei-vo-e，这些铭文类似于希腊文中的 Κάδμος Ϝάναξ Θηβῶν（*Schrift und Sprache in Alt–Kreta*，Program of the Promotion of Doctors of Letters，Uppsala，1930，p. 28 *et seq*）。

④ A. Keramopoullos，*Deltion archaiologikon*，III（1917），p. 25 *et seq*。

的元素。

俄 狄 浦 斯

我们知道，后荷马时代的史诗中记载了忒拜的故事群，一些伟大的悲剧诗人曾经一度接管了它们并对其十分重视。在神话故事中，俄狄浦斯是最主要的角色。罗伯特教授曾经在其《俄狄浦斯》一书中，对俄狄浦斯神话进行过详尽的阐释，他在该书中奠定了神话艺术研究的模式；我们在此处必须要尽力破译那些传统神话，弄清其起源及它们与迈锡尼时代之间可能存在的关联。罗伯特教授认为，俄狄浦斯是一个脱离了束缚的古老神明，[1] 我不赞同这种观点。从俄狄浦斯的三座坟墓与崇拜处所都相当晚近的事实出发，罗伯特教授认为，位于贝奥提亚的埃特欧奈斯（Eteonus）的第四座墓穴是最原始并且最为古老的。但是，俄狄浦斯并非一位古老的植物神灵，而只是一位神话英雄（Märchen-hero），他是一位民间故事中的人物，通过杀死斯芬克斯而赢得了王后与王位，尽管这个单一而普通的故事主题被添加的大量主题弄复杂了。俄狄浦斯是一个描述性的名字，它确证了我们的观点。这种神话式的人物当然没有坟墓；即便在埃特欧奈斯有俄狄浦斯的墓穴，那也是后人编造的。[2] 同样，我也不赞同罗斯教授如下观点：俄狄浦斯是一位历史人物，是一位年少时被抛弃的王子，他在科林斯人征服忒拜的战争中担任了首领，杀死了国王拉伊俄斯（Laius），娶了老国王的遗孀厄庇卡斯忒（Epikaste），而厄庇卡斯忒其实就是他自己的母亲。[3] 罗斯教授完全认同俄狄浦斯神话中的民间故事成分，但他却将俄狄浦斯的名字视为绰号。从这种角度来看，俄狄浦斯只不过是希腊神话中为数不多神话名字中的一个，从这一事实来看我更相信，不可能在历史中发现俄狄浦斯名字的源头，只能够在民间故事中寻找其源头。

俄狄浦斯的神话锁定在忒拜；因此，俄狄浦斯就成为忒拜国王，然后被放入忒拜王族的家谱之中。在这里不便分析俄狄浦斯故事群的细节，但我在此必

---

[1] C. Robert, *Oidipus*, I（1915）, p. 44 *et seq*；关于该观点的批评，参见 L. R. Farnell, *Greek Hero Cults*（1921）, p. 332 *et seq*。

[2] 参见我对罗伯特教授论著的评论，载于 *Göttingischer gelehrter Anzeiger*（1922）, pp. 36 *et seq*。

[3] H. J. Rose, *Modern Methods in Classical Mythology*（St. Andrews, 1930）, p. 24 *et seq*。从民间故事角度分析俄狄浦斯神话的论著，参见 S. Luria , *Raccolta di scritti in onore di. F. Ramorino*（1930）, p. 289 *et seq*。在阐释这一点时，我更愿意舍弃提斯柏的那些宝物而不做考虑。

须强调我们探讨话题环境的重要性。我首先要指出的是，俄狄浦斯故事群对民间故事主题的接受，正如在珀尔修斯的故事群，表明了它自身的名气与时代。

关于俄狄浦斯的祖先的描述寥寥数语就足够了。俄狄浦斯的祖父拉布达科斯（Labdacus）这个名字没有实际意义，倘若其名字源于希腊字母 Λ 的名称 labda 是正确的，那么这是一个非常晚近的名字。另一方面，俄狄浦斯神话本身业已定型的形式暗示着俄狄浦斯的父亲扮演了一种重要角色。

假如俄狄浦斯的神话仅仅讲述俄狄浦斯猜中了斯芬克斯的谜语，或者俄狄浦斯战胜了斯芬克斯，赢得了王后与王权，那么这个故事仅仅是一个简单著名的民间故事而已。但是，这个神话中添加了其他故事主题，主要是来自早期人物家庭内部的纷争及其关涉伦理的人生：王后是其母亲，他杀死的那个人恰恰是自己的父亲。这些添加的故事主题造就了真正的俄狄浦斯神话，同时造就了它的伟大。在后面的章节中，① 我会阐释神话人物的命名，我们就会明白，俄狄浦斯的名字属于某一类名字，这类名字在希腊神话中比较罕见，但在民间故事中频繁出现，在民间故事中，英雄的名字描述了英雄本身拥有的某些特征。俄狄浦斯的意思是"肿脚的人"。这个名字的形成相当古老，它表明其语源在历史时期的希腊语言中已经被荒废了。② 英雄双脚被刺穿，尽管说起来有些荒谬，与一个新生的婴孩被自己的父母抛到了郊外，然后被救活，长大成人后被自己的父母认出的故事有关。另一方面，这个主题仅仅在与俄狄浦斯娶母的关联上才是必要的。也就是说，在这个故事中，因为名字本身的构成形式，我们能够断言，俄狄浦斯的被抛弃与他娶母的故事在一个比历史时期还要早的时期与一个民间故事结合在一起，这个民间故事即一个年轻人猜中了斯芬克斯的谜语赢得了王后与王位。我蛮有把握地将这个神话情节的源头上溯到迈锡尼时代。

民间故事有自己的逻辑，有些时候相当有渗透力，尽管我们对此难以理解。

---

① 参见本书英文版第 189 页及其以下部分。
② 我在上文引文中引用彼得森（H. Petersson）先生的观点，在此我重申他具有信服力的见解：显然，Οἰδίπους 这个词语的前半部分与其词干 οἰδάω、οἰδέω 有关，但在元音的构成上有所不同（ι 代替了 α，ε），这一问题至今无法解决。这是一种典型的对应词语，譬如，κυδρός 对应的是 Κυδιάνειρα，这种情况在梵文与古波斯语中同样存在。［参见 J. Wackernagel, "Vermischte Beiträge zur griech. Sprachkunde," *Programm zur Rektoratsfeier der Universität Basel* (1897), p. 8 *et seq*］假如我们推测希腊语中的形容词 *οἰδρός 曾经存在的话，那么 Οἰδίπους 这个名字的构成就与这种类型相吻合。这种形容词的存在大有可能，其他语言中同样存在这种构成形式，譬如，古德语中的 eitar，对应的是"poison"（毒药），古日耳曼语中的 *aitra，对应的词语是"venomous tumor"（毒瘤）；印欧语言中的词语 *oid-ro，列托语是 idra，对应的是"rotten marrow of a tree"（腐烂的树髓）。参见 P. Kretschmer, in *Glotta* XII (1923), p. 59。不过我本人并不赞同他关于俄狄浦斯的冥府形象的阐释。

当问及王后为何会变成遗孀时，神话会援引另外一个同样类型的故事主题来回答：俄狄浦斯在并不知情的情况下杀死了自己的父亲。这样，事件异乎寻常的逻辑再次被强调。弑父并非是故事的关键部分，它有可能是后来添加的，不过这个主题肯定同样相当古老，① 神话故事群将这个主题放在一起，构成了神话的所有必需的部分。其他的一些成分与其松散地关联着，在此我们就忽略不计了。② 希腊文学史表明，俄狄浦斯的故事有可能是希腊神话中最富有戏剧性的。我姑且斗胆认为，俄狄浦斯神话本质的部分在迈锡尼时代就已经被创造出来了，后来被附会到忒拜身上。至于它在忒拜被地方化的原因，我们当然无法发现或猜测——或许出于一种相当偶然的原因，就像当下许多故事的地方化一样——但这种地方化有一种必要的条件，那就是忒拜在此时已是一个相当著名的城市。

七雄攻忒拜

从我们的立场来看，忒拜故事群的第二部分或许要更为有趣。该故事群与迈锡尼故事群有些类似，因为每个故事群的第一部分的核心内容——俄狄浦斯与珀尔修斯神话和民间故事密切相关；但每个故事群的第二部分——阿特柔斯后裔的神话与七雄攻忒拜的神话——属于那些具有一定的历史性成分与内核的神话。我与其他几位学者都认为，阿特柔斯家族的故事含有一定的历史性成分，在对七雄攻忒拜做同样的猜想时，我仅仅与维拉莫威兹、迈耶、罗伯特的观点保持一致，他们认为，七雄攻忒拜的神话其实是对阿尔哥斯各王族联合起来反抗忒拜的战争的历史怀旧。③

但事情并非如此简单。当忒拜战争神话与俄狄浦斯神话相关联时，麻烦便出现了，我们必须尽力掌握这一点。这则神话的常见形式是众所周知的。俄狄浦斯的两个儿子，一个是埃提欧克列斯（Eteocles），另一个则是波吕涅克斯（Polyneices），二人因为王位起了冲突；波吕涅克斯被自己的兄弟逐出了忒拜城，他后来得到阿尔哥斯国王阿德剌斯托斯（Adrastus）的帮助，集结了七雄组成一支伟大的军队返回攻打忒拜，但他并未成功；他与自己的兄弟在战斗中同归于尽，军队后来败北而回，其他几位将领在战斗中阵亡，只有安菲阿剌俄斯（Am-

---

① 关于这一点最早的表述在《涅科利亚》（*Nekyia*），*Od*．，xi. v. 273。
② 参见我在上文引用部分（本书英文版第 103 页注释 8）中评论。
③ Wilamowitz, *Hermes*, XXVI（1891）, p. 240; and "Die griech. Heldensage, I," *Sitzungsberichte der preuss. Akad. der Wissenschaften*, 1925, p. 58; Robert, *Oidipus*, I, p. 120; Ed. Meyer, *Geschichte des Altertums*, II, p. 189 *et seq.*

phiaraus)一人幸存,他在战斗中被大地吞噬而得以生还。战斗中身亡的七个将领的儿子们后来集结了一支队伍再度攻打忒拜城,这一次他们征服和摧毁了忒拜。荷马一定知道这个神话故事的复杂形式,因为在《伊利亚特》第五卷中,①七雄之一提丢斯曾经只身作为信使去过忒拜,他在一场体育竞技中挑战并战胜了卡德米亚人(Cadmeans)的所有青年。在第四卷稍后的诗文中,同样的历险故事得以充分描述;② 这些诗文补充说,提丢斯在波吕涅克斯陪同下去迈锡尼召集军队,提丢斯儿子狄俄墨得斯的伙伴斯特涅洛斯(Sthenelus)在回答阿伽门农时说,他和他的伙伴曾经攻破了带有七个城门的忒拜城。

另一方面,《伊利亚特》中的另一段诗文说,墨基斯透斯(Mecisteus)在俄狄浦斯死后曾去忒拜参加了俄狄浦斯的祭祀竞技并打败了所有的卡德米亚人,据后期的资料,墨基斯透斯是阿德剌斯托斯的兄弟。③ 此外,在《涅科利亚》的一段诗文中说,④ 俄狄浦斯在统治忒拜期间,灾难频发,甚至在他知道自己的罪过之后灾难依然不断。罗伯特教授明智地拒绝将这个版本与其他普通故事联系起来。⑤ 不得不坦承,我们引用的荷马的最后版本说,俄狄浦斯在知道自己犯下可怕的罪行之后,依然统治着忒拜,直到他在战争中死亡。赫西俄德的长诗中曾经重现过这个版本的神话,⑥ 诗文说,宙斯用两场伟大的战争结束了这些英雄后裔的生命,一些人由于俄狄浦斯的胆怯而战死在有着七个城门的忒拜城下,另外一些人则因为美貌的海伦而漂洋过海远征特洛伊。

罗伯特教授因此最后断言,在这个神话版本中,俄狄浦斯活着并在一场伟大的战争中担任了国王与领导职务;这一点必须被承认;但当他试图指出战争的可疑性时,我却不敢苟同。罗伯特教授认为,根据神话的描述,忒拜人发起的许多战争大多都是与其宿敌弥倪亚斯人、特勒波安人(Teleboans)及其他民族之间的战争。然后他总结到,根据《伊利亚特》的表述,导致俄狄浦斯死亡的战争不可能是七雄攻忒拜的战争⑦,仅仅是忒拜人在神话时代与其邻居之间无数战争中的一场。他认为忒拜人的史诗(the Thebais)将所有这类战斗都融进了一场伟大的战争之中。

---

① *Il.* v. v. 800 *et seq.*
② *Il.* iv. v. 370 *et seq.*
③ *Il.* xxiii. v. 678 *et seq.*
④ *Od.* xi. v. 273 *et seq.*
⑤ Robert, *Oidipus*, I, p. 115.
⑥ Hesiod, *Works and Days*, vv. 161 *et seq.*
⑦ Robert, *Oidipus*, I. p. 121.

解决此难题的方法仅表面上非常简单。因为我们援引的荷马与赫西俄德的诗文不同于一般的版本，正如罗伯特教授所承认的那样，二者论及了同一场战争。假如这场因为俄狄浦斯的胆怯而爆发的战争是诸多偶然爆发的战争之一，神话将这些战争归结于忒拜，那么，赫西俄德怎么可能将它与最为著名的神话战争即希腊人攻打特洛伊的战争放在同一个层面上，又怎么可能将它当成毁掉众英雄后代的第二重要的战争呢？事实就是如此，俄狄浦斯战死的战争其实是伟大的忒拜战役，这一点不容置疑，就像那些伟大的特洛伊战事一样，尽管神话同时还记载了其他特洛伊人的战争。也就是说，罗伯特教授的理论并不能解决这种两难困境，我们必须找到其他的途径。

从学科立场来看，罗伯特教授关于忒拜战争的观点与贝特教授关于特洛伊战争的观点是一样的。① 罗伯特教授认为，只有神话中那些古老失散的成分才有可能存在，尽管他承认七雄攻忒拜战争的核心内容是历史性的并可以上溯到迈锡尼时代。但是，他认为忒拜战争仅仅是诸多战争中的一场罢了。罗伯特教授试图通过自己的努力来论证这种观点，其途径是，证明攻打忒拜的两个最为有名的英雄，提丢斯与安菲阿剌俄斯二人最初并非伯罗奔尼撒人（Peloponnesians），而是阿德剌斯托斯的女婿。罗伯特教授认为，在从埃乌波亚（Euboea）迁入爱奥尼亚的过程中，贝奥提亚人与阿尔哥斯人同时将自己的神话带了过来，这些来自希腊大陆不同省份分散的神话后来在爱奥尼亚被融合进七雄攻忒拜的故事群中，此时，敌对的两兄弟的神话同时被创造了出来，其目的是为这场战争提供一个理由。② 在后面的章节中，罗伯特教授试图重构创造忒拜故事群的史诗。我在此将这一部分以及贝特教授对罗伯特早期重构史诗的批评省略。③

我在这里还不能赞成这样一种观点，即一些伟大的神话理念是在后期也就是公元前7世纪产生的。忒拜在史前时代当然曾发动过多场战争，但是民间记忆却无法将其与时代的间隔分离开来，因此，早期发生的一场战争要比其他时代的战争更为重要。所以我就理所当然地认为，古老的神话知道一场希腊攻打忒拜的重要战争，就像它知道一场攻打特洛伊的主要战争一样，这两场战争是神话时代最为著名的。这是问题关键所在。我们前面所说简单的神话事实当然并不详细，神话当然也要讲述各种细节，我们或许可以做这样一种假设：所有

---

① 参见本书英文版第6页及其以下部分。
② Robert, *Oidipus*, I, p. 143 *et seq.*
③ 参见贝特（E. Bethe）教授的杰作 *Thebanische Heldenlieder*（1891）。

这些细节都有可能会变化与扩展。唯一的可能是，忒拜最为著名的国王被视为这场战争的领导者。只不过战争的起因并不能满足集体的想象性需求。在人类历史的早期，斗牛是一种比较普遍的娱乐方式，人们养牛并从中获利，希腊人同样如此，相应地，在神话中公牛就成为战争中比较常见的起因，就像诱拐女人一样。

另一方面，忒拜的故事群因主题的接受而得以区分，我们在前面已经有所论述，① 这些主题源于早期人们的伦理冲突与家族生活。不过另外一个此种类型的家族主题依然是兄弟之间的纷争。在神话中敌对的兄弟比比皆是，譬如普洛托斯与阿克里西俄斯、罗穆路斯（Romulus）与瑞穆斯（Remus）等等。兄弟之间的纷争为战争提供了很好的借口：兄弟中一方被另外一方驱逐，挫败的一方想方设法夺回自己的王位。我们或许可以进一步做如下推测：这类看似偶然的事件在英雄时代不止发生过一次。当这类争端成为战争的导火线时，俄狄浦斯就落选了：在这场伟大的战争中，正是埃提欧克列斯而不是俄狄浦斯必定会成为忒拜人的国王领导。

在我看来，很难判断这则神话的最初形态，在这场伟大的战争中，要么是俄狄浦斯，要么是这对充满敌意的兄弟中的一个成为忒拜人的领导者。在忒拜之战的神话中，俄狄浦斯显然是一个外来者，因为他最初属于另外一个不同的故事群；只不过因为他神话名气，俄狄浦斯后来才与这场伟大的战争有关联。基于同样的理由，俄狄浦斯被安插进了兄弟残杀的故事之中，并成为他们的父亲。这就导致了各种各样的难题，而神话的虚构无法以一种合理的方式解决这些难题。这些难题表现在两个问题上：这些兄弟们的母亲是谁？在俄狄浦斯发现自己的罪行到这场伟大的战争爆发期间到底发生了什么？我对这些问题不做探讨，因为它们对我们的讨论无关紧要。②

我们现在转向另一个方面，也就是忒拜人的对头，他们在神话中同样重要。我们一般倾向于从被围攻者的视角来看待忒拜人，而从围攻者的立场来对待特洛伊人。这种不同的立场事出有因，因为不像特洛伊战争，忒拜之战以围攻者的失败而告终；只不过当我们论及忒拜的对头时，不应该过分强调这种观点，仅仅浮光掠影地做一点交代罢了。就如我们所知，神话对敌对方将领的关注胜过了忒拜一方；后者除了埃提欧克列斯一人之外，皆为无关紧要的神话人物。

---

① 参见本书英文版第 104 页。
② 我在本书英文版第 103 页注释 8、第 43 页及其以下部分中对此有简单阐释。

第二章　迈锡尼中心与神话中心 | 77

最后，这就是我们推测这些角色的重要性已被颠覆的最为重要的原因。

阿德剌斯托斯

忒拜人的对头最初也属于这则神话，不过在这样一系列英雄中，他们的名字一般很容易被改变、遗漏或增补。我们当然弄不清关于"七"这个权威的数字的神话到底有多古老，尽管它与我们所熟知的神话关系密切。不过这个数字有可能会决定忒拜城门的数量，因为我们已经观察到，历史时期的忒拜从来就没有七个城门。不过有一个重要的人物很难遇到这种变化；也就是说，忒拜对头的领导者阿德剌斯托斯不会遇到这种情况；实际上很多学者已经认可了这种事实，他们认为，这则神话的历史性内容是阿尔哥斯各王族远征反对忒拜的史实。七雄攻忒拜的神话并非在忒拜创造，而是像其他神话一样是那些具有创造力的希腊天才们的杰作，而且被到处传唱。这种推论源自阿德剌斯托斯的地方化。

阿德剌斯托斯属于伯罗奔尼撒东北部的一个小镇，这个地方与神话中所言的阿德剌斯托斯统治的地方并非一样。一般说来，阿德剌斯托斯是希巨昂的国王，原因是希罗多德在其论著中，叙述了希巨昂的暴君克莱司铁涅斯（Cleisthenes）如何通过介绍阿德剌斯托斯的死敌美兰尼波司（Melanippus）的崇拜，而废除了阿德剌斯托斯的祭礼。① 希罗多德说阿德剌斯托斯在希巨昂集市的边上有一个祠堂，但一位做希腊文化研究的知识渊博的作家说，这个祠堂只不过是一座衣冠庙罢了，阿德剌斯托斯真正的坟墓设在美迦拉（Megara）。② 这种地方化总被视为带有某种不自信，因为著名英雄的名字总是被拿来命名无名的墓穴与崇拜，或者取代了其他不出名的英雄的名字。这样一个英雄拥有两个或更多的墓穴，而墓穴没有一个是真的，这种现象就很容易理解了。③ 至于阿德剌斯托斯如何成为希巨昂国王，众说纷纭。据说他是阿尔哥斯国王塔拉欧斯（Talaus）的儿子，又是希巨昂国王波律包斯（Polybus）的外孙。阿德剌斯托斯因一场纷争被逐出了阿尔哥斯，去了希巨昂，然后从他外公手里继承了王权。据说塔拉欧斯是比亚斯的儿子，比亚斯是墨兰波斯的一个兄弟，墨兰波斯是一位先知，

---

① Herodotus, v. 67.
② 狄尤凯达斯（Dieuchidas）在写给品达的信件（Scholion）中提到了这个问题，参见 Nem., ix. v. 30。
③ 我觉得几乎没有必要探讨这样一种假说，即阿德剌斯托斯最初是冥王。我不明白为何这个单词不可能是一个纯粹的人名。

他曾经在国王阿那克古拉斯（Anaxagoras）统治期间，治愈了因触怒狄俄尼索斯而得疯病的一些妇女。这个故事属于梯林斯人，是关于普洛托斯女儿们神话的较晚版本，而且可能被忽视了。阿德剌斯托斯并不是阿尔哥斯的国王，尽管他在族谱上与阿尔哥斯王族有着某种关联。我们可以断言，阿德剌斯托斯在阿尔哥斯某个地区的统治类似于国王，但我们无法断定，阿尔哥斯省具体哪个地区属他管辖。

阿德剌斯托斯是阿尔哥斯其他城市的国王，同时又是远征军抗击忒拜的统帅，这种说法与荷马史诗将他描述为迈锡尼国王的说法并不矛盾。神话与碑铭表明迈锡尼是希腊当时最富裕最强大的城市，但也表明，阿尔古利斯地区还有其他一些比较富强的城市。我们一般倾向于将这些地方的统治者视为迈锡尼国王的属臣，但另一方面，我们同时强调这样一种事实：领主权力的大小取决于其个人能量的多寡，每一个属臣都尽力维持自己的独立性，这个目标在迈锡尼王权与文明衰微时获得成功。在迈锡尼时代持续的后半叶，或多或少有一些变化与兴衰。比如，我们知道梯林斯那些雄伟的建筑物基本上是在迈锡尼时代后期建造的，时间在公元前1200年左右。梯林斯的这种繁华似乎暗示着迈锡尼王权的衰微。当迈锡尼领主的权力开始衰落时，其他一些城市有实力的、成功的属臣就开始凭借自己的实力来掌权。他或许会集结军队，在远征中扮演统帅的角色，其目的是在邻省中确立自己的统治权，就像征服王威廉一样。阿德剌斯托斯就是这类人物，他利用了特定的事件来谋取忒拜的领导权。

安菲阿剌俄斯

我们已注意到，攻打忒拜的七个英雄总是变动不已，但其中的一些英雄，尤其是安菲阿剌俄斯与提丢斯，在所有的神话版本中所扮演的角色远远比其他人重要。在荷马史诗中，安菲阿剌俄斯被安置到了先知墨兰波斯与阿尔哥斯王族的族谱中，而且据说他是阿德剌斯托斯的女婿，但我们知道，这种族谱并不可靠。[1] 安菲阿剌俄斯的家乡在贝奥提亚，这一事实建立在那些非常重要以至于不可能是后人创造的狂热崇拜之上。阿提卡奥边境的洛波斯（Oropus）有一个属于安菲阿剌俄斯的圣所，在那里他一般在病人的睡梦中传达神谕，从而治愈他们。根据希罗多德的论著[2]，安菲阿剌俄斯在靠近忒拜的地方还有另外一个圣

---

[1] *Od.* xv. v. 225 *et seq.* 参见本书英文版第114页。
[2] Herodotus，viii. 134.

第二章　迈锡尼中心与神话中心 | 79

所，它在克洛伊索斯（Croesus）时代就已经很有名了。我们还无法判定，它是斯特雷波所说的设在贝奥提亚的哈尔玛（Harma）的圣所，还是保萨尼亚斯（Pausanias）所说的介于普拉塔伊厄（Plataeae）与忒拜之间的波忒尼亚（Potniae）的圣所①。安菲阿剌俄斯被大地吞噬得以永生的神话始终如一，并且不包含旧有传统中任何有疑问的地方。这当然是一则推源论神话，它试图去阐释为何安菲阿剌俄斯被大地吞噬后仍被认为活着，为何他的祭礼要在地下举行，就像特洛波尼欧斯（Trophonius）在列巴狄亚（Lebadeia）的祭礼一样。② 我们不得不承认，一位受贝奥提亚人崇拜的英雄被纳入了七雄攻忒拜的神话之中。

提 丢 斯

事实上，提丢斯总被说成是埃托利亚（Aetolian）国王卡吕冬（Calydon）的儿子，不过不同的神话版本中，他的母亲并不相同，这似乎表明，提丢斯的族谱是古老且可信的，而且他的老家在埃托利亚。提丢斯同时也被视为阿德剌斯托斯的女婿。提丢斯的名字属于比较古老的那一类，除此之外，这位英雄的性格表明，其血统比较高贵，性情粗鲁，在荷马时代为人所憎恶。提丢斯属于老一代的英雄，他力大无比、行为勇敢，但却受到了命运的捉弄。③ 提丢斯最大的特征是脾气暴躁、行为鲁莽。就像其他英雄一样，他之所以被逐，是因为他杀死了自己的一个亲戚；这是叙述传统中比较持久的一个要素，尽管这些亲戚的名字与人数不时有所变化。并且，提丢斯总是被视为受到雅典娜（Athena）女神的特别眷顾。他似乎像一位游侠，能力非凡，但行为残酷，这种性格与动荡的迈锡尼时代相符合，在比较人性化的荷马社会被废止了，荷马时代人们树立了一种比迈锡尼时代的海盗们更为高尚的道德行为规范。提丢斯这种性格当然是继承了迈锡尼时代的传统。

卡 帕 纽 斯

在其他几个英雄中，卡帕纽斯（Capaneus）是最为有趣的一个。关于这位英雄的族谱与地方化，我们一无所知。他的儿子斯特涅洛斯（Sthenelus）在荷

---

① Paus. ix. 8, 3. Strabo, ix, p. 404.
② 这是对法内尔欧赫墨罗斯主义的有效反驳，参见 Farnell, *Greek Hero Cults*, p. 58 et seq.。
③ 比如梅里格尔就是。这种感觉对于我来说，就像《伊利亚特》第一卷第 266 行及其以下内容描绘的那样。

马史诗中总是以提丢斯儿子狄俄墨得斯的亲密战友身份出现，他为我们寻找那些古老的线索甚至老一辈英雄提供了重要线索。卡帕纽斯的性情与提丢斯的性情极为相似。为了攻打忒拜城，他甚至反抗宙斯。欧里庇得斯（Euripides）笔下首次记载的神话，即卡帕纽斯的结发之妻欧阿德涅（Euadne）在其葬礼上奋身跳进了熊熊燃烧的柴堆之中，这一点令我们印象深刻。这种神话在我们所熟知的荷马以来的希腊社会被创造出来，是完全不可思议的，但这种风俗被某些雅利安人很好地证明了。在色雷斯人、印度人以及海盗时代的斯堪的纳维亚人那里，妻子如果要为其丈夫殉葬，就会采用这种比较恐怖的方式。从荷马史诗所描述的帕特洛克罗斯的葬礼上，我们可以知道，在死者进入另外一个世界时，一般都要杀死一些俘虏殉葬，这种表述通常被视为古老、简陋的丧葬风俗的最有价值的证据。① 根据一些实例可以推测，同样的风俗可以上溯到迈锡尼人的葬礼上，尽管这种假设在阐释某些例子时必定是错误的，比如，用以阐释迈锡尼的那些竖井墓及其他墓葬是不足为信的，在登德拉发现的圆顶墓穴中未被破坏的墓葬表明，类似的风俗在现实生活中确实存在过。这个墓穴的其中一个祭祀坑，里面有烧了一半的动物骨头与人骨，这些东西一定是那场葬礼上的献祭过程中遗留下来的，那时国王与王后同时被埋葬。珀森教授认为，事实上我们极有可能掌握了一个殉葬的实例，即王后在其丈夫的葬礼上自愿殉葬。② 在上述所有事件中，我们已经有了葬礼上使用人牲的例子。我在这里斗胆提出这么一种假想：欧阿德涅自愿为丈夫殉葬的神话属于前希腊时代，它是迈锡尼文明殉葬风俗的一个弥足珍贵的证据。

七雄故事群

我们当然有相当足够的理由认为，攻打忒拜的七雄中三个最为有名的将领一定是迈锡尼时代的；但至少这三个人中的两个既不是阿尔哥斯人，也不是伯罗奔尼撒人，因为一个是贝奥提亚人，另外一个是埃托利亚人。罗伯特教授比较适时地强调了这个事实③，根据他的观点，他做了如下推论：二者都发动了针对忒拜的战争，来自贝奥提亚和埃托利亚（Aetolia）的移民将这些战争神话带

---

① E. Rodhe, *Psyche* (ed. 10, 1925), I. p. 14 *et seq.*
② A. W. Persson, *Kungagraven i Dendra* (1928), p. 130 *et seq.*
③ 其中无关紧要的是，他认为，安菲阿剌俄斯与提丢斯（我不明白为何是提丢斯）皆是格莱寇（Graikoi）部落的人，这个部落居住在尤里普斯（Euripus）海峡两岸。参见 Robert, *Oidipus*, I., p. 121。

到了爱奥尼亚，爱奥尼亚的史诗将这些战争与其他战争融合在一起了，最后导致七雄攻忒拜的神话故事群的生成。

119　　我个人认为，这种观点并没有什么合理的根据，除了这么一种先入为主的假设：通过将好几个神话整合成一个神话故事群，爱奥尼亚的行吟诗人们第一次塑造了这个伟大的神话故事群。我们已经找到了很多理由来支撑这样一种假说：迈锡尼时代发生过一场攻打忒拜的战争。我们同样看到，七雄攻忒拜的统帅及三个最有名的英雄都可以上溯到迈锡尼时代。因此我们可以公正地推断：七雄攻忒拜的神话故事群的梗概同样可以回溯到迈锡尼时代。因为一场伟大的战争与一些显著的人物，尤其是统帅，是密切地联系在一起的。当然，七雄中的一个是贝奥提亚人的英雄，另外一个是埃托利亚的游侠，但是为什么不可以是那个阿尔哥斯侵略者得到勇敢的游侠和一个作为忒拜宿敌的贝奥提亚人的有力帮助？或者至少，为何神话不可以这样表述英雄如此行事呢？在历史时期，几乎存在这么一个规律：近邻之间的不和是导致外敌入侵的导火线。事实上当然不存在这种可能性，这些事情之所以被提及是为了试图表明，不存在这种内部的子虚乌有之事，这只不过是神话罢了；也就是说，不仅仅是这场伟大的战争，而且它的主要英雄，都源自迈锡尼时代。

　　当论及这个神话故事群的其他部分的内容时，我不能提供任何有说服力的观点。厄里费莱（Eriphyle）是阿德剌斯托斯的妹妹和安菲阿剌俄斯的妻子，她
120　背叛自己丈夫的行为在神话故事中占据了很大比重，关于这个主题何时融入七雄攻忒拜的故事群，抑或安菲阿剌俄斯和提丢斯何时成为阿德剌斯托斯的女婿的观点，我找不到任何理由来支撑。

七　雄　后　裔

　　一个伟大的事业不应该以灾难来终结的情感创造了追随者（Epigonoi）——七雄的儿子们的神话，这些人征服并摧毁了忒拜城。这个神话显然是后起的，有些学者认为这个神话生成的时间非常晚近。它也许是在后迈锡尼时代创造的，为谨慎起见，我还是避而不谈这个悬而未决的话题。① 这些忒拜的英雄的后人中有一个人叫作狄俄墨得斯，关于他的神话当然源于迈锡尼时代。

---

①Robert, *Griech. Heldensage*, p. 949 *et seq*；维拉莫威兹在其论著中认为这个神话是在相当晚近的时期被创造的［Wilamowitz, *Hermes*, XXVI (1891), p. 239］。

卡 德 摩 斯

我们同时不应该忽视忒拜人的另外一则比较著名的神话——忒拜建造者卡德摩斯（Cadmus）的神话，尽管我们很难对其做判断，对于我们的研究目标而言，它并不具有重要性。近期出现的一些观点推翻了关于这个神话的传统看法。[①] 据说卡德摩斯的老家在弥勒托斯（Miletus），那里有一个贵族之家将卡德摩斯奉为自己的祖先。距离弥勒托斯不远处有叫作卡德摩斯的山脉与河流，居住在普里耶涅（Priene）的居民被称为卡德米亚人。[②] 在米利都有一种传统的说法，认为卡德摩斯将腓尼基字母介绍到了这个地方，甚至将卡德摩斯当作福尼克斯（Phoenix）、喀利克斯（Cilix）和塔索斯（Thasos）的兄弟的族谱也指向小亚细亚。最后的推论当然是在相当晚近的时期，卡德摩斯神话从爱奥尼亚传向了忒拜。

建 城 神 话

在荷马笔下，作为伊诺（Ino）父亲的卡德摩斯仅仅被提及了一次；[③] 在赫西俄德的《神谱》中，卡德摩斯一般作为哈尔库俄涅（Harmonia）的丈夫，塞墨勒（Semele）、伊诺和其他人的父亲而出现。[④] 在这里，神话似乎终于有了充分的发展。不过另外一种观点比较突出，即荷马总是将忒拜人称为卡德米亚人；[⑤] 相反，这个城市被称为忒拜或忒拜伊（Thebae）。卡德米亚人民的名字卡德米亚人以及卫城卡德米亚（Cadmea）这些名字当然无法与卡德摩斯这位英雄分开，这就表明，现行观点缺乏一定的根据。因为该观点不能够使我们相信，史诗本应该根据一位英雄名字来命名古老忒拜城的居民，这位英雄在相当晚近的时期被创造出来，从小亚细亚一路传到了贝奥提亚。部落与民族的名字一般属于一个比较古老的史诗传统，史诗通常不太愿意接受一个晚起的名字，尤其

[①] 拉特（K. Latte）先生在论文中对这个问题进行了总结，参见玻利－维瑟瓦（Pauly－Wissowa）主编的论著 *Realenzyklopädie der klass. Altertumswissenschaft*。

[②] 引用的材料参见克鲁西斯（O. Crusius）教授文采飞扬的论文，参见罗施尔（Roscher）主编的 *Lexikon der Mythologie*, II, p. 872 *et seq*。

[③] *Od*. v. v. 333 *et seq*.

[④] Hesiod, *Theogony*, v. 937 and v. 975.

[⑤] 在荷马史诗中，像 Καδμείωνες 或者 Καδμεῖοι 这样的称呼出现了八次之多，《奥德赛》中出现了 Θηβαῖος 这个词语，它仅仅是先知特雷西阿斯（Teiresias）的绰号而已。

第二章　迈锡尼中心与神话中心 | 83

在给那些比较著名的古老的人民起名时。忒拜的居民被称作卡德米亚人是一种比较常见的情况，这种情况中一个城和它的居民有好几个不同的称呼，比如伊里昂人又称特洛伊人，欧尔科美诺斯人又称弥倪亚斯人，等等。进一步观察我们就会发现，贝奥提亚这个名字比希腊其他古老的部落名内涵更为丰富。这些名字中的卡德米亚与卡德摩斯之间具有一种不可分割的联系。克鲁西斯（Crusius）教授比后来其他人更能接近事实，尽管他忽略了最后的争议的部分内容，仅仅根据那些最为古老而且相当稀少的资料进行论证。①

倘若卡德摩斯与居住在忒拜的卡德米亚人一个古老的英雄同名，那么我们就一定能为以下神话事实而找到一个合理的解释：卡德摩斯被视为一位腓尼基移民，而且居无定所，四处游走，第二点在其族谱中也有记载。不过在论及这个问题之前，我们有必要强调另外一个重要的神话细节。

严格说来，关于卡德摩斯的神话其实是一则关于忒拜城建造的神话。神谕指示卡德摩斯跟随一头母牛，在它驻足的地方创建城市。当母牛停下脚步时，卡德摩斯就把它当作祭品祭祀，但在为献祭取水时，卡德摩斯遇到了阿瑞斯（Ares）的毒龙并杀死了它。卡德摩斯将毒龙的牙齿播种到泥土之中，于是就从地里长出了人类，这些人叫作地生人（Spartoi），他们自相残杀，直到剩下最后五个。卡德摩斯为了赎罪，不得不为阿瑞斯长期服役，届满之时他迎娶了阿瑞斯的女儿哈尔库俄涅作为自己的新娘，婚礼盛况空前。

显然这则神话是一则真正的建造神话；城市的创建是在神谕的干涉下进行的，人民与贵族家族的由来也得到解释。这类神话多如牛毛，但其内容讲述的却是殖民与城市的创建，譬如罗马与迦太基（Carthage）之类，当然，故事通常千篇一律。当涉及城市的建造时，希腊一般鲜有这类真正的神话，不过赛萨利的阿牢斯

---

① 我很高兴地发现，斐汶博士对这个问题持同样的观点，具体参见：*Neue Jahrbücher für das klass. Altertum*，XXIX（1912），p. 534 *et seq*。

(Alos)或许是一个例外。① 我当然不可能将众多的语源学神话都一一加以阐释，其后期创造痕迹是如此明显，根本不用细究。② 讲述城市的城墙如何建造的神话相当多。譬如，阿波罗与波塞冬（Poseidon）为特洛伊国王拉俄墨东（Laomedon）修建城墙，库克罗普斯为梯林斯国王普洛托斯建造城墙，雅典娜女神帮助雅典娜人建造了雅典卫城城墙。但这些神话均不是严格意义上的建造神话；城市的存在是先决条件，与此相关的神话只讲述了这些城是如何加强防御的。此类神话显然为后期创造的原因论神话。

安菲翁与仄托斯

除了上述这些破绽百出、一无是处的神话之外，另外只有一个例子可以援引，而且与忒拜城具有某种关联。这则神话说忒拜城由安菲翁（Amphion）和仄托斯建造。其中最为人所知的因素是，这对孪生兄弟建造了忒拜的城墙；因此有些人会倾向于将这则神话当成那类常见的建造城墙的神话；但《涅科利亚》早就明确记载了兄弟俩建造忒拜的七个城门与城墙的故事。③ 然而，这则神话众所周知的版本第一次出现在欧里庇得斯的作品《安提俄珀》（Antiope）中，在此之前几乎没有更早的传说了。这则神话与真正的建造神话有一个共同的要素。孪生兄弟俩被抛弃到荒郊野外，濒死之际，被牧羊人解救，这种情况正如罗慕路斯、瑞穆斯或居鲁士（Cyrus）的遭遇一样。但根据欧里庇得斯的表述，这则神话并非是建造神话。神话中说，安菲翁和仄托斯认出了他们的母亲，然后惩罚了他们的继母狄耳刻（Dirce）。那么，这就意味着忒拜城在此之前早就存在

---

① 赛萨利的阿牢斯城拥有一则自己的创建神话。该城市的建造者据说要么是阿罗欧斯（Aloeus）（*Schol. Apoll. Rhod.* i. v. 482 = Hesiod, *frag.* 9 Rzach, ed. 3. 此处的城市据说是埃托利亚），要么是阿塔玛斯（Athamas）（*Schol. Apoll. Rhod.* ii. v. 514）。神话如是说：神谕指示阿塔玛斯在被野兽款待的地方驻足。阿塔玛斯后来遇到了正在吞食猎物的狼，狼逃跑后，阿塔玛斯在这个地方建立了城市并把它叫作阿塔玛尼亚（Athamania）城；或者阿塔玛斯根据自己的流浪经历（ἄλη）或女仆阿牢斯（Alos）的名字建造了一座叫作阿牢斯的城市（*Et. magnum*, p. 70, 8; Steph. Byz. s. v. ᾿Αθαμανία）。尽管神话在选址方面有所不同，而且通常具有明显的词源学阐释意味，其叙述要素无疑极为古老。我们当然无法判断它到底有多古老，但不要忘记这类建造故事一般都暗示着这样一种神话事实：阿塔玛斯是从贝奥提亚迁移到赛萨利的。另外一则神话则说，与伊爱奥利亚齐名的英雄伊洛斯（Ilus）带领50对青年男女从佛吕癸亚（Phrygia）出发，尾随一头母牛，在母牛躺倒的地方建造了里昂。这个神话仅仅出现在阿波罗多利（Apollodor）的笔下（ii. 12, 3），而且是一则后来创造的神话。

② 譬如，珀尔修斯在其丢失剑鞘（μύκη）的地方建造了迈锡尼城（Paus., ii. 16, 3）的神话；或者科罗伊波斯（Coroebus）在美迦拉建造了特里普迪斯科斯（Tripodiskos）城的神话，其缘由是，他从德尔斐（Delphi）携带的三脚架（神鼎）从肩头上跌落在这个地方（Paus., i. 43, 8）。

③ *Od.* xi. v. 262 *et seq.*

了，因为他们的继父吕科斯（Lycus）是忒拜的国王。我们没有办法知道欧里庇得斯所使用与改造的神话文本的最早样态，因此不好说它是否是一则真正的建造神话。经常是安菲翁和仄托斯兄弟俩修建了忒拜的城墙，单从这个细节我们就可以推测，这则神话比较古老。《涅科利亚》中关于兄弟俩建造忒拜城的说法有可能仅仅根据他们建造城墙的故事推衍而来。

因此，忒拜有一则真正的建造神话，又或者有两则。在所有事件中，安菲翁和仄托斯二人显然是忒拜神话故事群的插入者，而且与忒拜神话故事群显得非常不和谐。这也就是罗伯特教授根据阿波罗多洛斯（Apollodorus）的相关表述，将其归结到贝奥提亚的另外一座城市叙里阿（Hyria）的原因。① 尽管如此，我们也无法摆脱最令人尴尬的事实，即安菲翁和仄托斯建造了忒拜的城墙。因为这一事实仅仅与他们在叙里阿城居住过，后来因为谋杀被驱逐有关；也就是说，没有任何证据可以证明，这则假定的建造神话属于叙里阿城。我们无法要求神话具有连贯性与次序性，这两则神话归结于同一座城市，但却没有顾及二者之间是否互相协调。当神话通过系谱学的方式被置于某种伪历史的体系中时，不协调就出现了。

比较醒目的一个事实是，与希腊其他城市相反，忒拜拥有一则真正的建造神话。很容易理解为何那些殖民地有自己的建造神话，而希腊的城市则没有自己的建造神话。对于所有人来说，殖民地的建立都是一个既成的事实；相反，希腊的那些小镇在无法追忆的时代就经常有人居住，不仅仅从迈锡尼时代开始，而且从前迈锡尼时代开始，这些地方就已经有人居住的痕迹了。因此，建造神话是被排斥的，它们格格不入。因此我倾向于认为，忒拜人的建造神话其实是对一种历史事实的怀旧，而且迈锡尼某个部落确实在这里建造过一座新城。倘若如此，那么它就与我前面提出的贝奥提亚是迈锡尼文明的边远城镇的观点相吻合。在前迈锡尼时代，忒拜遗址当然就已经有人居住，但前迈锡尼时代的文物发现得不多，不足以作为这种观点的有力反驳。②

---

① 参见 Robert, *Oidipus*, I, p. 398；相关的表述还有 Apollodor, iii. 10, 1. 1, from Hellanicus。
② Keramopoullos in *Deltion archaiologikon*, III (1917), p. 2 *et seq.* 《希腊研究杂志》（*Journal of Hellenic Studies*, XLIX, 1929, p. 233）曾经刊载了一篇关于前迈锡尼一套花瓶的论文。1929 年发现了属于弥倪亚斯的陶制品残片与完好的陶器，L. H. II 时期的陶器是在重建之前的宫殿时期的墙角下被发现的。具体参见：*American Journal of Archaeology*, XXXIV (1930), p. 220。

腓尼基人卡德摩斯

假如我是对的,那么以下这则古老的神话就从迈锡尼时代传承下来:那个与定居在忒拜的卡德米亚人部落同名的英雄建造了忒拜城,忒拜的建造者卡德摩斯因此来自异国。这则古老的神话并没有告诉我们,或者它已经忘记了卡德摩斯来自何方,这样,神话就向每一个阅读者敞开了猜测的大门。在历史时期的早期,经常造访希腊的当然是腓尼基人。① 倘若我们将上述所有因素都考虑在内,那么我们或许就能够理解,为何这则神话在不经意间将卡德摩斯塑造成一位腓尼基人。在他们那个时代,希腊人对异国人鲜有了解,因为卡德摩斯被普遍认为是一位外国人,于是他就自然成为腓尼基人了。关于卡德摩斯流浪的神话有些类似于腓尼基人在爱琴海(Aegean)地区的航行,他的族谱因此就具有了所谓的腓尼基源头。卡德摩斯在爱奥尼亚地区的重现事实更有可能根据这样一种理论来解释,即那些从贝奥提亚迁出的人们一路上传唱卡德摩斯的神话,将其视为自己的先祖,然后用这个名字来命名一些地方,而非根据与之相对立的假说进行解释,即卡德摩斯是从爱奥尼亚迁移到贝奥提亚的,该说法遭遇到了很多阐释危机。我们进一步知道,居住在爱奥尼亚地区的是一个杂居的民族,各色人等皆有。

---

① 腓尼基人(英文为 Phoenicians,希腊文是 Φοίνικες)在语源学上的意义是"红色的人"。根据霍尔(H. R. Hall)教授提出的一种洞见(参见圣经考古学研究中心所编《公报》:Proceedings,XXXI,1909,p. 282),"红色的人"最初指那些从克里特而来的米诺的殖民者,到了后来,这个名称就传到了叙利亚(Syrian)沿岸的腓尼基人那里。这种假说当然能够很好地解释上述神话中所说的各种特殊要素。但我本人不接受这种观点,因为有绝对的证据表明,迈锡尼文明是通过希腊海盗而不是米诺殖民者传播到希腊的。菲克(A. Fick)教授(*Vorgriechische Ortsnamen*,1905,p. 123 *et seq*)与伯罗斯(R. Burrows)教授(*The Discoveries in Crete*,1907,p. 141)二人提出了这么一种观点:腓尼基这个名字最初是希腊人对遇到的所有棕色面孔民族的总称,但到了后来,这个名字就专指居住在迦南(Canaan)的闪米特人(Semites)了。

第七部分　北部贝奥提亚与赛萨利

欧尔科美诺斯

正如忒拜是南部贝奥提亚的中心，欧尔科美诺斯同样是贝奥提亚省北部的中心，这个地方有一个科帕伊斯湖泊，湖边是一片开阔肥沃的平原。欧尔科美诺斯素来以号称"弥倪亚斯宝库"的圆顶墓穴闻名天下，尽管现在早已灰飞烟灭，不过它们依然可以与迈锡尼地区庄严的圆顶墓的最佳范本相媲美。谢里曼先生也曾经在欧尔科美诺斯进行过发掘。本世纪初（20世纪初——译者注），一支巴伐利亚的探险队在该地继续从事发掘，挖出了迈锡尼与前迈锡尼时代的一些重要文物。[①] 在这些文物中，那些着色的泥灰碎片比比皆是，它们醒目并且非常重要，曾经一度覆盖在如今已不复存在的王宫墙头上。考古工作者并未发现迈锡尼时代其他任何建筑物遗迹，但那些墙上的彩绘壁画足以表明，欧尔科美诺斯曾拥有一座王宫，就像阿尔古利斯和忒拜一样，迈锡尼时代的能工巧匠们用自己的双手装饰了这些王宫。只不过欧尔科美诺斯的彩绘壁画比忒拜的壁画要晚一些。这个地方还发现了一件单独的刻有米诺文字的陶罐样本，上面雕刻着米诺人形象。

盖　拉

迈锡尼时代在贝奥提亚遗留下来最为显著的不朽建筑是那座巨大的王宫，它笔直地耸立在科帕伊斯湖中的盖拉小岛上。[②] 这座王宫被一圈环形的围墙包围，其面积要比梯林斯被包围的王宫大十倍，不过从目前状况来看，该地鲜有

[①] H. Bulle, "Orchomenos," I, "Die älteren Ansiedelungsschichten," *Abhandlungen der bayerischen Akademie der Wissenschaften*, I. Kl., XXIV: 2 (1907); II, E. Kunze, *Die neolithische Keramik*, ibid. N. F. III (1931).

[②] *Bulletin de correspondence hellénique*, XVIII (1894), p. 271 *et seq*; Tsoundas-Manatt, *The Mycenaean Age* (1897), p. 375 *et seq*; Cp. F. Noack, *Homerische Paläste* (1903), p. 19.

人居住,甚至陶器与其他一些琐碎的东西也鲜有发现。这座威武的城堡的名字已被遗忘。有时它被说成是古老的阿尔涅(Arne),但这种说法颇有争议,而且难以成立。其他说法更不大可能。[①] 这是一个谜,不过有些人可能会认为,这里的王宫类似于阿尔古利斯的迈锡尼碉堡,尽管占据了最大的面积,但在神话中尚无多大地位,这种情况貌似出现在米地亚;[②] 也就是说,这座王宫供短时间内居住,但很早就被遗弃以致被湮没在记忆深处。这种假说与我们前面所探讨的盖拉地区缺乏陶器与其他文物的情况比较吻合。

弥倪亚斯与欧尔科美诺斯

进一步说,史前希腊地区最为宏伟的一项事业无论如何也不能够被忘记,那就是科帕伊斯湖泊的排水工程。现代的观察报告表明,建在科帕伊斯湖底带有石堤的系统性壕沟,是为了将湖水引向卡塔诺塞拉(katavothra),这是比较古老的一种做法,几乎可以肯定是属于迈锡尼时期,古代的传统已经暗示了这一点。[③] 这项浩大的工程试图通过开凿一些穿越山脉的渠道,而将科帕伊斯湖与尤里普斯海峡分割开来,不过这项工程也是在晚近进行的。

倘若根据我们的原则寻找与欧尔科美诺斯的迈锡尼中心相对应的神话故事群,那么弥倪亚斯神话就是答案。自从一百多年前缪勒(K. O. Müller)教授发表了他的那部关于欧尔科美诺斯和弥倪亚斯人的论著之后,这个部落在现代希腊神话学概念范畴中就声名鹊起。但也有一些批评者直接反对将弥倪亚斯置于如此重要的神话学地位[④],我们不得不承认,古老的神话中关于弥倪亚斯部落的表述并不多。弥倪亚斯部落在后来阿尔哥斯英雄中被传称是因弥倪亚斯人才出名的。因此我们就可以推断说,阿尔哥斯诸英雄就是准弥倪亚斯人,之所以如此称呼,是因为阿尔哥斯诸英雄中许多人尤其是伊阿宋(Iason)其实是弥倪亚

---

① Phlegya:A. W. Gomme, "The ancient name of Gla," in *Essays and Studies to W. Ridgeway* (1913), p. 116 *et seq.* Glechon:T. W. Allen, *Classical Review*, XVII (1903), p. 239 *et seq.* 珀森对此做过考证 [A. W. Persson, *Schrift und Sprache in Alt-Kreta* (Uppsala, 1930), p. 29, n. 2],他认为,事实上"盖拉"这个名字源于土耳其语。

② 参见本书英文版第 182 页。

③ *Bulletin de correspondance hellénique*, XVI (1892), p. 121 *et seq*;弗雷泽在其评论珀乌撒尼亚斯论著中有所表述 (vol. V, p. 110 *et seq*);盖格(Geiger)教授对此做过相关考证,具体表述参见:Pauly-Wissowa, *Realenzyklopädie der klass. Altertumswissenschaft*, s. v. Kopais, XI, p. 1351 *et seq*。

④ 参见:Fimmen, "Die Besiedelung Böotiens bis in frühgriechische Zeit," *Neue Jahrbücher für das klass. Altertum*, XXIX (1912), p. 536 *et seq*; Robert, *Die griechische Heldensage*, p. 56。

斯女儿们的后裔。

坦率地说，对既定的规则——一座城镇在神话学上的重要性对应的是其在迈锡尼时代与文明中的重要性而言，这里似乎有一个特例。我们这个时代对贝奥提亚许多城市的认知是支离破碎的，以致很难辨别它们在神话学上相对应的重要性，从出土器物来看，欧尔科美诺斯似乎可以与忒拜匹敌，神话也如是说；尽管如此，在流行度与声望上，我们却找不到可以与忒拜神话故事群相媲美的欧尔科美诺斯的神话故事群。

珀乌撒尼亚斯描述的欧尔科美诺斯神话般的历史是零零碎碎拼凑而成的，[①]各部分彼此不连贯并且互不相关。他首先提到两个国王，一个是安德列阿斯（Andreus），另一个是埃提欧克列斯，前者仅仅被提到了名字，后者似乎是一个比较古老的人物，但实际上并没有与之相关的神话；作为在欧尔科美诺斯的卡里忒斯崇拜的创立者，埃提欧克列斯的故事属于原因论的神职人员的神话。福里尔（Forrer）博士相信自己在赫梯族的文献中发现了这两个国王的名字，假如他是对的，他们的历史性存在就会被证明；福里尔认为，在公元前 14—前 13 世纪，阿该亚人的帝国历史上存在且其疆域扩展到了小亚细亚的南部海岸，尽管我倾向于认为他大体上是对的，但他对这两个国王身份的认定极其不合理，我们最好还是不加论述。[②]

但是，这并非是整个的真相。荷马在史诗中两次提到了欧尔科美诺斯而且比较重要。《涅科利亚》记载，皮洛斯的国王涅琉斯娶了克罗里斯（Chloris），后者是欧尔科美诺斯国王伊阿西德·安菲翁（Iaside Amphion）最小的女儿；[③]在另外一处诗文中，[④]欧尔科美诺斯与埃及的忒拜并提，被当成世界上最为富庶的两个地方。《伊利亚特》第十一卷所提及的，派遣到阿喀琉斯的使团，它的通道已被找到，这当然是较晚的诗句，许多学者认为诗中提到的是埃及首都（忒拜或底比斯），是诗句晚期的象征，不过近期洛里莫（Lorimer）女士提出了另外

---

① Paus. ix. 34, 6 – 37.
② E. Forrer, *Mitteilungen der deutschen Orientgesellschaft*, No. 63 (1924); 关于这个问题的近期考察，参见 *Reallexikon der Assyriologie* s. v. Ahhijava 以及他的文章 "La découverte de la Grèce mycénienne dans les textes cunéiformes de l'empire Hittite," *Revue des études grecques*, XLIII (1930), p. 279 *et seq*. 福里尔的假说引起了很大争议。弗里德希尼（J. Friedrich）在其 Werden in den hettitischen Keilinschriften Griechen erwähnt? [*Kleinasiatische Forschungen*, I (1927), p. 87 *et seq*] 一文中提出质疑，福里尔在其 Für die Griechen in den Boghazköi Inschriften [*ibid.*, p. 273. *et seq*] 一文中做出回应。克雷奇默尔（P. Kretschmer）Zur Frage der griechischen Namen in den hethitischen Texen [*Glotta*, XVIII (1930), p. 161*et seq*] 一文倾向于支持福里尔的观点。
③ *Od.* xi. v. 281 *et seq*；第 459 行的表述无足轻重。
④ *Il.* ix. v. 379 *et seq*.

一种相反的观点。① 洛里莫断言，在公元前 14 世纪上半叶埃及国王阿肯那顿将其首都迁移到了其他地方，拉美西斯二世（Rameses II）放弃将忒拜作为皇室居所。她认为，公元前 1200 年后入侵的北方人不可能渗透到遥远的忒拜城（埃及的），因此，关于忒拜的描述似乎可以上溯到公元前 15 世纪左右。这种观点存在不可否认的可能性，不过还应该补充一点，即在忒拜的祭司王的统治下，希腊人其实并没有到达埃及——那时正是黑暗的中间期——在公元前 663 年，忒拜被亚述人洗劫一空。② 在东方化时代早期，③ 正值埃及赛特诸王（Sait Kings）统治时期，前往埃及的希腊雇佣兵看到的忒拜仅仅是一座破败的城市。忒拜的辉煌已成为过去，无可挽回。

在希腊发现的埃及器物为这个棘手的问题提供了一些线索。④ 这些器物大部分要么属埃及第十八王朝，要么属埃及第二十六王朝，还有少数一部分弄不清楚的属于第二十二到二十六王朝。中间期的东西比较少见且鲜有价值，最值得注意的特殊例子是在厄琉西斯（Eleusis）所谓的伊西斯（Isis）墓穴发现的文物，它们属于第二十王朝到第二十二王朝。也就是说，有一些证据表明埃及在公元前 15 世纪到公元前 13 世纪与希腊交流频繁，之后在公元前 7 世纪中叶的东方化时期早期，即在忒拜被洗劫之后的时期，埃及与希腊的交流再度频繁起来。这种观点当然在某种程度上支持了洛里莫女士的观点。

从上述荷马史诗中的诗文来看，欧尔科美诺斯在荷马时代享有很高的声誉，正如其在缪勒所在的时代享有的声誉一样。欧尔科美诺斯的名望有可能源于迈锡尼时代，因为在之后的几何时代和东方化时代，欧尔科美诺斯的繁荣已不复存在。

倘若回到神话之中，我们压根就找不到任何正规的欧尔科美诺斯的神话故事群；但在许多重大的神话亲系中，欧尔科美诺斯与弥倪亚斯时常出现，因此，我们必须探寻二者在希腊早期社会中扮演的角色。我们现在唯一能够利用的线索是那些被地方化的神话与族谱，但后者经常被认为缺乏一定的可信度，如果

---

①参见 *Journal of Hellenic Studies*, XLIX（1929）, p. 153 *et seq*。比较晚近的探讨参见 Wilamowitz, *Die Heimkehr des Odysseus*（1927）, p. 173。

②关于这次彻底的洗劫，读者可以参见 *Cambridge Ancient History* III, p. 285。

③阿贝·西米贝尔（Abu Simbel）地区雇佣兵手稿现在自然与普撒美提科二世（Psammetich II, 593–588 B. C.）的统治联系了起来，参见 G. Lefebure, "Ποτασιμτώ", *Bulletin de la société archéologique d'Alexandrie*, No. 21（1925）, p. 48 *et seq*。

④彭德尔伯里（J. D. S. Pendlebury）教授有价值的作品集为研究此问题提供了便利，具体参见 J. D. S. Pendlebury, *Aegyptiaca, A Catalogue of Egyptian Objects in the Aegean Area*（1930）。

第二章　迈锡尼中心与神话中心 | 91

没有其他额外的证据，被地方化的神话和族谱很难被接受。我们必须尽力去探寻这样分析的结果。

弥倪亚斯仅仅是与弥倪亚斯部落同名的一位英雄，他并没有自己的神话。这位英雄的女儿因拒绝对酒神狄俄尼索斯进行崇拜而发疯的故事比较有名，但这是后期酒神神话（Dionysiac myths）的一种类型，对于我们的话题无足轻重。

阿 塔 玛 斯

相反，阿塔玛斯的神话对我们的研究却非常重要。阿塔玛斯被认为是与阿塔玛涅斯部落同名的一位英雄。[①] 阿塔玛涅斯部落在希腊历史上无足轻重；部落的成员居住在品都斯（Pindus）山上，在历史时期有时隶属于莫洛西亚人（Molossian）的国家。倘若这种关于阿塔玛斯的观点正确，那么阿塔玛涅斯人一定是一个部落的残支，他们被迫居住在品都斯山上，一度统治了希腊面向东南部的大片土地，但这看上去很有争议。鉴于论述主题的需要，关于这方面的探讨省略不计。

我在这里没有必要讲述阿塔玛斯众所周知的神话故事，没必要讲述阿塔玛斯与涅斐勒（Nephele）所生的孩子，即佛里克索斯（Phrixus）和赫勒（Helle），他们的继母伊诺，以及他们最后骑着公羊逃离了献祭现场。所幸这个神话衍生于其他神话的一些因素依然清晰可辨，我多年前观察的依旧有效。[②] 该神话的核心是阿塔玛斯家中的一个成员是祭品，这类祭仪在赛萨利的哈莱斯（Halus）甚至在历史时期就已存在。后来，该神话以各种方式扩散与发展，根据另外一个比较简单的神话版本[③]，祭品并非佛里克索斯，而是阿塔玛斯本人。干旱、庄稼歉收、饥荒总是这类献祭的缘由，这与古老崇拜风俗一致，它要求献祭人牲来转移此类灾难。

从这个角度来看，这个神话中金羊毛的特殊地位其实可以得到解释。在珀利翁（Pelion）山山顶有一个宙斯·阿克厄琉斯（Zeus Acraeus）的圣所，一支队伍在夏季最热的时候进入这个地方，此时天狼星大概高升在天际；而人们则浑身缠满了羊毛。此处的宙斯是积云和播雨之神，这支队伍的行为与大量旨在

---

① 这种说法有些争议；二者在形式上有所不同：前者为 Ἀθαμᾶνες，后者为 Ἀθάμαντος。
② 参见拙著《希腊庆典》第 10 页及其以下部分。
③ Herodotus, vii. 197.

祈雨的巫术习俗有些类似。各种各样的事实告诉我们，羊毛作为一种气象巫术的手段而被使用。① 因此我们就能够理解这么一种奇怪的形象，云女神（Cloud）涅斐勒被说成是阿塔玛斯的妻子。在另外一个气象巫术中，涅斐勒其实就是人们渴望已久的积雨之云，人们远远地观望它从吕凯昂（Lykaion）山上的哈伽诺（Hagno）泉眼升起。②

阿塔玛斯的后裔（Athamantidae）的历史性献祭发生在赛萨利南部的哈莱斯宙斯·拉斐斯提亚斯（Zeus Laphystius）的祭仪上；因此，阿塔玛斯的故乡被认为是赛萨利。围绕着哈莱斯的是阿塔玛斯旷野，③ 但那里没有拉斐斯提昂（Laphystion）山。拉斐斯提昂山坐落在贝奥提亚境内，介于克洛那亚（Coronea）与欧尔科美诺斯之间。珀乌撒尼亚斯在其论著中说，④ 将佛里克索斯当作祭品的祭仪就在这个山上举行，尽管我们不知珀乌撒尼亚斯观点的出处——这或许是一种推论，但它却是正确的，因为没有其他山叫这个名字了，很显然，这座位于贝奥提亚境内的山脉是举行宙斯·拉斐斯提亚斯祭仪的发祥地。⑤ 因此，阿塔玛斯及宙斯·拉斐斯提亚斯祭仪当然属于贝奥提亚境内的拉斐斯提亚斯山，正如其他仪式，它后来传到了另外一个地方。

阿尔哥斯诸英雄

这种依附于仪式之上的地方化行为后来被阿塔玛斯的众多行踪证明，它们被保存于科帕伊斯湖周围的一些神话之中。据说阿塔玛斯本人在科帕伊斯湖东边建立了阿克莱披亚（Acraephia）城，⑥ 珀乌撒尼亚斯还说，该地同样有一个叫

---

① 参见拙著《希腊庆典》第 8 页。
② Paus. viii. 38，3. 饶有趣味的是，云彩出现在赛萨利人的另外一则神话中，也就是关于伊克西翁（Ixion）的神话中。[关于斐勒亚尼人（Phlegyans）的论述参见本书英文版第 150 页及其以下部分。] 伊克西翁的最后遭遇是娶了一片云彩而不是赫拉作为自己的妻子。他被绑在空中一个旋转着的炙热的轮盘上接受宙斯的惩罚，这很难是其他惩罚，只能是雷击。我们在神话中发现了同样的要素。还可比较一下萨尔摩纽斯的故事，他通常被认为是一位国王巫师和降雨巫师，他被归纳到同样的谱系中。神话故事中说，伊克西翁狡猾地将自己的岳父推入到一个熊熊燃烧的炭坑中，这个神话有可能源于希腊中心地带的那些祭火仪式。具体论述参阅我本人的论述："Fire-festivals in Ancient Greece," *Journal of Hellenic Studies*, XLIII（1923），p. 144 *et seq*。
③ 参见 Apollonius Rhodius, ii. v. 154。
④ Paus. ix. 34, 5.
⑤ 弥倪亚斯的女儿们（Minyades）就是在这座山上变疯的，参见 *Schol. Lycophr. Alex.* v. 1237。这同样也是在欧尔科美诺斯的阿格里奥尼亚（Agrionia）举行的庆典的原因（aition），具体表述参见拙著《希腊庆典》第 273 页及其以下部分。
⑥ Steph. Byz. *s. v.*

作阿塔玛斯的旷野,还有一条笔直通向科帕伊斯湖的大道。① 阿塔玛斯的好几个儿子都是与贝奥提亚境内一些城镇和地方同名的英雄和建造者,普陶斯(Ptous)早在史诗诗人阿西艾斯(Asius)的年代就已经被提及了。②

因此,神话中说阿塔玛斯是弥倪亚斯的儿子③,是欧尔科美诺斯的国王并且一直住在欧尔科美诺斯④,这些观点并不是没有根据。阿塔玛斯很早以前就与科帕伊斯湖周围的平原、与拉斐斯提昂山有着某种关联;也就是说,阿塔玛斯与欧尔科美诺斯有关。

与阿塔玛斯相关的是阿尔哥斯诸英雄。阿尔哥斯众英雄从科尔启斯(Colchis)获取金羊毛。英雄们出发的港口为约尔科司(Iolcus),靠近古城帕伽撒依(Pagasae),距离赛萨利现代的诺勒(Volo)比较近,此处著名的神话故事群对应的是迈锡尼文物,因为约尔科司是迈锡尼最北部的一个小镇。

约尔科司附近的迈锡尼文物

正如希腊其他省份的情况一样,有报道说整个赛萨利省都出土了迈锡尼时期的陶片与小型器物,⑤ 但只有分散的与不太重要的东西来自赛萨利省部分地区,这与约尔科司附近地区发现的文物有所不同。⑥ 它们数量庞大且非常重要,证明了约尔科司地区是迈锡尼时代一个重要的中心地带。学界普遍承认,楚尼达斯教授在诺勒平原的小山上发掘的约尔科司旧城遗址,应该叫古诺勒或诺勒的卡斯特勒(Kastro)。⑦ 这座小山有古代聚居部落遗留的文物,这里发现了许多迈锡尼晚期的陶片和一些花瓶。⑧ 近期有报道说,考古工作人员在这座小山上进行了一些实验性的发掘,在新石器时代土层上发现了迈锡尼时代王宫遗址。这座王宫看上去似乎规模宏大,建造雄伟,地板是用混凝土铺成的,墙壁上还有粉饰的泥灰。⑨ 不过遗憾的是,报道并没有为这一次显然有趣的发掘提供更多的

---

① Paus. ix. 24, 1.
② 参见 Robert, *Griechische Heldensage*, p. 44。
③ Schol. Apoll. Rhod., i. v. 230.
④ Hellanicus, *ibid.*, III. v. 265. cp. i. v. 763.
⑤ 具体名单可以看看 Fimmen, *Die kretisch-mykenische Kultur*, p. 2 et seq; Wace and Thompson, *Prehistoric Thessaly* (1912), p. 8 *et seq* and p. 206 *et seq*。
⑥ 参见 Stählin, "Iolkos", in Pauly-Wissowa, *Realenzyklopädie der klass. Altertumswissenschaft*。
⑦ Chr. Tsoundas, Αἱ προϊστορικαὶ ἀκροπόλεις Διμηνίου καὶ Σέσκλου, (1908), p. 16.
⑧ Wace and Thompson, 前引文,第 207 页;参见本书英文版第 2 页。
⑨ *Bulletin de corespondence hellénique*, xlv (1921), p. 530.

细节。真正富有说服力的是约尔科司附近发掘的迈锡尼时代的大量文物。在接近约尔科司的卡帕克利（Kapakli），库睿尼奥特斯（Kuruniotes）博士发掘出了一座保存完好且殉葬品丰富的圆顶墓穴，尤其发现了黄金器物；这是发现的迈锡尼时代殉葬品最为丰富最为重要的墓葬之一。墓穴中花瓶属于迈锡尼第二时期。① 诺勒正南部的一座小型半岛的墓穴中发现了同时期的一些陶瓶，这座半岛所在之处原来叫古帕伽撒依，不过它更恰当的称呼是德美特亚斯（Demetrias）。②

在距离西部不到一小时的地方，楚尼达斯教授在狄米尼（Dimini）土冢发掘出两座圆顶墓穴，又在不远处的塞斯克勒（Sesklo）土冢③发现了一座小型的圆顶墓，其中还有一些迈锡尼时代的陶瓶。再往西走就是斐斯奥提刻·忒拜（Phthiotic Thebes）了，这个地方有一些未确定时代的环形城墙。除此之外，这个地方还出土了迈锡尼赤陶、陶片及彩绘泥灰。位于南部靠近大海的哈莱斯暂时还没有进行发掘，不过这个古老的城镇周围那些高墙（Cyclopean walls）可能建于迈锡尼时代。在位于欧特律司（Othrys）山北部山坡上的格拉（Goura）村，一些农民发现了一些圆顶墓，但墓中的东西都已经散失了，我们对此不好做论断。

赛萨利的弥倪亚斯人

根据以上观察，迈锡尼文明似乎在约尔科司有一个非常重要的中心，与此对应的是著名的阿尔哥斯诸英雄故事群的地方化。对赛萨利的迈锡尼文物做完考察后，下面我们要回到这样一种事实上来，那就是，据说阿尔哥斯诸英雄就是弥倪亚斯人。我们在品达的论著中发现了这种表述④，希罗多德对弥倪亚斯人多有描述⑤，阿波罗尼乌斯·罗得乌斯（Apollonius Rhodius）对此做了更多描述。现代学者通常都比较赞同这样一种观点，即阿尔哥斯诸英雄是冒牌的弥倪亚斯人，大部分人都比较接受阿波罗尼乌斯·罗得乌斯教授及其著作的注解者公开承认的观点：阿尔哥斯诸英雄之所以被这样称呼，是因为他们尤其是伊阿宋是弥倪亚斯女儿的后裔。但巴特尔曼（Buttmann）在一篇业已被忘却但比缪

---

①Wace and Thompson，前引文，第206页。
②Beloch in *Klio*，xi (1911)，p. 442 *et seq*; Beloch, *Griechische Geschichte*, iv：1 (ed. 2)，p. 224，n. 1.
③塞斯克勒被认为是古代的埃松（Aison）镇或埃松尼亚（Aisonia）镇，具体参见 Robert, *Griechische Heldensage*, p. 34 and n. 4。
④Pindarus，*Pyth.*，iv. v. 69.
⑤Herodotus, iv. 145–150.

勒论著更有说服力的论文①中公正地指出，神话本身并没有给出任何理由解释为何约尔科司这个地方的居民被称为弥倪亚斯人；② 弥倪亚斯人这个名字是曾经多次出现的陈旧老套的术语中的一个，诗人们一直遵从传统在使用这些术语，却从不知道其真正含义。阿波罗尼乌斯·罗得乌斯及其著作的注解者并没有对此做过真正的阐释③，仅仅试图对这个陈旧老套的术语进行解释：为了给阿尔哥斯诸英雄被称为弥倪亚斯人提供一个理由，他们就将前者弄成了弥倪亚斯女儿的后裔，因为阿尔哥斯诸英雄不可能是弥倪亚斯自己的儿子。巴特尔曼教授推断真正的原因是弥倪亚斯人并非仅仅居住在贝奥提亚北部，而且还居住在赛萨利南部，这种说法是有根据的。阿尔哥斯诸英雄不能够被称为弥倪亚斯人，是因为他们是弥倪亚斯女儿的后裔：此类族谱之所以被创造出来主要是为了给将阿尔哥斯诸英雄称为弥倪亚斯人的传统术语提供一个理由。

阿尔哥斯诸英雄的神话本身证实了这种联系，因为英雄们历险的目的是取得金羊毛，而金羊毛与宙斯·拉斐斯提亚斯的崇拜密不可分，它最早源自欧尔科美诺斯南部的拉斐斯提昂山。因此，阿塔玛尼的后裔与阿尔哥斯诸英雄的故事群与北贝奥提亚和南赛萨利都有着某种关联。这一点不难理解，倘若我们接受了巴特尔曼的结论，他断言，弥倪亚斯人不仅仅居住在贝奥提亚北部，还居住在希腊北部沿海地带，其中包括赛萨利南部地区。④

巴特尔曼的这种推论被贝奥提亚与南部赛萨利共有的祭仪与地名证实。除却我们的出发点宙斯·拉斐斯提亚斯祭仪之外，雅典娜·伊托尼亚（Athena Itonia）祭仪尤其值得一提。在众多地名中，我们前面已经讲到了斐斯奥提刻·忒拜。不但在贝奥提亚有一个地方叫作科洛那亚，而且在赛萨利也有一个，它位于欧特律斯山北部斜坡上。其他一些学者提到赛萨利境内另有一个欧尔科美诺斯城，⑤ 最后，一份碑铭中提到了在赛萨利有一个叫作弥倪亚（Minya）的城镇。⑥ 这类地名不胜枚举，具有一定的偶然性，证明了这些地区有种族上的联系。

---

①Ph. Buttmann, *Mythologus* (1829), ii. p. 203.
②西蒙尼戴斯（Simonides）第一次提及到了 ἐν τοῖς Συμμίκτοις 这个名称。(参见 *Schol. Apollon. Rhod.*, i. v. 763) 至于这个西蒙尼戴斯是来自开俄斯（Ceos），还是那个来自阿摩尔盖司（Amorgus）的更年轻的西蒙尼戴斯，还需要商榷。
③Apollon. Rhod. i. v. 230 and the scholion ad 1.
④Buttmann, *loc. cit.*, II, p. 207.
⑤参见 Robert, *Griechische Heldensage*, p. 57。
⑥*Inscr. graecae*, IX：2, No. 521 from Larissa; Steph. Byz. *s. v.*

从这个层面上讲，我们就得考察那些不同的族谱了。据海拉尼卡斯（Hellanicus）说，阿塔玛斯是弥倪亚斯的儿子；在一般的族谱中，阿塔玛斯是埃俄罗斯（Aeolus）的儿子。埃俄罗斯显然是一个后期创造的名字，他是与爱奥利亚部落同名的英雄。在该族谱中，阿塔玛斯的兄弟有克瑞透斯（Cretheus）、萨尔摩纽斯（Salmoneus）、西叙福斯、帕里爱雷斯（Perieres），其中帕里爱雷斯是美塞尼亚的国王。毋庸置疑，上述人物中的后两位显然为后期创造，甚至克瑞透斯也与一般的族谱尚无关系，他只不过是埃松（Aison）、斐莱斯（Pheres）和阿密塔翁的父亲，埃松与斐莱斯分别是与埃松和斐莱斯这两个赛萨利小镇同名的英雄。不过非常奇妙的是，与阿密塔翁同名的地区阿密塔奥尼亚（Amythaonia）靠近特里斐利亚人的皮洛斯。① 当然，该族谱的资料非常晚近，我们在这里仅仅表述其存在事实。

提　　洛

接下来，我们要对有关提洛（Tyro）的旧有的证据做一番考究，她是萨尔摩纽斯的女儿，克瑞透斯的妻子。在《奥德赛》中提洛是著名的女英雄之一，② 此外被提及的还有阿尔克墨涅（Alcmene）和美科涅（Mycene）。《涅科利亚》中有关于这位女英雄的大段表述，③ 但其中不包括那些在后来显而易见确定无疑的因素。但这里有一些疑问。提洛的家乡在哪里？她和波塞冬生出了孪生兄弟珀利阿斯（Pelias）与涅琉斯，但她和波塞冬的风流韵事发生在哪里呢？据说提洛是萨尔摩纽斯的女儿，而萨尔摩纽斯又是与阿尔甫斯山谷一个叫萨尔摩涅小镇同名的英雄。提洛的婚礼是在厄尼剖斯（Enipeus）河中举行的。赛萨利同样有一条叫厄尼剖斯的大河，皮萨提斯境内的阿尔甫斯河一个支流也叫厄尼剖斯。提洛是赛萨利英雄克瑞透斯的妻子，他们生出了赛萨利英雄埃松和斐莱斯，提洛同时是特里斐利亚英雄阿密塔翁的母亲。提洛与波塞冬生出的孪生儿子中的珀利阿斯与赛萨利关系比较密切；另外一位儿子涅琉斯则与皮洛斯关系密切。

弥倪亚斯人与皮洛斯

有人试图努力查明提洛的家乡到底是在赛萨利还是在皮萨提斯。④ 我想这是

---

① 根据斯蒂芬（Steph）论著中关于里阿诺斯（Rhianos）的表述。参见 Byz. s.v.
② Od. ii. v. 120.
③ Od. xi. v. 235 et seq.
④ Robert, "Tyro," Hermes, li (1916), p. 290 et seq.

徒劳。我们对此得不出任何结论，只能够坦率承认，提洛自古时与赛萨利、皮萨提斯－皮洛斯有关。两个本来毫无关联的英雄人物有可能被弄成了兄弟，譬如，克瑞透斯和西叙福斯就如此；但二者一旦被说成孪生兄弟，那他们之间的关系就绝非出于偶然。神话中说赛萨利与皮洛斯有着某种关联，包括其近邻皮萨提斯，后者在皮洛斯的统治疆域之内，是一个被认可的事实。这个族谱与上述各种各样的关系互相纠结，而上述关系必须建立在真实的基础上。

我们在前面所说的《涅科利亚》中的相关诗文尤其值得关注。① 诗文中说涅琉斯托耳迎娶了欧尔科美诺斯国王伊阿西德·安菲翁最小的女儿克罗里斯。这种表述将皮洛斯统治者的家族谱系与弥倪亚斯人的欧尔科美诺斯连接起来。这段描述中含有一些异教的成分，甚至一些现代的神话编撰者对其也不感兴趣。这种对一个著名英雄的偶然提及非常不可能为偶然创造之物：诗文当然源自古老的传统，它后来之所以被遗弃是因为不能适应后期准历史主流话题的需要。据说安菲翁是欧尔科美诺斯的国王，他是伊阿西德人（Iasides）。希腊的神话编撰者因此就推断出一个名叫伊阿西斯（Iasius）或伊阿索斯（Iasus）的国王，他是弥倪亚斯的女儿珀耳塞福涅的丈夫，② 这当然是无稽之谈。我们现在只能承认，皮洛斯人的王后是欧尔科美诺斯公主的说法反映了弥倪亚斯人与皮洛斯人的统治有着某种关联；另外，其他一些资料也证实了这种关联，尤其是荷马史诗所提及的皮洛斯附近一条叫作米努埃俄斯的河流③，甚至一些对弥倪亚斯人神话持怀疑态度的学者也赞同这种观点。

此处所说的并非是什么新观点。学术界一般公认，赛萨利人的英雄与皮洛斯人的英雄的关系过于亲密，过于多样，不可能具有古老与真实的来源；另外，其至那些反对将广阔的疆域归结于弥倪亚斯人的学者们也承认，弥倪亚斯人与皮洛斯人之间存在一种密切的关系。从上述两种事实就必然得出这样一种结论，即一方面，皮洛斯与赛萨利有着极为密切的关系，另一方面，它与弥倪亚斯人同样有着关联，弥倪亚斯与赛萨利之间的关联不可能是后期创造。

---

① 参见本书英文版第 86 页。
② Paus. ix. 36，8，and Pherecydes frag. 117 Jacoby. 当然，读者会对安菲翁的妻子是珀耳塞福涅感到吃惊。我认为可以在荷马史诗关于得墨忒耳（Demeter）与伊阿西翁（Iasion）的婚礼的描述（*Od.* v. v. 125 *et seq*）中找到解释，在这段诗文中，母亲的婚礼取代了女儿的婚礼。
③ *Il.* xi. v. 722.

卡劳利亚联盟

北部贝奥提亚一方面与南部赛萨利，另一方面与伯罗奔尼撒半岛西部沿海地带的相互联系并非臆造。甚至这种神话的关系具有一定的缘由，但我们理应意识到其中包含了一些令人感到尴尬的事实。根据我们所了解的希腊历史，无法追溯这两个相距颇为遥远的区域之间的关系。不过有证据表明，二者之间的确有来往，并且比较活跃。因此，二者在史前时代就存在交流。因为没有人愿意描述黑暗的中间期二者之间关系的起源与发展，这个中间期处于迈锡尼文明衰落与几何时代文明兴起之间。二者之间的交流因而发生在迈锡尼时期。这种观点被下列事实证实和强调，即不管是北部贝奥提亚还是南部赛萨利，这两个地区均为迈锡尼文明的中心。

为了便于理解这个令人尴尬的事实，我们有必要关注另外一个情况，那就是卡劳利亚（Calaureia）联盟①。该联盟包括了普拉西埃（Prasiai）、纳乌普利亚、赫耳弥俄涅（Hermione）、埃皮道洛斯（Epidaurus）、埃癸那（Aegina）、雅典（Athens），以及弥倪亚斯人的欧尔科美诺斯等一些城市；② 也就是说，包括了阿尔哥斯半岛与阿提卡地区那些沿海城镇，以及位于贝奥提亚的欧尔科美诺斯的内陆城镇。有两位德国学者已注意到，上述所有这些地方均出土了迈锡尼的陶片，基于此，他们就将这个联盟定位在迈锡尼时代。③ 一些学者对这种观点提出质疑，④ 当然它并非确凿不移，不过问题的关键是，为何位于贝奥提亚内陆的弥倪亚斯人的欧尔科美诺斯城市是沿海城镇联盟中的一员？⑤ 卡劳利亚联盟一定属于欧尔科美诺斯人对海洋感兴趣的时代，但我们所知道的历史时代尚无这样一个时期，不过欧尔科美诺斯城的这种地位却与《伊利亚特》中描述的富庶程度相符合。

---

① 参见 Wilamowitz, "Die Amphiktyonie von Kalaurea," *Nachrichten der Gesellschaft der Wissenschaften zu Göttingen*, phil.-hist. Kl., (1896), p. 158 *et seq*, 尤其是第169页及其以下部分。这篇文章主要质疑了缪勒（K. O. Müller）教授提出的卡劳利亚联盟史前起源的假设。我希望有更多可信的新的证据来证明这种假设。

② 参见 Strabon, viii. p. 374。

③ A. Frickenhaus and W. Müller in the *Athenische Mitteilungen*, XXXVI (1911), p. 37.

④ Fimmen, *Neue Jahrbücher für das klass. Altertum*, XXIX (1912), p. 537.

⑤ 柯歇斯（E. Curtius）在其论著 [*Hermes*, X (1876), p. 388] 中粗暴地将"弥倪亚斯人"删去以此来解决这个棘手的难题。柯歇斯武断地认为，欧尔科美诺斯其实就是阿尔卡地亚一个同名的城市，因而他想弄明白为何阿尔哥斯被忽略了。潜在的假设是，卡劳利亚联盟是阿尔哥斯内陆省份中的一个；与该假说相反的一个明显的事实是，卡劳利亚联盟的中心地是沿着萨拉尼安（Saronian）海湾展开的。

奥 利 斯

除此之外，我们还要补充另外一种源自神话的观察结果。希腊舰队在贝奥提亚海港奥利斯集合，然后从那里驶向特洛伊。这个集合地点引起了很多人的好奇，因为据说迈锡尼的统帅希望舰队能够在阿尔古利斯的某个海港汇合。利夫博士竭力表明，奥利斯是最不适合舰队聚集的地方。但利夫的论证有些过头了，因为按照他的结论推断，卡耳凯斯（Chalkis）从来就不是一个殖民者与商人起航的贸易之地。我们不得不承认，奥利斯是贝奥提亚西部海岸的一个港口，除此之外，该地别无用途。① 一则神话不可能是连续一致的，它随意组合源自不同时代的事实：尽管上述两个已经提及的事实互不协调，但是认识到它们最初所处的语境不同，我们就不得不认可它们。希腊神话中另外一个比较壮观的海上历险就是阿尔哥斯英雄们的壮举，据说他们出发的港口约尔科司同样属于弥倪亚斯。不论是奥利斯还是约尔科司，二者都位于希腊沿海地带，均被弥倪亚斯人的名字所覆盖。②

弥倪亚斯商人

如果我们将集中在弥倪亚斯人居住区域内的海上权力的踪迹，与荷马史诗中所描述的关于欧尔科美诺斯的富庶相比照的话，那么就找到了问题的答案。弥倪亚斯人是一个喜好贸易的民族。这种贸易当然是发生在迈锡尼时代后期；希腊以外的许多国家都发现了这个时期的陶器，尤其是在西西里（Sicily）与意大利南部地区。弥倪亚斯人的港口大多都分布在沿海地带，约尔科司就是其中之一；不过弥倪亚斯人的首要城市是位于内陆的欧尔科美诺斯，这座城市的富

---

① 利夫（W. Leaf）[*Homer and History* (1916), p. 99 *et seq*] 相信，根据地理学与"地中海导向器"，奥利斯据说是最不可能聚集军舰的港口。利夫断定，在奥利斯的集合并不属于古老的神话，相反，它是贝奥提亚的诗人后来添加的。我当然并不认为希腊舰队在奥利斯集合就是一个历史事实，但我仅仅想指出，这个故事并不是利夫博士所说的那样荒唐。在其东部沿岸地区，贝奥提亚并没有其他海港，这个地方贸易的好与坏全都依靠奥利斯。这个事实足以解释诗人将奥利斯当成希腊舰队的聚集地。在上古时代，卡耳凯斯自然就接管了贝奥提亚的部分贸易。

② 靠接奥利斯的是叙里阿这个地方，据说安菲翁与仄托斯曾经在此待过（参见本书英文版第125页），拉姆皮西提斯（Rhampsinites）的传奇故事就是在这里被地方化的，该故事被附会到了许里俄斯（Hyrieus）国王的身上。某些人可能会认为，叙里阿这个地方有一座圆顶墓，为这个故事的地方化提供了一个理由。

有归功于因科帕伊斯湖泊便利的灌溉工程而恢复生机的肥沃的平原。事实上，喜好贸易的弥倪亚斯人的首要城市位于内陆地区也不是没有可能。也许这些人春秋季节待在大陆上耕种，到了夏季就到海上做买卖去了。古希腊诗人赫西俄德就在其论著中描述了贝奥提亚的农夫们过着这种生活，哥特兰（Gotland）的农夫们也如此生活，哥特兰岛曾经是中世纪波罗的海（Baltic Sea）的大型贸易中心。

有了这种贸易与海上势力的认知，我们就能够理解弥倪亚斯人与伯罗奔尼撒半岛西部沿海地带之间的关系。我们在前面已经了解①，由海外过来的那些人建立的皮洛斯是一个典型的沿海城市。我在这里不敢轻易说这个城市是由弥倪亚斯人建造的，因为据说是荷马时代的皮洛斯的两个城镇所发现的文物，比弥倪亚斯人统治区域内的任何文物都要古老，即便那些在赛萨利发现的文物也属于迈锡尼第二时期②。我想可以做这样一种公正的推测：皮洛斯其实作为弥倪亚斯人的贸易中转站而存在。这样，我们就对上面所说的各种关系做了一种合理的解释。

德 尔 斐

尽管无法确定贸易的可能性路线，同时也无其他线索，我还是欲罢不能，禁不住要做一番推想。弥倪亚斯人有可能为了到达皮洛斯，就沿着伯罗奔尼撒半岛航行，不过也有可能他们走了条更短的路线。欧尔科美诺斯到科林斯海湾的距离并不比到尤里普斯海峡的距离遥远。有可能弥倪亚斯人经过了德尔斐、克利萨（Crisa），最后达到了凯里哈（Cirrha）海港。③ 荷马史诗中不仅提到了德尔斐神谕，还论及了德尔斐神庙的财宝，④ 而且德尔斐在迈锡尼时代就已成为崇拜之地。正是在建造了祭坛与神庙的地方以及郊区一个叫作玛耳马里亚（Marmaria）的地方发现了与这种崇拜有关的文物。德尔斐神庙西边的管辖区是

---

① 参见本书英文版第85页。
② 参见本书英文版第138页。相关的资料可以参阅 Wace and Thompson, *Prehistoric Thessaly*, p. 8 et seq and p. 206。
③ 在伊特亚（Itea）附近偶然发现了一座不怎么重要的迈锡尼墓穴，伊特亚是德尔斐一个现代港口城镇。参见 *Deltion archaiologikon*, VI (1920－1921), p. 147。
④ *Il.* ix. v. 405；关于神谕的表述，参见 *Od.* viii. v. 80 及 xi. v. 581。

一块迈锡尼人的公共墓地，里面有一座小型圆顶墓。[1] 上述这些情况有可能意味着，德尔斐在迈锡尼时代不仅仅是崇拜之地，还是贸易场所。这样，就很容易理解为何这个地方聚集了大量的财富，地位显得如此重要。

贸　易

最后，可能会被问道，在我们关于迈锡尼时代历史匮乏的假想性的认知中，有什么可以支撑这一观点。在阿尔古利斯发现了迈锡尼文明的最大权力中心，这个地方的文物既是最丰富的也是年代最早的。历史与神话将与克里特、东方诸国，尤其是与埃及有关联的地区，指向了南部与东南部地区。在我们的印象中，迈锡尼和阿尔古利斯的政权一定与科诺索斯的毁灭、米诺文明的衰落、突袭尼罗河三角洲有关。从维京人这个词语的通常意义来说，阿尔古利斯居民就是维京人。但维京人不仅以海盗而且还以商人著称，迈锡尼人可能被认为是这类人，甚至阿尔古利斯居民被认为就是这类人。

我们在前面已经说到，迈锡尼的财富要归结于它掌控了贸易。不仅仅是阿尔哥斯海湾向南一带比较适合贸易，科林斯北部海湾同样如此。接下来我们将要讲到的从迈锡尼通向南部与南部的大道就是对这种假说的验证。[2]从这个角度来看，这种观点或许是一种事实，但是我不禁要认为，迈锡尼的国王们大多是嗜战的统治者，而不是喜好贸易的统治者。

我们已经讲到，显赫一时的迈锡尼权力仅仅涵盖了迈锡尼时代的一个部分，我们不得不推测这一时代各个城镇在政治地位和权力方面的变化与盛衰。正如我们所观察到的，迈锡尼和阿尔古利斯与北方的联系，解释了攻克忒拜是一次失败的尝试，该情节作为一种记忆被神话保留。

当这一重大的向东方的历险结束之后，人们于是更多地转向了贸易，当然其中并不是没有那种带有偶然性的海盗行为，这一点极易理解。腓尼基人的行为与

---

[1]参见拙著《米诺-迈锡尼宗教及其在希腊宗教中的遗存》第400页及其以下部分，以及伊文思的《米诺宫殿：II》（*The Palace of Minos*, II. ）第832页及其以下部分。

[2]贝拉尔（V. Bérard）先生是这种观点的倡导者［参见 V. Bérard, *Les Phéniciens et l'Odyssée*, I（1902 - 1903），p. 11，p. 78］。根据他的观点，迈锡尼是一座设立在山道交汇处的要塞，所有过往的贸易征收关税。默里（G. Murray）先生修正了这种观点［参见 G. Murray, *The Rise of the Greek Epic*（ed. 3；1923），p. 57.］，他认为迈锡尼人在北部与南部海域之间开设了一条安全的贸易路线。对该观点的批评性意见，参见 W. Leaf, *Homer and History*, p. 220 et seq；关于贸易路线的相关论述，参见 R. Steffen, *Karten von Mykenai*（1884），Text, p. 8 et seq。

此类似，因为贸易与海盗行为紧紧联系在一起，甚至在荷马时代就是如此。迈锡尼时代后期看上去好像是一个属于弥倪亚斯人的时代。他们在海上的势力似乎是真实的，他们与遥远的皮洛斯有着某种关联。弥倪亚斯人更多的是一个喜好贸易而不是战争的民族。只不过叙事诗更喜欢颂赞战争中一些伟大而勇敢的行为，而蔑视贸易行为。这样，史诗中关于弥倪亚斯人的欧尔科美诺斯的描述就比较少，但另一方面，史诗却追忆了这座城市的富庶以及那些隐约出现在传统背景中的民族的重要性。

其他城市

很多伟大的历险始于弥倪亚斯人的海港，这一点在希腊迈锡尼时代后期最为真实。神话因此就描述说，向特洛伊进军的远征军聚集在奥利斯海港，不过根据另外一个更为古老的传统，迈锡尼国王被推举为远征军的总司令。另外一次与弥倪亚斯人神话相关的历险为自己获取了名声，即从科尔启斯获取金羊毛。英雄们从约尔科司开发，这个地方是弥倪亚斯人在诺勒海湾（the Gulf of Volo）的中心。

我不可能离开这个话题，倘若不补充一些东西进来的话。当论及希腊其他省份时，我们就不得不说到城市而不是部落；但在这一章中，情况却恰恰相反。我们在此不得不探讨一个部落，它拥有两个大型中心、许多小型中心以及一些港口。这种情况与传统上所描述的古贝奥提亚的情景有些类似。[①] 在古老的传统中，其他任何省份的各个部落从来没有像贝奥提亚省份的部落那样扮演了重要角色。除弥倪亚斯人之外，我们第一个提到斐勒亚尼人，这是一个早在荷马史诗中就被论及的民族，后世的诗人们一直将其描述为鲁莽而不敬神的民族。很明显，这个民族就像弥倪亚斯人一样，同时隶属于赛萨利和贝奥提亚。也许斐勒亚尼人是一个居住在弥倪亚斯人后方的民族，曾经试图向前推进自己的疆域，并且他们曾一度侵略过邻近的文明国家。至于其他部落，譬如忒米科斯（Temmikes）、奥尼斯（Aones）、格莱寇、盖斐莱奥（Gephyraioi）以及海安蒂斯（Hyantes），我们对其知之甚少，不知道这些民族是否重要以及属于什么时代。

或许现在我们对希腊人的部落的频繁、未成功的入侵有了一点印象，这些部落来自北方而且力图入侵希腊。这些部落中的弥倪亚斯人在迈锡尼文明后期

[①] 参见前文提到的斐汶博士的论著，第 129 页注释 6。

接管了迈锡尼文明,那时向东部的侵略已经告一段落。阿尔古利斯的居民切断了他们通向南部与东南部的贸易路线。因此,弥倪亚斯人就转向了东北部,或者他们可能穿越大陆并通过科林斯海湾到了希腊西部地区。根据那个时代的具体状况,弥倪亚斯人后来就转向了贸易或农耕,不过这些和平的职业削弱了他们在神话中的重要性。

弥倪亚斯人势力的衰落

弥倪亚斯人的势力开始衰落;他们那个时代发生了巨变。弥倪亚斯人受到了来自北部与西北部山区的那些部落的排挤,不过他们在南部地区似乎同样有死对头。因为神话记载,他们与忒拜发生过战争,这似乎有历史背景。不过我们的材料是比较晚近的。欧里庇得斯在其论著中第一次论及赫拉克勒斯征服了弥倪亚斯人并释放了忒拜人。① 狄奥多罗斯(Diodorus)大量而生动地描述了赫拉克勒斯是如何征服弥倪亚斯人及其国王厄耳癸诺斯(Erginus)的,后者曾经征服了忒拜人并勒令他们向欧尔科美诺斯进贡。② 另外一个版本的神话则说,赫拉克勒斯堵上了科帕伊斯湖用来排水的卡塔诺塞拉,因此整个欧尔科美诺斯地区都被淹没了。③ 在不同版本的神话中,都有灾难席卷了欧尔科美诺斯地区的表述。在稍微晚近的一个神话版本中,灾难与一种事实联系在一起,即通过科帕伊斯湖排水系统变干的欧尔科美诺斯平原再次发生洪灾,而卡塔诺塞拉的堵塞是疏忽大意导致的。欧尔科美诺斯的弥倪亚斯人因为一场与忒拜的损失惨重的战争,失去了自己的势力,这种观点被普遍接受了。

当论及这场战争发生的时间时,几乎就找不出有信服力的观点了。斐汶博士认为,忒拜的居民是贝奥提亚人,他们从其他地方迁到了忒拜,对这座城市命名;④ 这一观点似乎很难纠正。修昔底德(Thucydides)提供了具体的信息,他在论著中指出,忒拜的居民来自赛萨利;⑤ 似乎存在一种先验的可能性,即这些人来自北部或西北部,而不是南部或东南部。赛萨利与忒拜之间的战争有可能在更早时候就已发生。当多里安人侵入贝奥提亚与赛萨利地区、

---

① Euripides, *Heracles*, v. 48 and v. 220.
② Diodorus, iv. 10; cp. Apollodorus, ii. 4, 11.
③ Diodorus, iv. 18; Paus. ix. 38, 7.
④ 参见斐汶博士论著,前引书,第538页。
⑤ Thucydides, i. 12.

旧有的政治局势得以颠覆时，残余的弥倪亚斯人势力被消灭。历史时期的贝奥提亚人使用的语言有一种是多里克（Doric）语，或者更客观地说是希腊西部语言。一些弥倪亚斯人似乎移民了。某些迹象表明，这些弥倪亚斯人在迈锡尼文明末期参与了小亚细亚西部海岸的殖民活动。希罗多德在其论著中列举了许多组成亚洲爱奥尼亚人的民族，其中就包括了欧尔科美诺斯的弥倪亚斯人。① 除此之外，斐里科德斯（Pherecydes）说，弥倪亚斯人的国王阿塔玛斯建造了提奥斯（Teos），② 因此，诗人阿那科里翁（Anacreon）称这座他出生的城镇为阿塔玛斯之城。③

爱奥尼亚的殖民

在论及爱奥尼亚时，我们要再次提及皮洛斯人。根据斯特雷波的表述，爱奥尼亚的殖民化始于安多克拉斯（Androclus），他是雅典最后一个国王科德洛斯（Codrus）之子。④ 保萨尼阿斯也可在其论著中说，科德洛斯的父亲默兰托斯是涅琉斯的后裔，默兰托斯与许多皮洛斯人一起被赫拉克勒斯后裔（Heraclidae，原文为 Heracleidae——译注）驱逐出境了。科德洛斯儿子涅琉斯建造了米利都，他的其他儿子则创建了另外的城镇。涅琉斯的儿子埃佩塔斯（Aepytus）建造了普里耶涅城，阿尔卡地亚人有一个英雄与其同名；而据米涅里玛斯（Mimnermus），皮洛斯人安多埃蒙（Andraimon）建立了科洛彭（Colophon）城。提奥斯最初由阿塔玛斯创建，据说后来科德洛斯的儿子那乌克拉斯（Nauclus）再次加以建造。

这些建城故事被希腊的历史编撰者加以改造，他们想使雅典成为位于小亚细亚的爱奥尼亚人的母城，这种倾向一目了然。保萨尼阿斯说，皮洛斯人被赫拉克勒斯后裔驱逐后移居雅典，⑤ 涅琉斯的后裔墨兰托斯取代忒修斯的后裔赛莫忒斯（Thymoites），当上了雅典的国王。而海拉尼卡斯则说，爱奥尼亚人的城镇埃律特莱伊（Erythrae）系科德洛斯的儿子涅琉斯建造。⑥

---

① Herodotus, i. 146.
② In *Schol. Plat. Hipparch.*, p. 229 D; Frag. 102 Jacoby.
③ In Strabo, xii. p. 633.
④ Strabo, xiv. p. 632.
⑤ Paus. ii. 18, 8.
⑥ 哈尔珀卡拉提翁（Harpocration）在 Ἐρυθπαῖοι 下引用了海拉尼卡斯《阿提萨斯》中这一观点。

毋庸置疑，皮洛斯人参与了位于小亚细亚西部海岸爱奥尼亚人的城镇的建造，这是一个基本事实，并被希腊的史话家们利用，将其与他们将雅典当作母城的宣言结合起来。因此，另外一个涅琉斯就被创造了出来，他被视为科德洛斯之子；因此，被驱逐的皮洛斯人据说首先移居阿提卡，然后从阿提卡到了爱奥尼亚；雅典的最后一个国王也因而被说成涅琉斯的后裔。因为，可以很自然地将爱奥尼亚的殖民化——如果这要归功于雅典人的话——与雅典王国的覆没及雅典王族的迁出联系起来。阿提卡或许有功于爱奥尼亚的殖民化，但我们不要忽略了这样一个事实，即在古老的传说中，皮洛斯人扮演了最为重要的角色。

这有可能是一个历史事实。因为迈锡尼人统治的皮洛斯被移居的多里安人攻克，而且仅原来的统治阶级与部分民族从这里迁出也就理所当然。这些人向东到了爱奥尼亚，这一点因其与弥倪亚斯人的联系而得到解释，后者被其他部落驱逐后沿着同样的路线迁移。很有可能这种古老而优良的传统被保存在一些建城故事中，时间要上溯到公元前 6 世纪；这些故事使得我们对动荡不安的时代中民族的迁徙有了一个大致了解，这动荡不安的时代彻底结束了迈锡尼文明，导致了小亚细亚西部海岸的殖民化，考古学为小亚细亚的殖民活动属于这一时期提供了证据。这样，关于向海外扩张的弥倪亚斯民族的情况至此就可以告一段落，他们与外界的联系是如此广泛，毫无疑问在迈锡尼晚期扮演了一个非常重要的角色。

现在的问题可能是弥倪亚斯人所隶属的希腊的那些伟大部落。他们在族谱上一般与爱奥利亚人联系在一起，埃俄罗斯被排在了这个族谱的前面，但这并不能说明什么，因为这个族谱是在贝奥提亚人与欧尔科美诺斯人被视为爱奥利亚人时被创造的。历史时期的欧尔科美诺斯人所使用的语言是贝奥提亚通用的方言同样不能证明什么，因为各地的各种方言会因为移民而被彻底改变。在我看来，很有可能弥倪亚斯人是爱奥尼亚人。首先，因为弥倪亚斯人对爱奥尼亚的殖民化贡献巨大。爱奥尼亚的希腊殖民者十分复杂，但其语言表明占优势的是爱奥尼亚因素。其次，埃乌波亚岛属于爱奥尼亚人，唯一可能的推测就是，弥倪亚斯人同样居住在这个岛屿上，他们从希腊大陆被驱逐后撤退至此。埃乌波亚岛出土了不少迈锡尼时代的文物，其中包括一些小型圆顶墓穴，所有这些都表明这个岛屿同样属于迈锡尼文明；除此之外，埃乌波亚岛有一个小镇叫俄拉特里亚（Eretria），它的名字与赛萨利地区一个小镇的名字一模一样，正如贝奥提亚的地名同样出现在赛萨利地区一样。

阿 喀 琉 斯

接下来我要补充另外一些赛萨利的神话，主要是阿喀琉斯的神话，它与我们上面讲到的情况有着某种重要关联。与贝奥提亚一样，赛萨利是一个拥有众多部落的省份，譬如，阿该亚人（Achaeans）、密耳弥多涅人（Myrmidons）、赫楞人（Hellens）、玛迦奈特斯人（Magnetes）、多罗披亚人（Dolopes）、佩莱比亚人（Perrhaiboi）等等，这种情况系历史时期希腊西部山区国家的再现，那里居住着许多人数比较小的部落。最好记住上述部落是如何稳步推进的。

阿喀琉斯的名望与荣耀归功于荷马，这位伟大的诗人让他成为《伊利亚特》的主角。[1] 我们不应在此对阿喀琉斯的神话地位评头品足，不过他理应属于一个比较古老的神话体系。因为我们已经看到，民间故事的主题尤其被附会到古老神话中的英雄身上，而这些主题在阿喀琉斯的神话故事中尤为醒目。阿喀琉斯的母亲是海洋女神忒提斯（Thetis），其父珀琉斯是凡俗之子，尽管忒提斯不断变换模样，珀琉斯最终还是将她追到了手。我们在这个故事中看到了一个流传甚广的童话主题，它表明忒提斯最初并非女神，而是仙女。

然而，我们对阿喀琉斯的神话进行考证，像对其他神话一样，是为了了解它是否具有任何历史背景。根据《伊利亚特》的叙述，在珀琉斯统治的斐赛亚（Phthia）、海拉斯（Hellas）地区，均居住着密耳弥多涅人。在历史时期的阿凯亚·普提奥梯斯（Achaia Phthiotis）还保留着斐赛亚的名字，斐斯奥提刻·忒拜就位于阿凯亚·普提奥梯斯，并占据了欧特律司山区以北与帕伽撒安（Pagasaean）海湾以西的大片土地。可以预想，这个地区在早些时候还包括了帕伽撒安海湾北部沿海地区以及珀利翁山，因为珀琉斯这个名字及其神话与珀利翁山之间有着对应关系，珀琉斯是与珀利翁山齐名的一位英雄。

当论及海拉斯时，我认为利夫博士无疑是正确的，他认为海拉斯位于斯佩尔开俄斯河谷（Spercheus Valley）[2]，因为阿喀琉斯被抚育成人的地方靠近斯佩尔开俄斯河，其他观点均讲不通。神话将这个珀利翁山的男人当成了斯佩尔开

157

---

[1] Cp. Wilamowitz, "Die griechische Heldensage," II, *Sitzungsberichte der preuss. Akademie der Wissenschaften* (1925), p. 239 *et seq.*

[2] W. Leaf, *Homer and History*, p. 110 *et seq.*

俄斯河崇拜者的父亲，这就意味着这两个地区其实可以联合在一起，也就是说，它们同样是密耳弥多涅人部落居住的地区。这个地区属于希腊北部，弥倪亚斯人在该地居住。

并没有直接的证据表明，阿喀琉斯的神话可以上溯到迈锡尼时代，实际上阿喀琉斯本人并没有神话故事群；不过同样也没有相反的证据。但是，假如之所以如此，是因为这位英雄的神话明显比较古老以及它与民间故事有着密切的关系，我们一定尽力弄明白，上述这些是如何与已经提出的关于弥倪亚斯人的观点相互印证的。

前文已经讲到，从希腊北部与东北部而来的部落稳步推进，弥倪亚斯人被逐之后，当然首先从赛萨利出来，然后沿不同方向撤至贝奥提亚、埃乌波亚，最后在小亚细亚落脚。倘若他们是爱奥尼亚人，那么正如我们所推测的，这些新来的外来者其实就是阿该亚人，从此之后这个地区就被称为阿该亚，而斐斯奥提刻（Phthiotic）则是其大名鼎鼎的绰号。这个地方的方言是多里克语，同时还夹杂了一些埃俄利克（Aeolic）方言。① 也就是说，阿该亚人独自拥有了赛萨利地区，后来多里安人掌控了该地方，但在南部一些地区，语言中的多里安因素显得十分强势。这样，似乎密耳弥多涅人的阿该亚部落在弥倪亚斯人统治与多里安最后一次入侵期间，担当了一个过渡性的统治角色。

马 人 赛 特

赛萨利的其他地区也出土了一些不怎么重要的文物，这些地区也没有什么重要的神话。因艺术品而最为人所熟知的，是马人赛特与拉庇泰人（Lapiths）之间的战斗。其实在艺术品中这场战斗远远比马人与弓箭手——可能叫作赫拉克勒斯之间的战斗要晚得多。在古风时代的一些艺术品中，马人只是单独出现，

---

① O. Kern, *Neue Jahrbücher für das klass. Altertum*, XIII（1904）p. 16 et seq. 但一些碑铭却表明，西北部的方言是 κοινή。查德威克将阿该亚人与阿喀琉斯等同于希腊西北部的部落 [参见 Chadwick, *Heroic Age*（1912），p. 280 et seq]，这一点令人惋叹。这些人是最晚到达希腊的民族，甚至晚于被荷马忽略的多里安人。

没有任何对手，早在迈锡尼时代末期艺术品中的马人形象亦如此。① 赛萨利以外其他省份的艺术品同样如此，譬如埃托利亚地区的关于涅索斯（Nessus）的故事，阿尔卡地亚地区关于福罗斯（Pholus）的神话。因此对于希腊人而言，他们只是一种神话概念②，但根据希腊流行的理念，关于他们的神话被锁定在某些既定的地方，但同时被多样化了，赛萨利只是其中之一。真正的神秘人物是马人的对手拉庇泰人。我会在下文关于阿提卡的章节中讲到这一点。

---

①参见本书第一章最后一个注释。鲍尔（Baur）名单（= Evans, *Scripta Minoa*, I, p. 11, fig. 5b）上开列的 M. M. 宝石单并没有关于马人的描绘。几何时代的一些赤陶与青铜器上有关于马人的描绘；譬如，奥林匹亚最底层的建筑物上就有关于马人的绘画，一批带翅膀的马出现在一只狄披隆（Dipylon）的杯子上。关于马人与弓箭手之间搏斗的绘画或许可以上溯到公元前 8 世纪；但马人与拉庇泰人之间的战斗场面仅仅出现在公元 6 世纪。文献中关于马人与拉庇泰人搏斗的描述，参见《奥德赛》（*Od.* xxi. v. 295 *et seq*）以及《伊利亚特》（*Il.* i. v. 263 *et seq*）。具体参见 P. V. C. Baur, *The Centaurs in Ancient Art*（1912）。近期关于马人的探讨，参见 P. Demargne, *Bulletin de correspondance hellénique*, LIII（1929），p. 117 *et seq*。丹马格林（P. Demargne）认为，马人是希腊从东方艺术中借用的，不过当我们看到希腊并没有多少源自东方的艺术原型时，就会明白这种观点是有问题的。

②我并不赞同杜梅齐尔（G. Dumézil）近期提出的观点，他认为这些是古老的雅利安人的后裔。参见 G. Dumézil, *Le problème des Centaures*（1929）。

第八部分　阿提卡

迈锡尼文物

　　阿提卡地区零星分布着迈锡尼时代的一些文物，其中比较著名的是来自于雅典卫城的一些遗物。一座巨大的古老城墙环绕着这个卫城，城墙沿着一块天然的石头蜿蜒而上，围墙很有可能是迈锡尼时代的。卫城之上有迈锡尼的建筑物遗迹，卫城下面有一座叫雅典娜神庙的建筑物，它其实是带有柱状地基的迈锡尼王宫。该地出土了不少迈锡尼时代的陶片，不过这些都是迈锡尼后期的东西。其中比较醒目但不为人知的发现是巨墙下的青铜器皿窖。① 人们在卫城南面的斜坡上发现了一些次迈锡尼（sub-Mycenaean）时代的陶器。

　　美尼狄（Menidi）与古阿卡利那伊（Acharnae）出土了一些比较大的圆顶墓，其中还有一些有趣的文物。一个最为醒目的事实是，在这些坟墓中举行的崇拜活动一直延续到了伯罗奔尼撒战争时期。② 很久以前，韦德（Wide）与谢尔伯格（Kjellberg）教授在阿提卡南部的阿庇达那发掘出了一个大型坟丘墓。这一发掘相当引人注目，因为这是首次在常规发掘中出土了青铜时代中期的陶器，并引发科学探讨。该地同样属于迈锡尼时期。卫城还没有进行发掘，不过那些尚未确定时间的城墙已经被记录在案了，卫城东面的露天高台上已经发现了一些迈锡尼时代的陶片。我们不久就会明白，这个地方在神话中占有极其显赫的地位，应当对其进行彻底的考察。位于阿提卡内部地区美索盖亚（Mesogaia）的一个叫作马里库普劳（Markopoulo）的现代村庄，人们发现了两三个新卫城。从雅典通往马拉松（Marathon）大路上的斯帕塔（Spata），出土了一个石凿墓穴，里面有不少殉葬的家具。③ 在一个叫作莱克诺斯佩莱昂（Lychnospelaion）的地方，

---

① 近期的探讨可以参见 O. Montelius, *La Grèce préclassique*, I, p. 153。
② 参见拙著《米诺–迈锡尼宗教及其在希腊宗教中的遗存》，第 524 页及其以下部分。
③ 关于这方面的考察，参见 H. Gropengiesser, *Die Gräber von Attika*, Dissertation, Heidelberg（1907）。近期在普里特·拉斐提（Porto Raphti）、皮克里米（Pikermi）、内拉尼达扎（Velanideza）、农那提斯（Vourvatsi）等地发现了一些迈锡尼时期的墓穴，参见 *Deltion archaiologikon*, XI, 1927-1928, App. p. 59 *et seq*。

有一座帕拉尼斯（Parnes）山，出土了一些具有迈锡尼晚期风格的陶片。①

阿提卡东部海岸有一些迈锡尼时代的城市遗址。在布劳隆（Brauron）有一个带城墙的未发掘卫城，里面出土了一些前迈锡尼及迈锡尼时期的陶片。在靠近卫城的一座小山上有一些迈锡尼时代的石凿墓葬，而其他石凿墓穴则在往南不远处的普里特·拉斐提（Porta Raphti），该地位于小海湾北部。再往南去就是古普拉西埃。靠接索尼昂海峡（Cape Sunium）的托利科司（Thorikus）发现了一些带有陶片的房屋，其中部分属于前迈锡尼时代，部分属于迈锡尼时代。在这个地方同样还出土了一些小的圆顶墓穴，临近的地区也有一些。在靠近哈里凯（Haliki，也叫作 Halai Aixonides）的西部海岸有一些迈锡尼时代的石凿墓葬，该地位于雅典南部地区。前文已讲到，在法勒隆（Phaleron）发现了一些迈锡尼时代的陶片。

厄琉西斯（Eleusis）是一座迈锡尼城市的遗址。该地卫城的表面出土了一些迈锡尼及前迈锡尼时代的陶片，其他地方同样有所发现。这个地方还出土了一些小型的圆顶墓穴，以及其他一些迈锡尼时代的遗迹。② 最为古老而神圣的城墙以及神秘的大堂要回溯到迈锡尼时代③，这种观点看样子要受到质疑了。④

这样，迈锡尼时代的遗物就零星分散在阿提卡各地，这个事实表明，阿提卡省深受迈锡尼文明的浸染；不过另一方面，这些文物无足轻重，不能与贝奥提亚的那些东西相媲美，更不用说阿尔古利斯出土的文物了。阿提卡文物与阿提卡在神话中的重要性密切相关。在那些辉煌的岁月里，居住在雅典城的雅典人及伟大的诗人们与阿提卡这座城市生死与共，这种情况与他们在那个时代的名声是对应的；但我们要意识到，阿提卡的显赫神话为后起之物；我们不能因此被它蒙蔽了。在现实生活中，阿提卡的英雄神话基本上是缺乏的，唯一的例外是关于忒修斯的神话故事群——不过这是一个特殊的例子，我们将在后面文章里做深入探讨。一个众所周知且严肃的事实就是，雅典人在荷马史诗中无足轻重。

神 话 诸 王

雅典国王名录表编造的时期相当晚，它由不同的要素与各种各样的英雄杂

---

① 参见拙著《米诺-迈锡尼宗教及其在希腊宗教中的遗存》，第61页及其以下部分。
② F. Noack, *Eleusis* (1927), p. 15.
③ A. W. Persson, *Archiv für Religionswissenschaft*, XXI (1922), p. 292 et seq.
④ Noack, 参见前引文，第14页。

第二章　迈锡尼中心与神话中心 | 111

糅而成，编造者为了使名录表显得更长，也为了掩饰种种矛盾，就让那些君王重复出现。我们不必为此多费口舌。除此之外，这些君王们的神话属于神圣神话范畴。

雅典土著国王刻克洛普斯（Cecrops）的名字表明，它源自一个著名部落名字的语尾，"-ops"的复数形式为"-opes"，因此我们可以推断，刻克洛普斯王与已消亡的雅典部落中一个英雄同名。这种解释是可行的，但经不住考证。雅典第二个国王的名字有两种形式，一种是厄里克托尼俄斯（Erichthonius），另外一种是厄瑞克透斯（Erechtheus），后者为缩写形式，尽管厄里克托尼俄斯与厄瑞克透斯被分成了两个人，我们却不能不质疑其基本身份。这个名字在语源上是一目了然的。"厄里克托尼俄斯"这个词语源自希腊语 χθών，意思是"大地"，其前缀"ἐρι-"，意思是"许多"。因为篇幅的原因，我在这里便不再赘述，我只能推断说，厄里克托尼俄斯最初是一个圣婴，他是一个新生的植物精灵，这一点与米诺-迈锡尼宗教有很大关联。① 同样也有两个潘狄翁（Pandion）王，不过此人与我们的话题基本无关。潘狄翁与美迦拉（Megara）的神话比较著名，他们的神话故事一定是在希腊早期社会创造的，那时雅典人尽力将他们的实力扩张到了美迦拉斯（Megaris），继而成功地拥有了萨拉米斯（Salamis）岛屿，该地本来是美迦拉与英雄埃阿斯的地盘。基于此，美迦拉人（Megarian）的神话加入到阿提卡的神话里面了。

另外一些阿提卡神话，譬如，比较著名的伊翁（Ion）、刻法罗斯（Cephalus）、普洛克里斯（Procris）、普洛克涅（Procne）、菲罗墨勒（Philomele）神话，这些故事因为与我们的话题无多大关联，在此就省略了；尽管这些神话都比较有趣，但他们与迈锡尼时代没有任何关系。

忒 修 斯

雅典神话中最为著名的就是伟大的忒修斯的故事群了。② 通常公正的看法

---

① 参见拙著《米诺-迈锡尼宗教及其在希腊宗教中的遗存》，第 490 页及其以下部分。
② 罗伯特教授在其论著中对该神话故事群做了比较周详的考察（参见 Robert, *Griechische Heldensage*, p. 676 *et seq*），比较精短且具有研究价值的分析，读者可以参阅 Wilamowitz, "Die griechische Heldensage," II, *Sitzungsberichte der preuss. Akademie der Wissenschaften* (1925), p. 234 *et seq*。该部分观点尤其需要商榷。引用科斯坦兹（V. Costanzi）的文章参见前引文，第 74 页注释 15，以及 E. Kjellberg, "Zur Entwicklung der attischen Theseussage" in *Strena philological Upsaliensis* (1922), p. 270 *et seq*。A. V. Salis, *Theseus und Ariadne* (1930)，该书中有部分章节与该神话故事群相关。

是，忒修斯的神话名声和荣耀，是随着雅典城的地位与其市民的自我意识而不断增长和发展的。忒修斯于是就成为雅典具有激励性的民族英雄，关于他的神话故事也就被放到了神话时代。古风时代的雅典纪念碑上盛行的是英雄赫拉克勒斯的故事，几乎没有忒修斯的神话。从佩西斯特提戴（Peisistratidae）时代开始，忒修斯的神话故事开始出现，流行最盛的时代在公元前5世纪，此时，忒修斯被视为雅典民主的英雄，成为雅典城的建造者，他通过村镇联合雅典民主委员会将整个雅典联合起来。

就在忒修斯故事群的发展过程中，出现了将其与赫拉克勒斯神话故事群相媲美的趋势，譬如，为了迎合忒修斯神话的需要，一系列的历险故事被创造出来，这种情况类似于赫拉克勒斯的神话，在远古时代早期的雅典，赫拉克勒斯的神话故事群极为盛行。可以肯定的是，这种趋势的背后一定有着更为古老的神话内容，这些故事不断增长并最后成型。

忒修斯神话故事群的后半部分主要由英雄从特罗伊真（Troezen）到雅典的历险故事构成；它们率先出现在后期的一些黑色瓶画上。① 根据珀乌撒尼亚斯的表述，② 西尼斯（Sinis）位于伊赛玛斯（Isthmus），靠近赛克莱亚（Cenchreai），为科林斯位于萨拉尼安海港的一个港口城市。忒修斯杀死野猪的地方是克拉米昂（Crommyon），它是一个位于美迦拉与科林斯边境的村庄，这些都已属于过往的历史。斯喀戎（Scrion）位于吉安尼亚岸边陡峭的岩石上，现在被叫作喀凯斯·斯卡莱斯（kakais skalais），位于美迦拉南部。刻耳库翁（Cercyon）居住在接近埃列乌西斯的地方，普洛克儒斯忒斯（Procrustes）则住在向西距凯斐索斯（Cephissus）河流比较远的地方，该河流过了特里亚平原；或者是科律达罗斯（Corydallus）山，其等同于埃伽列欧斯（Aegaleos）山，它将特里亚（Thriasian）平原与雅典平原分隔开来。

出生与童年

上述这些地方化都明确地表明了这种趋势，该趋势出现在潘狄翁与尼赛斯（Nisus）的神话中，神话将雅典人的神话要求扩展到了伊赛玛斯与美迦拉，在这

---

① 关于瓶画上描述的忒修斯及其历险故事，读者可以参阅布希尔（E. Buschor）的论文，载于 Furtwängler and Reichhold, *Griech. Vasenmalerei*, Text, III, p.119 *et seq*。

② Paus. ii. 1, 4.

里又扩展到了埃列乌西斯，[1] 雅典人在公元前7世纪成功地征服了这个地方。当论及这种要求的重要性时，普鲁塔克（Plutarch）曾经讲述了一个富有启发性的故事，[2] 雅典人与美迦拉人争夺萨拉米斯（Salamis）岛，双方恳请斯巴达人作为他们的仲裁者，斯巴达人最后将萨拉米斯判给了雅典人，理由是荷马史诗中的萨拉米斯人埃阿斯（Aias）曾经将自己的船只停泊在雅典人停靠的地方。倘若雅典人的英雄忒修斯曾经将雅典从野兽与强盗那里解救出来，那么雅典人完全有理由将这些神话归结到雅典城身上。雅典在公元前7世纪并吞了埃列乌西斯，然后在公元前6世纪中叶从美迦拉人那里一举拿下了萨拉米斯岛。神话表明，这个事实可以上溯到更早的时期。

因此，上述这些神话不可能很古老，至少忒修斯神话如此，它不会早于历史时期。为了将更多的神话附会到忒修斯身上，应该有更多更早的神话被改造与重塑，但我们对此一无所知，也不了解它对我们的研究意图有何重要意义。

接下来忒修斯从特罗伊真到雅典城路上的故事情节，在探讨英雄的这些行为之前，我们不得不谈谈忒修斯的出生和童年。忒修斯是雅典国王埃勾斯（Aegeus）的儿子，埃勾斯曾经遵照神谕的指示，到了特罗伊真，娶了这个地方的国王庇透斯（Pittheus）的女儿埃特拉（Aithra）。特罗伊真这个小城位于阿尔哥斯半岛的北部海岸上，距离其最东部不远。忒修斯的儿子希波吕托斯（Hippolytus）在特罗伊真有一个避难所，《伊利亚特》中第一次提到了庇透斯的女儿埃特拉，[3] 她是海伦的女仆。

这里有几种不同的观点。维拉莫威兹教授认为，毋庸置疑，忒修斯的故乡最初在特罗伊真。[4] 罗伯特（Robert）教授则持这样一种观点，忒修斯诞生的神话在公元前6世纪被创造。[5] 对于前一种观点需要加以引证的是，据说在早些时候，阿尔哥斯半岛的北部海岸居住着爱奥尼亚人，[6] 但同时存在另外一种异议，在特罗伊真并没有发现那些古老神话中关于迈锡尼的故事，甚至也没有发现任何陶片。[7] 特罗伊真这个小镇看上去就像后迈锡尼时代所建造的城市。

---

[1] 参见本书英文版第178页。
[2] Plutarch, *Solon*, chap. 10.
[3] *Il.* iii v. 144.
[4] Wilamowitz, *loc. cit.*, p. 235.
[5] Robert, *loc. cit.*, p. 708.
[6] 该文关注的是埃及道洛斯，引自 Busolt, *Griech. Geschichte* (ed. 2), I, p. 216, n. 7。
[7] *Athenische Mitteilungen*, XXXVI (1911), p. 33.

特 罗 伊 真

毋庸置疑，忒修斯的故乡在阿提卡，因为关于这位英雄的神话均确凿无疑，即是说，马拉松公牛，强暴阿里阿德涅（Ariadne），强暴海伦，上述这些神话故事均发生在阿提卡这个地方，这些神话故事无疑要上溯到迈锡尼时代。倘若忒修斯出生在特罗伊真并在此被抚育，而不是在阿提卡诞生并长大，那么这就令人奇怪了，这样的故事与英雄赫拉克勒斯的诞生故事有些类似，[①] 但很难这样说。对于希腊民众乃至于爱奥尼亚人来说，忒修斯并非是一名普通英雄，他是阿提卡的本地英雄。忒修斯的外公庇透斯是一位与皮赛斯（Pithus）同名的英雄，皮赛斯人的一个部落叫庇透斯。关于这个部落的真实情况我们一无所知，但我们知道，它属于阿提卡的第七个部落开克洛佩斯（Cecropis），与之并存的还有阿萨梅农（Athmonon）、菲莱雅（Phlya）、西帕莱塔斯（Sypalettus）这几个部落。我们有理由推断，这个部落也许是奔着彭特莱寇（Pentelicon）山的东南部而到来的。这样，庇透斯的故事自然就属于阿提卡地区了，他的家谱与珀罗普斯之间的关联由后世创造而成，当然，这是其后裔迁移到伯罗奔尼撒半岛之后的事情了。

维拉莫威兹教授认为，忒修斯的母亲埃特拉的故乡一定在特罗伊真，因为阿提卡地区没有她的遗迹。这倒是真的，但另一方面，特罗伊真人崇拜埃特拉的故事遗迹并无多大价值。因为她在斯伐利亚（Sphairia）岛建立雅典娜·阿帕图利亚（Athena Apaturia）神庙的故事仅仅是一个未经确认的神祇故事，[②] 它有可能系后来创造。倘若庇透斯的女儿埃特拉是特罗伊真人，那么《伊利亚特》中说她是海伦的女仆这一点就令人感到奇怪了。因为这一点就预示着海伦后来被忒修斯强暴的神话故事，也就是说，海伦被其兄长狄奥司科洛伊兄弟所营救，后者绑架了忒修斯的母亲作为人质。《伊利亚特》表述的这部分内容当然属于故事的后半部分，尽管其时间看上去是如此古老，但它也似乎很难支持特罗伊真人的故事传向阿提卡应该在那个时代的晚近时期发生这种观点。因为从故事所表述的因果关系来看，该故事一定为晚近时期创造。《伊利亚特》中表述的故事并没有雅典人那种为了强调雅典的荣誉而介绍忒修斯故事的特征，这一点在荷

[①] 赫拉克勒斯的历险故事属于梯林斯，而其诞生的故事则属于忒拜；关于这一点可参阅本书英文版第 200 页及其以下部分。

[②] Paus. II, 33, 1.

马史诗中几乎被忽略了。因此，就像其父亲一样，埃特拉（Aithra）的故事最初就发生在阿提卡了，尽管我们本应该说这个地方并没有她的遗迹。希波吕托斯和法伊戴拉（Phaidra）与忒修斯之间的关联比较松散，与我们论述的主题没有多大关系。

我们已经看到，有某些理由可以假定忒修斯的外祖父乃至忒修斯母亲的故乡都在阿提卡，但该观点其实很难成立，这一点我们不能隐瞒，因为我们不能因此界定为何他们的故事被锁定在特罗伊真。尽管雅典人的政治欲望直指美迦拉斯和伊赛玛斯，我们却很难推测说他们的矛头指向了特罗伊真；也就是，同时指向了萨拉尼安海港的南部海岸。尽管忒修斯诞生在特罗伊真的神话与他在伊赛玛斯的流浪联系在了一起，但这并非是故事的必要前提。特罗伊真同时还有与忒修斯相关的其他神话或崇拜，这些神话与崇拜都是很有趣的，但我在此就不论及了，因为它们已经超出了阿提卡的疆界。① 我在此要指出一点，阿提卡的这个部落曾经居住在阿尔哥斯半岛。所幸这个复杂的问题与我们的主要目标并无多大关系，因为即使忒修斯的祖先是特罗伊真人，这也不能证明他们属于迈锡尼神话。在所有事件中，唯有忒修斯的诞生神话为后来添加而成。

马拉松公牛

流传下来的有关忒修斯的三个功绩比较古老。忒修斯捕获马拉松公牛（Marathonian bull）的神话类似于英雄赫拉克勒斯捕获克里特公牛（Cretan bull）的故事；古代的神话编撰者对公牛很感兴趣。在这个故事中，与实际情形相反的是，忒修斯的行为后来转换成了赫拉克勒斯的行为。② 本人看不出有什么必要来列举这些转换；我同时也不明白为何贝特（Bethe）教授将马拉松公牛等同于米诺陶（Minotaur）。③ 公牛是一种攻击类动物，在迈锡尼时代，捕获这类动物是一种颇有价值的消遣活动。这种简单的历险行为不止在一个英雄的故事中出

---

① 特罗伊真并没有仪式或神话，一些重大的古代遗物可以证明这一点，参见 S. Wide, *De sacris Troezeniorum, etc.* (Dissertation, Uppsala, 1888)。设在阿耳忒弥斯·索忒亚（Artemis Soteira）神庙中的是掌管冥府的众神的祭坛，因此，据说狄俄尼索斯从这里带走了他的母亲赛墨勒（Semele），但这则神话在其他地方同样被地方化了，因此它提供的线索并不充分。

② Wilamowitz, *Herakles*, I. P. 302. 它与在阿尔古利斯被地方化的神话相反，具体参见 P. Friedländer, *Herakles* (1907), p. 37。

③ E. Bethe, "Minos," *Rheinisches Museum*, LXV (1910), p. 223.

现。① 贝特教授认为，这种最初属于忒修斯的行为同样属于赫拉克勒斯②。在他的鉴别中有许多事实能够支撑他将米诺陶的故事等同于马拉松公牛的故事，其中的一个事实是，马拉松公牛神话后来发展出了米诺陶神话。

瓶画中描述忒修斯斩杀公牛的场景比其他行为要早一些，③ 这种事实因而具有一定的价值，尽管瓶画中的神话场景时间最早在公元前6世纪。更为重要的是，神话被锁定在阿提卡东北部的马拉松地区，该地是古老的忒修斯神话所属地。极有可能这个神话属于一个古老的传统，尽管这一点我们拿不出绝对的证据来。

海伦被劫

保留下来的两则神话，强暴阿里阿德涅与强暴海伦——我们应该注意到，二者从一开始就存在类似之处——其源头可上溯到迈锡尼时代。在探讨拉科尼亚人神话时，④ 我曾经论及忒修斯诱拐海伦的故事，当时我说所有试图将这个故事从阿提卡北部的阿庇达那分离出来的努力都注定要失败。阿庇达那有一个未被发掘的卫城遗址，迈锡尼时代曾有人居住，它位于马拉松平原西部的不远处。海伦同样属于阿提卡。在一首叫《赛普利亚》的诗歌中，海伦被表述为涅梅西斯（Nemesis）的女儿，她在马拉松北部海岸的拉米那斯（Rhamnus）还有一个神庙。⑤ 但在海伦与复仇女神涅梅西斯的关联中，存在一种投机的意图，使得其时间极为可疑，有可能是出于比较晚近的时代；我在此不得不承认，复仇女神涅梅西斯被视为崇拜的对象，这一点对我来说依然是未解之谜。我在此不应该冒险强调这种关联。我们后来会看到，海伦是一位前希腊时代的植物女神，海伦被拐走神话的特性类似于克瑞被冥王普路托劫走。这样，我们就拥有一个前希腊时代的神圣神话，一位植物女神被一位男神所强暴，该神话后来以不同方式被表述为英雄神话。这个故事被入侵希腊的那些人不断世俗化，后来被那些史诗诗人们传到了希腊在亚洲的省份。也许有人会问忒修斯的神话是否也是这样。我个人很不情愿承认这一点，因为在另外的两则神话中，关于阿里阿德涅与珀耳塞福涅的神话中，忒修斯显然是一位植物女神的诱拐者。或许忒修斯最

---

① 例如，阿尔哥斯的英雄就是。参见本书英文版第212页。
② 参见贝特论著，前引书，第218页及其以下部分。
③ Robert，*Griech. Heldensage*，p. 678，n. 1.
④ 参见本书英文版第74页及其以下部分。
⑤ Cp. Wide，*Athenische Mitteilungen*，XXI（1896），p. 387.

初是比较古老的神祇神话中的一个男主角。①

阿里阿德涅被拐

神话讲述了忒修斯是如何在阿里阿德涅的帮助下，进入了迷宫，斩杀了米诺陶牛怪，营救了雅典的那些孩子们，然后带着阿里阿德涅扬帆远去。在希腊大陆所有的神话中，这则神话与克里特、米诺世界之间的关系最多并且最为明显，以至于我们不可能有任何理由怀疑它要上溯到迈锡尼时代，并且有可能上溯到更早的时代，那个时候克里特与科诺索斯依然繁荣强盛。一般人们承认忒修斯的神话源自米诺时代，含有一定的怀旧意味。

我在早期的一些论著中收集并讨论了与阿里阿德涅相关的证据，② 此处就无须重复了。我的结论就是，阿里阿德涅似乎是一位米诺时代的植物女神。她在爱琴诸岛尤其受崇拜，不过据说她在欧佩那提安·洛克里斯（Opuntian Locris）这个地方同样有一个庆典。阿里阿德涅故事中最为突出的因素就是她的死亡，据说有很多种版本，不过也有一个以其名义举行的欢庆仪式。还有一个版本说阿里阿德涅像海伦·顿德里提斯（Helen Dendritis）那样吊死了自己。不过最令人迷惑不解的为荷马史诗中所说，根据史诗的表述，阿里阿德涅被阿耳忒弥斯（Artemis）杀死在狄亚（Dia）岛上，因为狄俄尼索斯送来了消息。③ 在一般的神话中，阿里阿德涅是狄俄尼索斯的妻子。我曾经阐释过这些互相矛盾的神话，通过猜测认为，米诺的植物女神阿里阿德涅与狄俄尼索斯的同源崇拜产生了竞争，一方面她被征服了，被酒神所罢黜，另一方面她变得与酒神的崇拜仪式相关联。④

阿里阿德涅与海伦都是前希腊时代的植物女神，在她们的故事中存在一些

---

① 康福德（F. M. Cornford）先生在其论著（*Studies and Essays presented to Sir W. Ridgeway*）（1913）中阐释了克瑞被冥王普路托拐走这一神话的重要意义，具体参见该书第 153 页及其以下部分。克瑞是谷物少女，收获以后的谷物被放在地窖或埋在地下的大坛子里，播种的时候再取出来；在冥王普路托的控制之下，克瑞变成了财富女神，准确地说，她所贮藏的种子是人类赖以生存的东西。这些地窖在希腊语中被称为 θησαυροί，我怀疑这个词语是不是 Θησεύς 的变体，二者似乎源自同一个词根，根据其观点，我们可以将其解读为"放下种子的人"（参见拉丁文的 *Conditor*）。但这种说法对我来说实在缺少信服力，只能放在注释中，尽管它与我们前面所说的观点比较吻合。

② 参见拙著《希腊庆典》第 382 页，《米诺-迈锡尼宗教及其在希腊宗教中的遗存》第 451 页及其以下部分。

③ *Od.* xi. v. 323.

④ 参见拙著《希腊庆典》，前引书。

类似的细节，这一点我在另外一本书中做了阐释。①

最令人迷惑不解的是，她们均被忒修斯拐走。我在前希腊时代的神话中再也找不到如此类似的神话，两个不同的版本中都出现了植物女神被拐走的情节。因此，我将其作为忒修斯神话的核心部分。我个人认为，忒修斯最初是强暴神话中的男主角，到了后来，这类神话就转换为英雄神话，其原因是那些外来的希腊人并没有抓住这类神话的神圣本质。这则神话还有另外的一种形式，其中还有不同的名字，它保留在密教的传统之中，似乎是米诺宗教思想的遗留物。这类神话与另外一种源自米诺的神圣植物神话有些类似，我在前面已讲过，就是神童的神话。

珀耳塞福涅被劫

忒修斯诱拐阿里阿德涅与海伦的观点为第三个神话所支持，在这个神话中，忒修斯带走了一个女性，或者说得明白一点就是，忒修斯试图带走冥府的王后珀耳塞福涅。② 最初这种行为不可能被视为一种犯罪行为；英雄故事的最后结果是成功获得王位，正如赫拉克勒斯战胜了冥王哈得斯或获取了凯拉贝拉斯（Cerberus）的王位。但忒修斯的尝试以失败告终。忒修斯与一直陪伴他的朋友珀里托俄斯采取了冒险行为，近期的一则神话说，他们在冥府的座位上很快就被抓住了。我们得用一种不同的方式来理解这则神话。

珀耳塞福涅等同于被普路托劫走的植物女神克瑞，普路托其实等同于冥王。因此，此处出现的忒修斯在履行其劫走植物女神的古老角色；只不过此处的女神等同于冥后，忒修斯的行为看上去当然就成为试图战胜冥界的一种尝试。据希腊当下关注的所向披靡、不可抗拒的死亡理念判断，忒修斯的这种尝试注定要失败。近期的一种观念关注的是胜利；植物女神被等同于冥后，这样，忒修斯就注定要被留在冥府。

珀里托俄斯

这则神话的真正难点在另外一处。据说珀里托俄斯帮助忒修斯带走了海伦。但海伦被交给忒修斯后，她却被迫帮助忒修斯的朋友拐走了另外一名女性，因

---

① 参见拙著《米诺-迈锡尼宗教及其在希腊宗教中的遗存》，第453页。
② 《奥德赛》中《涅科利亚》的最后一部分第一次提及了这个神话，参见《奥德赛》第9卷第631行。

为珀里托俄斯对冥后动了欲望。至此我们已经非常明白，忒修斯与珀里托俄斯之间的友谊不过是为了协调两则看似相互矛盾又相似的神话而设计的。此处存在的困难并非是两位英雄之间的友谊，因为这样亲近的友情在神话与民间故事中比比皆是；问题就在于珀里托俄斯的地方化，因为他总是被说成赛萨利人，又被说成是拉庇泰人的国王。我们很难找到充分的理由质疑，为何一位赛萨利的英雄被带到了阿提卡；① 并且，这两位英雄之间的关联是密切且持续的。不过在阿提卡有一个珀里托代（Peirithoidai）的家族，在其之后的家族属于一个叫欧约耐斯（Oineis）家族，他们的居所就在雅典城西部不远处。珀里托俄斯当然是这个家族的一位齐名英雄，这样就有可能设想一下为何他与忒修斯之间有了关联。②

他们二位都被锁定在阿提卡，二者离得并不远。但为何这样的一位英雄被说成是赛萨利人又是拉庇泰人的国王呢？我猜测，阿提卡的珀里托俄斯等同于大名鼎鼎的赛萨利英雄珀里托俄斯，他是拉庇泰人的国王，除此之外别无可能。希腊神话中重名现象时有发生。

迷　宫

阿里阿德涅被强暴的神话其实被扩展与复杂化了，而忒修斯在科诺索斯的历险行为则系后人添加。阿里阿德涅将忒修斯从迷宫中救出，给了他一个线团作为向导——这显然是民间故事的一个情节单元——或者给了他一顶金光闪闪可以照亮迷宫的王冠。后一种说法当然比较晚起且是一则低劣的阐释性神话，因为王冠最初是花环，是献给植物女神的祭品。③ 这种描述比忒修斯神话的任何细节都要早。一个几何时期的瓶画上描绘了一个男人站在船上，④ 身边带着一位头戴王冠或花环的女性。尽管几何时期的瓶画缺乏描述关于其他地方的忒修斯

---

① 根据我个人遵循的原则，我不赞同托普伐先生（J. Toepffer）的观点。（具体参见 J. Toepffer, *Beiträge zur griech. Altertumswissenschaft*, 1897, p. 148 *et seq*。该书是从 *Aus der Anomia*, 1890, p. 30 及其以下部分重印而来）他采用了缪勒（K. O. Müller）的观点来解释荷马史诗中《伊利亚特》第一卷第 265 行这部分内容，史诗说忒修斯住在拉庇泰人中间，但这部分诗行缺乏原稿，是从赫西俄德（Hesiod）的诗篇（*Scutum Herculis*）中摘录过来的。维拉莫威兹教授曾经再三强调这一点，他的论述参见前引书第 237 页。

② 参见维拉莫威兹教授论著，前引书，第 238 页。

③ 它同样被画在了艺术品中，譬如，著名的埃乌菲尼斯（Euphronius）杯子上就有这样的图案，参见 Furtwängler and Reichhold, *Griech. Vasenmalerei*, pl. v。

④ *Journal of Hellenic Studies*, XIX (1899), pl. 8；C. Robert, *Archäologische Hermeneutik* (1919), p. 38, fig. 24.

的神话，但并没有充分的证据否认，忒修斯和阿里阿德涅的神话被描绘在后期的瓶画中，它成为整个瓶画的主要特征。

米 诺 陶

迷宫神话是对设在科诺索斯巨大的复杂王宫的一种怀念，这一点为大家所公认，我在此无须赘述，也不用对其进行语源学上的阐释及对其名字进行解释。① 我仅仅强调一点，关于迷宫的神话一定要上溯到那个特定的时代，那时设在科诺索斯的王宫风采依旧；也就说，这个时间一定在公元前1400年科诺索斯被洗劫的前面。

一般公认米诺陶的神话同样是对米诺时代的一种怀旧，不过其阐释却有几种不同的说法。近期的一种观点认为，公牛崇拜与公牛神明在米诺宗教中占据了极为重要的地位，但实际上并没有充分的证据支持这种观点。在米诺的纪念碑上，时常描绘着围困与狩猎公牛的场景，这不过表明这种行为是一种亵渎神灵的大众娱乐。② 青年男女都进入了斗牛场加入斗牛活动，公众对斗牛陶醉不已；他们为了加入这种危险的体育活动当然要被训练；极有可能米诺抓获的那些俘虏从事这种斗牛活动，正如罗马人有时让那些俘虏参加拳击赛。这种娱乐活动解释了米诺陶神话的起源，特别是我们细想那些青年男女被作为人牲献给那些怪物时。克诺索斯的巨大王宫只是一种模糊的怀念，对于一般人来说，巨大的王宫就是迷宫，任何人走在迷宫之中都难免迷失方向，加之这种危险的斗牛活动被转化为一种怀旧情结，从而俘获了青年男女，最终导致其丧失生命，③ 在这神话之后，就出现了忒修斯解救那些迷宫中的雅典儿童，最后杀死了牛怪的故事。这些回忆当然源于科诺索斯昔日的辉煌。所有这些自然就被附会到了英雄带走植物女神的神话上，因为二者皆为米诺神话的源头；这样，一则令人印象深刻的神话就被创造出来了。如果剥去神话的一些典型细节，那么，这个神话就讲述了这样一个故事：虽然历经种种艰辛，一个青年人最后还是获胜带

---

① 双面斧源于希腊语 λάβρυς，我在《米诺-迈锡尼宗教及其在希腊宗教中的遗存》中做了相关阐释，参见拙著《米诺-迈锡尼宗教及其在希腊宗教中的遗存》第189页。
② 参见拙著《米诺-迈锡尼宗教及其在希腊宗教中的遗存》，第322页。
③ 我想每个人对米诺陶这个名字都有一点疑惑，将其首字母大写，这个词语就变成了 nomen proprium。如果这个词语的最初意思仅仅是 Μίνωος ταῦρος，"米诺斯公牛"（珀乌撒尼亚斯在其论著中说这个词语是 τὸν Μίνω καλούμενον ταῦρον, Pausanias, iii. 18, 11, cp. 16）的意思，如果是这样的话，这也不过是根据米诺斯王的命令将公牛引入斗牛场罢了。

走了公主。这也许是民间故事中最为普遍的故事情节,并且有了一个添加了米诺世界元素的构架。

米 诺 斯

发生在阿提卡及其周边地区的相当一部分神话都与米诺斯相关联。① 其中一个故事说米诺斯的儿子安多哥斯(Androgeos)想方设法去了雅典,因为故事有不同的说法,这个年轻人最后死在了半道上。据说正是这个青年人的死亡导致了米诺斯王发兵抵抗雅典人,然后强迫他们献上七对青年男女作为牛怪米诺陶的祭品。这个神话系后来创造,其目的是将早期的神话合理化与史实化。我们已经看到,安多哥斯这个名字在阿提卡方言中具有一种特殊的意味。②

一则不算太古老的神话记载,普洛克里斯(Procris)逃向了米诺斯,并从后者那里得到了一条看守任何东西都不会丢失的狗,还有一支百发百中的矛③。因为既然米诺斯是阿提卡神话中最为著名的人物,那么他就不可避免地被引入到其他神话之中。这样,在阿提卡与克里特神话之间就有了一些交流。譬如,迷宫的建造,戴达罗斯(Daedalus),这些就被引入到阿提卡神话之中。

另外一则被定位于美迦拉斯的神话颇为值得关注。当米诺斯反击雅典后,他同时包围了美迦拉斯,美迦拉斯国王尼赛斯的女儿斯库拉(Scylla)爱上了米诺斯,然后从自己父亲的头上剪下了紫色锁,这把锁是整个美迦拉斯国的好运所在。米诺斯将这位背信弃义的女孩子扔进了大海。④ 于是这则神话就被牢牢地固定了。尼赛斯是与美迦拉斯海港小镇尼塞亚(Nisaia)齐名的一位英雄,当雅典人将其政治野心扩展到美迦拉斯时,他们就将尼赛亚附会到了雅典国王家谱之上。米诺亚(Minoa)是位于美迦拉斯海港之外的一座小岛,而斯库莱姆海峡(Cape Scyllaeum)则位于阿尔哥斯半岛最东部。我们经常可以看到,为了满足本地名字解释的需要,一些古老神话中的因素会被重新安置,这很可能是这一趋势的一个例子。

---

①参见贝特论著,前引书,第 169 页注释 23。

②韦伯(L. Weber)在其论文中尽力表明[Archio für Religionswissenschaft, XXIII (1925), pp. 34 et seq. and 229 et seq]安多哥斯是从克里特迁向阿提卡的一位神明,所以人们向其奉献祭品,根据这个普通的神话,安多哥斯后来就转换为米诺陶了。但这种说法源自阿提卡的神话编撰者,后来就被统一化了,该假说并不能生成一种具有深远意义的结论。

③Apollod. iii. 15, 1; ii. 4, 7; Eratosthenes, Catast., 33; Hygin, Astron., ii. 35, etc. 我本人并不赞同贝特教授的观点(参见贝特论著,前引书,第 223 页)。

④这则神话最早载于埃斯库罗斯论著《科伊菲》(Choeph, v. 613 et seq)。

真正重要的是米诺亚这座小岛的名字。贝特教授曾经呼吁大家注意，不同的国家中都有很多地方名叫米诺亚。很有可能这些地名是对昔日大名鼎鼎的科诺索斯的国王米诺斯拥有权势的一种怀念，尽管我们不应该被现代人将青铜时代的克里特人当作米诺人这种用法所欺骗。然而，在我们的探讨中并没有立即关注空间上的一些禁忌。

　　我们最后论及神话的日期当然并不确凿；它们是忒修斯神话的必然推论，甚至预示着米诺斯抗击雅典的战争。一种更为可靠的做法是将其纳入后迈锡尼时代。但忒修斯在科诺索斯的历险，以及带走阿里阿德涅，战胜米诺陶，上述这些神话都要上溯到迈锡尼时代乃至米诺时代，有充足的证据支持我们这一观点。20 年前，贝特教授在一篇后来被广泛引用的论文中呼吁大家注意并补充了这样一种事实：神话中那些伟大的风俗习惯是令人惊异的，但不应该将其作为与科学思想相背离的可怕事物，因为许多例子表明，神话的外表下有许多对历史的怀念，它们经久不衰。① 当我们全面考察古希腊神话中忒修斯的历险行为时，就会发现此种观点千真万确，它与我们所说的例子完全吻合。这种思想应该始终贯穿在我们的考察之中。

　　在离开这一主题之前我还要强调一个事实，这种对克里特岛的米诺文明的怀旧仅仅在阿提卡神话中能够发现。这个事实值得我们好好琢磨与阐释一番。譬如说，为何大量的阿尔哥斯神话压根就没提到科诺索斯与米诺斯，除了含含糊糊地讲到了对斗牛场的一种怀念，它被包含在对捕获克里特公牛神话的地方化中。② 我在其他论著中对这种疑问做了清晰的解释，③ 这一可能的假设与迁入希腊的那些外来部落有关；也即是说，首先到达希腊的部落是爱奥尼亚人，他们洗劫了克里特，然后在米诺的第一时代与第二时代晚期与当地人们进行贸易，但到后来，爱奥尼亚人又被来自阿尔古利斯侵入希腊的阿该亚人（Achaeans）所取代，后者约在公元前 1400 年洗劫了科诺索斯。经过这次浩劫，米诺文明日趋衰落，从克里特再也得不到什么东西了，也就无话可说。因此，阿尔哥斯神话就忘记了米诺人，但是，爱奥尼亚人已经看到了科诺索斯王宫的辉煌，他们知晓王宫的富饶，对米诺斯国王的权势心有余悸，这种记忆以神话的形式存留在了阿提卡，并以此来反射出整个阿提卡。

---

① 参见贝特论著，前引书，第 321 页。
② 参见本书英文版第 217 页。
③ 参见拙著《米诺－迈锡尼宗教及其在希腊宗教中的遗存》，第 32 页及其以下部分。

第九部分 结语

在这一章中，我考察了希腊各省；我简略地提到要关注那些迈锡尼时代的纪念碑及其在迈锡尼时代的相对重要性；我同时概括了迈锡尼时代的各个神话，探讨了它们与那个时代具有的可能性关联。现就以上各点做如下归纳。

阿尔古利斯

阿尔古利斯是希腊的一个省，其拥有的迈锡尼遗址的数量与宏伟程度均遥遥领先，纪念碑与文物的数量均在迈锡尼时代遥遥领先。阿尔古利斯同时也是伯罗奔尼撒半岛唯一发现众多著名神话故事群的地方；并且这些神话故事群都被附会到了迈锡尼遗址上，尤其是两个著名的遗址，在历史时期的开始这两座城市就已变得无足轻重。珀尔修斯家族（Perseidae）与阿特柔斯家族的神话故事群属于迈锡尼；作为迈锡尼王国属臣的赫拉克勒斯，其苦役的神话被固定在梯林斯，有关赫拉克勒斯在柏勒洛丰历险的寓言故事发生在梯林斯人的土地上——更不用说那些无关紧要的神话了。其他遗址与这两座城市并无多大关联，附会到这两座城市之上的神话相对没那么重要。伊俄的神话与曾属于迈锡尼的城市赫拉尤姆有关，文化英雄帕拉墨得斯的神话与纳乌普利亚相关。历史时期阿尔古利斯的省会阿尔哥斯的神话也不重要，但通过盗用与创造神话来强调其神话荣耀的趋势则非常显著。

米地亚

有一个地方因为发现了重要的纪念碑与卓越的文物而出名，但该地的神话却极其缺乏。这就是阿尔古利斯省在迈锡尼时代的第三大要塞米地亚，它的城墙所覆盖的面积比任何阿尔古利斯遗址城墙的面积都要大，在距离登德拉不远的圆顶墓中，他们的国王拥有大量珍贵的殉葬品。这是一个令人惊异的例外，但却不难解释。那些城墙之内的地区尚未进行发掘，不过仅在其表面发现了一些希腊铜器时代中期与迈锡尼时代的一些陶片；迄今为止，还没有发现后来的一些陶片。不像迈锡尼与梯林斯的那些城市，米地亚在几何时期没有居民。随着对这座城市占有的终止，其传统也就中断或削弱了。在神话之中，米地亚几乎是一座被遗忘的城市，在其有生命居住的时代同样如此。有了这种例外，那么阿尔哥斯城在神话上的重要性与它们在迈锡尼时代的重要性之间就具有了一种密切关联。

伯罗奔尼撒半岛其他省份

在伯罗奔尼撒半岛的其他地方，同样存在这种明显的对应关系。当论及神话或迈锡尼的遗物时，任何省份都无法与阿尔古利斯相比。不过除却阿尔古利斯之外，还有两个地区的发现比较多而且显著，即拉科尼亚平原与伯罗奔尼撒半岛西部海岸地区。这两个地区几乎没有任何伟大的神话故事群，但与迈锡尼相关的几个神话被固定在这个地方。海伦与狄奥司科洛伊的神话就源自拉科尼亚，也许那些前希腊时期神明变形为英雄的神话，以及这些变形神话被收入英雄的神话就源自该地。

一般认为，迈锡尼人在伯罗奔尼撒半岛西部海岸的殖民地设在皮洛斯这个地方，它是荷马笔下的英雄涅斯托耳的疆域。这里我们或许要讲到一个神话故事群，那就是涅莱达伊（Neleidae）的故事群，同时我们还要论及一个史诗的残篇，就是重要英雄涅斯托耳率领皮洛斯人在北部与东部地区抵抗他们的敌人，这些故事群被合并到了荷马史诗之中。不过这个神话故事群无关紧要，同时含有一种特性，可以这么说，当从其后期源头来理解时，其历史性要强于其神话的特性。

在伯罗奔尼撒半岛其他地区，迈锡尼文物稀少而贫瘠。神话同样表明了这种英雄神话故事的匮乏与贫瘠。阿尔卡地亚有一些神话，但大多为祭仪性质，其英雄神话系后期创造。埃里斯同样如此。试图创造奥利匹克竞技而建立的神话显然属于后迈锡尼时期，奥林匹亚并没有发现迈锡尼的任何遗物。阿该亚（Achaea）几乎就没有神话。在英雄神话的出现与迈锡尼遗物之间的对应关系是显而易见的。

距离希腊半岛最远的地方就是西部的爱奥尼亚岛屿。我们在伊萨卡与琉卡斯搜寻奥德赛王宫的行为失败了，因为《奥德赛》（Odyssey）的故事情节并非是真正的神话，而是一个浪漫史；它并非是用神话作为伪装来表达对迈锡尼时代的怀旧之感。凯帕列尼亚发现的那些迈锡尼遗迹仅仅只能够证明一种有规律的占有，凯帕列内斯（Cephallenes）王国的传统或许与这种后期不太重要的殖民活动有关，但这仅仅只能够视为一种具有假想性的观点。

中部希腊

现在我们转向希腊中心地带。除却阿尔古利斯之外，保留迈锡尼时代遗物与神话最多的就是贝奥提亚了。迈锡尼文明有两个主要的中心，那就是忒拜与欧尔科美诺斯。这两个地方都不怎么为人所知，因为命运彻底毁坏了它们的遗物，同时阻碍了对它们的探索，但这些地方遗留下来的辉煌与富饶却使我们不可小觑其重要性。第三座迈锡尼时代的遗址为位于科帕伊斯湖岛屿上的盖拉，该地有大面积的王宫，不过在这些王宫中几乎没有什么发现。显然，这个王宫在很早就被遗弃，它被遗忘得如此彻底以至于它的古代名字都不为人所知。这样就可以理解为何它在神话中的地位是无足轻重的。

对于忒拜来说，有两则神话与迈锡尼相关，并且极为著名，那就是卡德摩斯－俄狄浦斯（Cadmus–Oedipus）与七雄攻忒拜的神话故事群。后者是对在迈锡尼时代由阿尔哥斯国王发起并与其联盟抵抗忒拜战争的怀念。

当我们论及第二大遗址欧尔科美诺斯时，情况就完全不同了。并没有什么神话被立即附会到这个城市，但著名的弥倪亚斯部落与这个城市有关，这个地方在荷马史诗中以其富饶而著名。不过弥倪亚斯人与南部赛萨利有关，欧尔科美诺斯与南部赛萨利普遍存在的神话与祭仪表明，这种关联非常古老。迈锡尼最北部的主要城市为位于帕伽撒依海港的约尔科司，阿尔哥斯的英雄们曾经从这个港口出发探险。该地的神话与迈锡尼遗物之间的对应关系比较密切。这种与弥倪亚斯人的关联还包括与皮洛斯疆域之间的关联。我们有理由认为，弥倪亚斯人是一个喜好贸易而不是喜好战争的民族。这样，在英雄神话与史诗中，他们就没有获得与其他民族同样的神话名声，不过他们广泛的活动线路与财富令人难忘。

还有另外一个省份被迈锡尼文明所渗透，那就是阿提卡。阿提卡有很多迈锡尼的遗迹和文物，但这些东西无足轻重。阿提卡的英雄神话与这些器物之间的对应关系都很缺乏，当然，还有一个例外，那就是精心编制的属于一个久远的历史时期的忒修斯神话。不过这个神话故事群同样包括了某些著名的迈锡尼起源神话，譬如，斩杀牛怪米诺陶，诱拐阿里阿德涅与海伦，有可能还包括了捕获马拉松公牛的故事。最有趣的是，首次论及的神话可以上溯到科诺索斯被洗劫前的时代，那时王宫依然巍然屹立，米诺文化与权力依然处于鼎盛时期。我们有理由认为，诱拐阿里阿德涅与海伦的神话是米诺僧侣神话的世俗化形式，在这些原始的神话中，神明带走了植物女神，其实就等同于普路托带走了克瑞。

卡吕冬人

现在只剩下了一则重要的神话，那就是卡吕冬（Calydonia）狩猎的神话，这也许被认为是关于描述迈锡尼遗迹与神话传说一致性方面的一个例外。我们几乎没有任何主题来匹配迈锡尼艺术中那些表现狩猎野猪的生动场景；我指的是来自于梯林斯王宫那些著名的墙画，上面描绘了猎人，一些追赶野猪的猎狗，还有一些女性坐在战车中去打猎。正如很早以前指出的那样，[1] 这些图像如果不是真实的神话，那么其原型就是人类生活。我们同时注意到了另外有趣的一点，那就是在卡吕冬人狩猎野猪的神话中出现了一名女性阿塔兰塔，她在神话中扮演了最为重要的角色。倘若要追寻卡吕冬人狩猎神话的时间，那么应该将其上溯到迈锡尼时代；这种观点唯一的异议是卡吕冬并不是迈锡尼文明的中心。不过也有可能是。卫城遗址表面发现了成千上万的迈锡尼陶片，而这些城墙都是迈锡尼时期遗留下来的；[2] 但波尔森（Poulsen）博士与龙茂斯（Rhomaios）博士在过去几年的发掘中除了历史时期的一些遗物外，没有其他发现。不过在卡吕冬有两座小山，其中一座比较高的山上有卡吕冬人的卫城，上面发现了一些迈锡尼的文物。这些卫城还包括迈锡尼人用来防御的城墙，两个建筑物中的一个呈拱形；土层中还发现了迈锡尼的陶片。[3] 这座卫城迄今依然没有被发掘。据我们粗略观察，到目前为止，对遗迹的清理表明，迈锡尼时代就已经有人在卡吕冬居住。为了获取卡吕冬地位重要性的观念，并查明神话与迈锡尼文明之间是否存在还没有发现的规律性联系，我们依然值得对这座城市做一番考察。

---

[1] H. R. Hall, *Aegean Archaeology* (1915), p. 190.
[2] *Praktika* (1908), p. 9 *et seq.*
[3] 感谢波尔森博士在来信中与我做了亲切的交流。

第三章 赫拉克勒斯

我已经竭力表明，希腊史诗与一些伟大的神话故事群都可以上溯到迈锡尼时代。为了不至于引起误解，我颇为急切地强调这样一种事实，即该方面设定的我们的知识界限与那些包含在英雄神话中的历史性因素的边界是一样的。举个标准的例子，我们知道拉维那（Ravenna）的西奥多里克（Theoderic）与海斯（Huns）的国王阿提拉（Attila）都是历史人物，并且我们都知道关于他们的功绩。因此这里可以证明，这两个历史人物为贝尔尼（Bern）的戴特瑞克（Dietrich）与在《尼伯龙根之歌》中埃特扎尔（Etzel）的人物原型。倘若我们不具备这种历史知识，那么我们绝不会证明戴特瑞克与埃特扎尔是历史人物。我们或许会倾向于对其做一种猜测，这么一来，我们会使得这种假设看起来具有可能性，但绝不会如此严谨地去证明其历史性。我们绝不可能从神话中确切无疑地推断出一些历史性事实与事件。除此之外，戴特瑞克与埃特扎尔被描述为生活在同一个时代，同时，他们的历史原型却属于不同的时代。我们应该明白并充分意识到，神话与史诗是如何随意地对待并重组它们接管的历史事件与人物。

赫拉克勒斯故事群

当论及我们的观点时，希腊神话故事群源于迈锡尼时代的说法同样真实。从神话本身不能推演出一种严格的逻辑证据；而神话中保存的某些历史踪迹可以毫无争议地涉及迈锡尼时期的状况。我已经证实这种证据一定可以从历史事实中推演而出，其中的一个事实是，希腊史诗源于迈锡尼时代，另一个事实是，希腊神话故事群与迈锡尼时代的遗址之间具有一种持续的关联，这些故事群的重要性与迈锡尼时代那些不断发生变动的重要遗址之间保持了一种密切相关的一致性。从对神话本身的分析中得出的结论是极其有限的，这些结论的存在主要表明，一则神话的古老内核与前面我们所说的主要原理是一致的。

在接下来的章节中，我会根据这种原理，对一些重大的神话故事群以及它们与迈锡尼遗址之间的关联做论述。在最后两章中，我打算论述两个并非本土但却具有普遍性特征的神话故事群，一个是关于赫拉克勒斯的故事群，另外一个是关于奥林匹亚诸神的故事群。当然，论述的方法迥然不同。我们一定要努力去发现什么是可能的故事群，以及它们与迈锡尼环境之间的普遍联系。

赫拉克勒斯的故事群被提及得如此频繁，以至于几乎不可能一一考察该方面浩瀚的论著与论文，并且，这些神话被不同风格的学术方法所论断与阐释。① 赫拉克勒斯是希腊神话中最受欢迎的神话英雄，关于他的神话的发展因而极为丰富，变动也比较大。尽管在探讨我们目前话题的过程中有不可忽略的许多困难，但他的神话故事群的确非常重要并且充满情趣。

民间故事与神话中的人名

第一个难题是赫拉克勒斯的名字，这是探讨最多的一个话题。显然，英雄的名字由"Hera"和"kles"组合而成，"kles"为希腊名字中经常可见的一个复合性元素，尽管元音字母"a"在语源学上的意义显得有些难懂。② 试图将英雄赫拉克勒斯的名字从女神赫拉的名字分离出来的努力已经得以确立，但这种理论却没有基础，卓越的哲学家克雷奇默（Kretschmer）教授已证明这点。同时他还表明了如何恰当地理解赫拉克勒斯的名字。③ 为了正确理解神话，有必要根据英雄神话与民间故事来对其命名原理做一番探讨，这一点对正确理解神话同样重要。

在现代民间故事的人名与希腊神话人名之间存在显著的差异，通过对比，民间故事与神话之间的差异要比实际中的区别更为显著。④ 许多民间故事同样被合并到神话之中。一般来说，民间故事的英雄并没有一个富有个体特征的名字，而只有一个表示其阶级或社会身份的名字，譬如"国王""公主"，等等。希腊神话中几乎没有这样的名字，除了像"克瑞翁（Creon）""克瑞乌萨（Creusa）"这样的国王外，正如我一直认为的那样，这些名字仅仅是阴性形式的阳性名词，其意义是"统治"。

---

① 此处仅仅论及一些关于赫拉克勒斯的比较重要的论著：U. Von Wilamowitz-Moellendorff, *Euripides' Herakles* (ed. 2, 1895); P. Friedländer, *Herakles* (1907); B. Schweitzer, *Herakles* (1922); C. Robert, *Die griechische Heldensage*, II (1921), pp. 422 et seq。
② 我们应该预见元音字母"o"也是如此，譬如，"Herodotus"这个词语就是如此，关于这方面的资料参看下一个注释中克雷奇默教授的论文。
③ 参见克雷奇默（P. Kretschmer）教授刊发的相关论文（*Glotta*, viii, 1917, p. 121 et seq）。
④ 在论及这一相关话题时，我一定要向提供了有用线索的哈利迪（Halliday）博士表示感谢。

许多国家的民间故事中经常会出现第二组类型的名字，这种类型可以被称为"描述性名字"；即根据某个人的特性来刻画人物的名字，譬如，小红帽，蓝胡子，大拇指汤姆，猫皮，等等。第一组类型的名字与此类似。不过这类名字在希腊神话中很罕见。我当然不会将诗人们自己创造的这种描述性名字当作次要人物考虑在内，举例来说，阿斯杜亚那斯（Astyanax），特雷古内斯（Telegonus），忒耳斯特斯（Thersites），① 他们仅仅为古老的神话名字罢了。发动整个忒拜战争的波吕涅克斯（Polyneices）或许就是其中一个；而能工巧匠戴达罗斯，以及非常狡猾的文化英雄帕拉墨得斯则为另外一种类型的名字。我在前文中已经阐释了俄狄浦斯（Oedipus）名字的意义，那就是"肿脚者"。

根据希腊著名的人名体系，希腊神话中绝大多数的名字与那些活着的人们的名字一样，它们的构成方式也是相同的；但在历史时期，神话中的名字是不能够拿来命名活着的人；可以这么说，这些神话名字是一种禁忌。不过出于对神话英雄的尊重，这只是一种无关紧要的现象。在希腊化时代，这种敬意不再被感知，神话中的名字便被随意拿来命名人类。民间故事偶尔也将一些神话中的人名拿来命名其英雄，不过这种名字倒是经常被大众接受，尤其在某些国家，一些附加的名字几乎会成为一种描述性的名字，譬如，巨人杀手杰克。这种现象在德国的民间故事中比较普遍；例如，傻瓜汉斯（*der dumme Hans*），懒汉格里萨（*die faule Grethe*），等等。

或许要在此补充一种近期比较流行的传统，那就是，有时人的性格与其出生地的名字联系在一起；譬如，斯瓦夫哈姆（Swaffham）的佩德拉（Pedlar），哲人格萨姆（Gotham）。当然，这种名字具有相当浓郁的现代意味，但我们不应因此而将其忽视，因为希腊的诗人们同样有将这种名字用来表示一些次要人物的做法；例如克吕赛斯与克吕赛伊斯，其实是少女克吕赛的两个名字，而布里塞斯（Briseis）则是少女布里瑟（Brise）的名字，等等。那些部落的名字同样也属于这种类型，它们不单单是一些与人齐名的名字，例如，达那奥斯，达那厄（Danae），达那伊得斯。②

对原理的说明或许会帮助我们发现赫拉克勒斯名字的本质。因为赫拉在赫拉克勒斯神话中占据了如此重要的地位，以至于它被视为一个描述性的名字；

---

① 荷马史诗中有很多这样的名字；参见 P. Cauer, *Grundfragen der Homerkritik*（ed. 3, 1921）, p. 543 *et seq*.

② 参见本书英文版第 42、65 页。

但当我们密切关注这种命名方式时，我们将会发现一个强有力但却无法解释的观点，英雄赫拉克勒斯本应该被称为"赫拉的名声"，或者是"因为赫拉而出名的人"，尽管赫拉女神曾不止一次地迫害他，并将一系列苦役加到他身上。但英雄赫拉克勒斯与女神赫拉之间的关联却是一种事实，这种联系对于神话的重要性不可忽略；但赫拉克勒斯这个名字是前缀，最初并非是源自用于刻画英雄性格的神话。我在后面的章节中还会再次阐释这种事实。赫拉克勒斯的名字仅仅是一个普通的名字罢了，正如国王狄奥克莱斯（Diocles），阿萨农克拉斯（Athenocles）或者赫尔墨克拉斯（Hermocles）。在历史时期，因为神话的名声和对英雄的崇拜，这些名字不会拿来给一些活着的人们——直到伟大的亚历山大将其儿子称为巴尔西尼（Barsine）；不过另外一个几乎同样是合成的名字赫拉克莱塔斯（Heracleitus）取代了这个名字。另一方面，狄奥克拉塔斯（Diocleitus）这样的名字是缺乏的，因为狄奥克拉斯这个名字被人们随意地使用。①

神话的地方化

尽管赫拉克勒斯这个名字就像民间故事中虚构的英雄巨人杀手杰克一样，但它曾被当作一个普通的名字所使用。我认为最好将其视为一个虚构性人物，这样做不是因为我肤浅的神话历史主义而备受谴责——假如我断言在很久以前有一个人叫作赫拉克勒斯，随着时间的推移，围绕他的神话故事逐渐形成——而是因为这是毫无研究价值的问题。倘若赫拉克勒斯曾是一个真实存在的人物，那么其存在对于赫拉克勒斯的神话无足轻重，就像福斯特（Faust）博士本人对福斯特传奇的重要性一样。

上述事实对于英雄赫拉克勒斯的地方化具有一定的重要意义。神话的地方化经常被作为一种神话研究的手段，并在以上章节中被作为了研究基础，不过我已强调了其所存在的局限性，强调这样一种限定，即它不应该被不加批判地进行使用，或者它不应该忽视其他方面的环境。赫拉克勒斯在各个地方均被地方化了。这一点我在后面的章节中会再次论及，此处我希望强调这样一种事实，像赫拉克勒斯这样的神话形象最初并非限于一个地方，譬如巨人杀手杰克就不限于一个地方，不过这种神话后来均被地方化了。在我看来，那些没有被地方化的神话都成为人们的公共财产，就像有些神明是本土的，而另外一些神明则

---

① 这种观察要归结于克雷奇默教授，参见前文克雷奇默教授相关论著。

相反，成为人们的公共财产。宙斯就是这些神明中的一个例子，各种形象的宙斯均被地方化了。不过一般来说，宙斯并非是一位本地的神明，宙斯的神话同样如此：有些神话是本土的，而有些神话则不是，但它们被地方化了，这种尤为真实的神话一般来说源自民间故事。因此，这种在一个地方将某个大众神话地方化的倾向一般很难发现与鉴别。我在前文中已经论及了一个典型，那就是俄狄浦斯的例子，俄狄浦斯是一个民间故事中的英雄，同样没有任何墓穴，但神话却说他有四座坟墓。赫拉克勒斯同样没有任何墓穴，因此他也不可能有什么坟墓，因为神话中说赫拉克勒斯战胜了死亡。

赫拉克勒斯的仪式

另外一个推论则具有更为重要的意义，也就是说，赫拉克勒斯的所有仪式都被辅助性地附加到了他自己英雄的神话之上。倘若我们做一番考察，那么这个观点就会被证实。赫拉克勒斯有众多仪式，但没有一个是重要的，同样也没有任何重大的庆典，不过欧伊铁（Oeta）山庆典是一个例外，它只不过是一个古老的且被赫拉克勒斯所悦纳的庆典罢了。① 没有一个赫拉克勒斯的仪式和神明崇拜相关，这个过程在其他地方就是一个证据，它证实了一位英雄就是一位失去光彩的神明，其地位被一位伟大的神明所取代。赫拉克勒斯是邪恶（ἀλεξίκακος）的对头，是各种困难中有力而重要的助手。根据这种观点，赫拉克勒斯的仪式就能够被理解了，就像法内尔（Farnell）博士所指出的那样。② 也许赫拉克勒斯还有许多小而无名的被地方化的仪式，似乎英雄的名字在仪式中比较受欢迎，它取代了这些地方性的小神明和英雄们。赫拉克勒斯的仪式已表明其与英雄神话的发展毫无关联，这些仪式仅仅表明英雄很受人们欢迎。

赫拉克勒斯叙事诗

此处要论述的问题是，赫拉克勒斯的神话是否源自迈锡尼时代？普通的神话编撰方法不可能对此做出评判，它只能够证明某些神话属于后来创造或修改过的。我们的问题是要追溯到神话艺术无法达到的一个时代。只有通过对古老

---

① 关于这方面的论述，参见拙文 "Der Flammentod des Herakles auf dem Oite"，*Archiv für Religionswissenschaft*，XXI（1922），p. 310 et seq，以及 "Fire-Festivals in Ancient Greece ," *Journal of Hellenic Studies*，XLIII（1923），p. 144 et seq。

② L. R. Farnell, *Greek Hero Cults*, p. 95 et seq.

神话的分析才有可能对其做出批评。这种方法在某种程度上具有一定的主观性和难度，不过有可能获得成功。

我在前面已经断言，赫拉克勒斯的故事群系由书写赫拉克勒斯叙事诗的诗人所创造。不过这种古老的叙事诗仅仅为一种假设性的。我不想在此探讨这个问题，仅仅想指出一点，倘若这种假说存在，该叙事诗不可能创造一种神话，它只不过在各种业已存在的神话中做了一种选择而已，而这种选择或许已经决定了后来时代故事群的内容。我并不相信这种假想的赫拉克勒斯叙事诗比荷马史诗更为古老。我们应该注意到，荷马史诗中的赫拉克勒斯神话与那些后期相关的神话之间具有迥然的差异。除此之外，这种假定的赫拉克勒斯叙事诗论及了整个故事群，它属于故事群史诗。因此，这种类型的故事群属于某一个既定的故事群，它对神话做了一种搜集与排列，它比荷马史诗的故事群要晚一些。因为对这类神话本身的兴趣，这种故事群开始逐渐生成；同时荷马史诗选择了一则单独的神话或情节作为整个诗歌的基础。根据史诗的机制，这是一种比较古老的做法。并非所有的神话都被改编到了诗歌之中。很多神话存在于传统的口头韵文之中，它们当中的某些部分有可能同时是赫拉克勒斯的神话。

神话的分类

通过对绝大多数的赫拉克勒斯神话的调查，古代神话编纂者的分类对我们的研究目标来说非常重要。① 神话编撰者将神话分为三个种类：1. 赫拉克勒斯履行了欧律斯透斯命令的十二件苦役（athloi 或者 erga），他单独一人或者在其车夫与挚友伊欧拉斯（Iolaus）的帮助下完成了这些苦役；2. 在完成其苦役的过程中，他顺手做了其他的一些事情；3. 赫拉克勒斯在有战争危险的探险中，凭借他自己的能力冲在队伍的前面，并与其他一些英雄一起完成了任务，譬如，与阿尔哥斯英雄们的历险行为。对这些神话的组合就构成了英雄的出生、死亡与尊化为神的神话。

英雄的行为

我们最好将赫拉克勒斯神话的论述归功于罗伯特教授，他断言，当论及赫拉克勒斯神话的发展时，这种对神话的分类毫无价值可言。英雄的一些顺手之

---

① 参见罗伯特论著，前引书，第 428 页及其以下部分。

为的叙事或许并不比那些描述苦役的叙事时间要晚，二者之间唯一的不同是，它们并没有被纳入到十二件苦役的故事群之中。但倘若我们将其行为考虑在内，那么二者之间的差异立即就出现了。一般来说，二者之间的区别就在于苦役的特征。赫拉克勒斯完成其苦役是依靠其气力，以及他的挚友和车夫的帮助，如果没有这些东西，任何一位英雄都无法完成功绩。当赫拉克勒斯履行其苦役时，他显然是在其家臣或战友的陪伴下完成的，在军队首领的陪同下，或者是在其他英雄的陪伴下。相较于赫拉克勒斯依靠自己的力量表现其英勇行为，这些神话显然是比较晚的一种。倘若将赫拉克勒斯行为的细节考虑在内，那么这种源自基本可能性的推论是可以被确认的。

赫拉克勒斯抵抗皮洛斯的神话是对古老神话的一种修改，这是一个严肃得多的神话，我会在下面的章节中再次论述。① 基于历险之上发动的抵抗埃莱安人的战争叙事是典型的神话，这样，孪生的英雄埃克托里俄涅（Actorione）或摩利俄涅兄弟就与赫拉克勒斯的神话联系了起来。② 赫拉克勒斯支持埃吉弥埃斯（Aegimius）抵抗斯巴达人的神话是在赫拉克勒斯成为多里安人的战士之后被添加而成。也许在神话的发展中不大可能揭开这种线索。除此之外，比较著名的是，赫拉克勒斯抵抗特洛伊的历险行为乃随其他神话的增加而逐渐扩大。故事的起点是俘获拉俄墨东的神马，但这种情节单元似乎已经转移到了特洛伊国王的身上，此后特洛伊故事群变得如此著名，以至于如果赫拉克勒斯无法战胜特洛伊时，他的荣耀似乎就无法确立。因为俘获拉俄墨东的神马与俘获狄俄墨得斯的神马故事是类似的，它不过是根据特洛伊故事群主题而改编的神话故事。我很难深入思考这样一种事实，即赫拉克勒斯参加阿尔哥斯英雄的历险是非常晚的神话。最好的证据是，在探险成功之前，神话中只能对赫拉克勒斯不予考虑。只要我们将英雄的行为考虑在内，那么，这种简单的调查或许因此就比较充分了。

为了将我们的阐释进一步推向深入，在此将荷马史诗中的证据纳入论述之中是比较有效的一种做法，尽管这些证据经常被置之一旁，且关于赫拉克勒斯叙事诗的假设过度地受到欢迎，因为尽管这样的神话仅存在于荷马史诗里的赫拉克勒斯神话中，但它仍旧提供了一些最重要且有趣的变化。当这些神话被后

---

① 参见本书英文版第203页。本书英文版第89页同样有所论述。
② 施韦策（Schweitzer）错误地断言，这个情节是赫拉克勒斯神话中一个比较古老的因素；我本人对这种观点的评价参见：*Deutsche Literaturzeitung*, 1922, p. 833 *et seq*。

来的神话所取代或被后人所忘却时，它们可能会成为远古的溯源。在我们所论及赫拉克勒斯的神话中，荷马史诗最早讲到了这位英雄的神话。

在荷马史诗所提及的苦役中，仅带回了凯拉贝拉斯的神话故事，① 但是这种苦役显然是众所周知的，尽管我们并不知道到底哪一个功绩为被想象之物。因为在荷马史诗中，苦役这个单词是"athloi"，它是一个合成词，就像 *terminus technicus* 一样，这就表明这个神话故事群极其古老。并且，苦役由一个劣等人欧律斯透斯强加给赫拉克勒斯，除此之外，神话还添加了一个比较幽默的细节——欧律斯透斯根本不敢将其命令直接传给赫拉克勒斯，而是通过其传令官科普柔斯传达。欧律斯透斯的意思是"粪官"。② 同样的史诗诗文表明，欧律斯透斯居住在迈锡尼城。在神话故事中，雅典娜女神协助赫拉克勒斯通过考验，甚至宙斯也给予了赫拉克勒斯帮助。

荷 马 神 话

赫拉鼓动欧律斯透斯迫害赫拉克勒斯，赫拉的愤怒是赫拉克勒斯遭受众多痛苦和苦役的真正原因。一则著名的诗文详细地叙述说，③ 赫拉诱惑宙斯发了一道毒咒，凡是在某一天出生的宙斯的孩子要统治周围所有的邻居，于是赫拉就推迟了赫拉克勒斯出生的日期，并且让欧律斯透斯匆匆忙忙地提前出世，因此赫拉克勒斯要屈从于欧律斯透斯。宙斯及其配偶赫拉曾为赫拉克勒斯争吵不已，譬如，在赫拉鼓动宙斯发誓的故事中，睡眠之神修普诺斯（Hypnus）以睡眠缠住了宙斯，而此时赫拉克勒斯正从特洛伊返回，被一场暴风刮到了科斯。④ 上述两则神话相当有趣，因为后来的时代不可能接受这种类型的神话。一则神话说赫拉克勒斯伤害了赫拉的乳房，⑤ 而另外一则神话则说，赫拉的愤怒导致了赫拉克勒斯的死亡。⑥

在赫拉克勒斯的行为中，抵抗特洛伊的行为被反复论及。据说赫拉克勒斯之所以摧毁特洛伊是因为拉俄墨东的神马，⑦ 以及显然为后来附加的赫西俄涅

---

① *Il.* viii. v. 368，以及《奥德赛》中关于涅科利亚的表述（*Od.* xi. v. 623）。
② *Il.* xv. v. 639.
③ *Il.* xix. v. 98 *et seq.*
④ *Il.* xiv. v. 649 *et seq.*, and xv. v. 25 *et seq.*
⑤ *Il.* v. v. 392.
⑥ *Il.* xviii. v. 117 *et seq.*
⑦ *Il.* v. v. 640，and xiv. v. 250.

（Hesione）神话，该神话暗示其与特洛伊人和雅典娜女神建造的用来抵抗海怪的城墙有关。① 此外，涅斯托耳讲述了赫拉克勒斯抵抗皮洛斯人战争的故事。② 罗德斯人的英雄特勒波勒摩斯，也就是赫拉克勒斯的儿子也被论及了，荷马的《船表》中甚至还提到了赫拉克勒斯的母亲阿斯忒尤齐亚（Astyocheia）。③

我们在前面已经讲过，荷马史诗中讲到了赫拉克勒斯的诞生。据说忒拜是英雄赫拉克勒斯的诞生地，而阿尔克墨涅则是其母亲。④ 甚至还有诗文说赫拉克勒斯是安菲忒里翁（Amphitryon）的儿子。⑤ 英雄的妻子美迦拉则仅仅出现在《涅科利亚》（Nekyia）史诗中。⑥ 在史诗的结尾，我们读到了这么一则著名的神话，赫拉克勒斯的影子在冥界追赶野生动物，而其真身则升为神明与妻子赫柏（Hebe）生活在一起。比较耐人寻味的是，此处史诗中的赫拉克勒斯被表述为一位伟大的猎手。

以上简略的考察表明，即便不计荷马史诗的后半部分，赫拉克勒斯的故事群已在荷马史诗中完全形成。神话中所有重要的部分以及三种神话的所有类型都已在荷马史诗中被呈现，唯一例外的只有赫拉克勒斯的死亡以及在欧伊铁山上火化成神的故事群。似乎不大可能想象这种神话故事群的发展会归结于与荷马史诗同时代或稍早一些的叙事诗。因为这种发展必须经历一个非常漫长的时期，不同的时代会衍生不同的神话异文。我将在后面的章节中表明这一点。

非常重要的一点是，荷马史诗中讲到了赫拉克勒斯的神话，但这种故事后来被忘却了。现在必须要密切关注的是，是诗人荷马自己创造了这些神话，还是那些后来被湮没的古老传统创造了这些神话。

现在我们要提到《奥德赛》中的一段诗文，⑦ 该文说，奥德修斯自夸他比所有的英雄都厉害，除了拉弓射箭的菲勒克忒特斯（Philocetetes）。不过他又补充说，他并不希望自己与那些早期的英雄竞争，不论是赫拉克勒斯还是欧伊卡利亚的埃乌吕托斯（Eurytus of Oichalia），后者因为在猎熊比赛中试图挑战阿波罗，结果被愤怒的阿波罗杀死了。诗文接下来说，埃乌吕托斯并没有被引入到赫拉克勒斯的神话故事群中。这种引入之所以能够形成是因为埃乌吕托斯与赫

---

① *Il.* xx. v. 145.
② *Il.* . xi. v. 690 *et seq.*
③ *Il.* v. v. 638，and ii. v. 658 resp.
④ *Il.* xix. v. 99，以及篡改的相关诗文，xiv. v. 323。
⑤ *Il.* v. v. 392.
⑥ *Od.* xi. v. 269.
⑦ *Od.* viii. v. 223 *et seq.*；cp. xxi. v. 32 *et seq.*

拉克勒斯皆为著名的射手，于是接下来便很自然地形成了关于二者比赛的故事。关于这场竞争则有不同的异文存在。①

《伊利亚特》中有一段诗文说，②阿喀琉斯（Achilles）为自己的早亡而忧伤不已，后来他发现了一个可以慰藉他的事实，那就是，甚至连赫拉克勒斯也无法脱逃死亡，他唯一能够脱逃的是默伊拉（Moira）与赫拉的极度愤怒。这段诗文或许可以用来解释《涅科利亚》史诗中所说的赫拉克勒斯的死亡，该诗文说，赫拉克勒斯的影子在冥界逡巡，而其"真身"却在奥林波斯山享有永恒的生命，但这种解释过于简单。要理解这一段诗文，我们就必须要考察与诗文相关的内容。荷马史诗的突出特征是神话的教化功能，这个由阿喀琉斯哀伤所导致的故事仅仅是其中的一个例子。神话故事以赫拉克勒斯的死亡为结尾，这似乎极不可能，因为这种结尾与史诗的特征截然相反。

大 力 士

另一方面，神话中一条古老的线索表明，赫拉克勒斯用弓箭射伤了赫拉的右乳，在"地狱之门的众多死者中"③，赫拉克勒斯用箭射中了冥王哈得斯。此处的赫拉克勒斯被描述为鲁莽而粗野之辈，他依仗其蛮力，动用暴力来抵抗死亡。"那人很残暴，逞暴行，不注意他做的坏事，射出的箭使奥林波斯的众神感到忧烦。"④《奥德赛》后面的一段诗文讲到另外一个故事，赫拉克勒斯残酷地杀害了自己的客人伊菲忒斯（Iphitus），然后占有了他的宝马。这段诗文中关于赫拉克勒斯道德关怀方面的表述匮乏，正如在奥托莱卡斯（Autolycus）的故事中，据说赫耳墨斯教他偷盗东西，并发假誓骗人。不过这两个故事在很多方面存在许多基本性差异。此处的赫拉克勒斯只是一个依仗蛮力独自行事的鲁莽勇士，在某种程度上，那个没有律法的时代创造了一个冒失而粗暴的人物形象，其行为走到了极端，甚至与神作对，使用武器来对抗诸神。这是对荷马史诗的一种回应。这种强壮的英雄并没有被人们所忘却，只不过他属于一个已经逝去的时代，因此，富有教化意识的诗人并不认可这些英雄，他仅仅羡慕英雄们的英勇历险行为。"他们是大地养育的最强大的人，他们这些最强大的人同最强大

---

①参见罗伯特论著，前引书，第582页。
②*Il.* xviii. v. 115 *et seq.*
③*Il.* v. v. 319 *et seq.* 希腊文是 ἐν Πύλῳ, ἐν νεκύεσσιν。
④*Od.* xxi. v. 25 *et seq.*

的人联合在一起，与野兽战斗，甚至消灭了那些住在山洞里的人。"[1] 诗人荷马无法明白，一个必死的凡人胆敢用武器与那些不死的神明抗争。当然，狄俄墨得斯这样做了，不过他是遵照雅典娜女神的命令而行事。其他的例子则属于一个已经过去的时代，以此来警示那些将此种命令当作儿戏的人。[2]

赫拉克勒斯性情鲁莽而粗野，他做的任何事情都不能预料。倘若他已残暴地杀死了自己的宾朋，并且违反了那些不成文的律法，那么他也能够杀死自己的骨肉。神话中说，赫拉克勒斯在美迦拉指使下杀死了自己的孩子，或许这只是描述英雄的一个极端的故事序列，但这仅仅是其可疑品性的一种暗示。

从这个层面来说，赫拉克勒斯身上所表现出来的这种原始的野性不可轻视。荷马及荷马之后的神话压抑了这种成分中的多数部分，但它们被改编得如此厉害，以至于成为一种滑稽模仿。他们被保存于民间观念之中。关于赫拉克勒斯的民间故事并非为后来创造。赫拉克勒斯是一个在饮食与性欲方面都毫无节制的人物，他在一夜之间与忒斯帕斯（Thespius）的五十个女儿发生关系，生下了五十个儿子，因此赫拉克勒斯也就有无数子嗣，赫拉克勒斯从农人手中带走了耕牛，为的是做烧烤并吃光它们——最后这个故事被各种各样的神话版本不断展示。此处的赫拉克勒斯是一个凭借蛮力吃饭的凡人，但神话却采用滑稽的视角来看待他。从这两个层面来说，赫拉克勒斯非常类似于现代民间故事中的某些大力士。

抗击死亡

另一个层面上，荷马神话中讲述了赫拉克勒斯与冥王哈得斯之间的斗争，该故事同样值得引起我们的高度关注。它发生在"死者之门"。在希腊语中，"νέκυς"的意思是"尸体"，不过该词语在荷马史诗中并非单指"尸体"，而是专指"死者"，它是存在于古老的原始信念中的一种遗留物，指的是死者的肉体生命。这个词语可以翻译成"在门中"，指的是站在"皮洛斯"这个地方，专指皮洛斯的城门，但长久以来皮洛斯这个地方被视为冥府之门。赫拉克勒斯与冥王哈得斯之间的斗争是这位强壮英雄的最高境界。除此之外，还有很多类似的

---

[1] *Il.* i. v. 266.
[2] 故事中有一个关于伊达斯的故事不在此列，具体参见《伊利亚特》第十卷第 558 行及其以下部分。这个例子是由奥勒特（R. Oehler）搜集的，具体参见 *Mythologische Exempla in der älteren griechischen Dichtung*（Dissertation，Basle，1925）。

故事。譬如，西叙福斯通过诡计战胜了死亡，而赫拉克勒斯战胜旧时代及灭亡的神话则在英雄战胜死亡故事的基础上加以改变。战胜死者之门的故事是赫拉克勒斯职业的结束，正如凡人通过死亡结束生命。赫拉克勒斯射伤了哈得斯并使其四处逃窜。

荷马本人并没有理解这则神话的真正意义，因为他被迫屈从于这样一种命运观，即死亡是不可克服的，甚至连神明也不能够保护人类使其与命运对抗。或许对于赫拉克勒斯乃至赫拉克勒斯的后裔而言，一介凡夫战胜死亡将是一件不能想象的事情。因此对神话的理解被删改了，故事从而被加以改编。皮洛斯成为皮洛斯人的城名，神话通过从阴间到阳界的转换，完成了英雄最早行为的表述，赫拉克勒斯抵抗皮洛斯的故事因此得以创造。另一方面，赫拉克勒斯与死神搏斗的故事被赫拉克勒斯战胜冥府把守者的神话所取代，也就是说，英雄从冥府带回了凯拉贝拉斯。这则神话同样包含了这样一种信念，在另外一个环境中战胜死亡。我们在前文已经讲到，凯拉贝拉斯是死亡国度中一个极其饕餮的形象，因为在中世纪的艺术中，地府被描绘成一只吞噬死者的怪兽，但这并不能表明这种信念同样存在于古代社会。

赫拉克勒斯通过克服死亡结束其苦役的古老神话含义被删改了，因此看上去有必要寻找另外一则与其后期观念相符的生命终结神话。那就是尊化为神的神话。赫拉克勒斯最初是一个凡人，后来变成了神明。这一点在希腊神话中是个例外。英雄们从来就没有被转变为诸神。凡人被剥夺了在天堂享有永恒生命的权力，或者死后到地下，①而不能到奥林波斯世界。拥有永恒的生命但不列入诸神之类的机会被赋予了提斯内斯（Tithonus），并被许给了奥德修斯。赫拉克勒斯被尊化为神似乎是后来的事情，也许是在后荷马时代出现的。尽管荷马并没有提及赫拉克勒斯的事实尚无确凿的证据，在荷马时代，这一点并不为人所知。我个人认为比较肯定的一种观点是，赫拉克勒斯尊化成神的故事源自其仪式。赫拉克勒斯作为神明与英雄同时接受崇拜。这种含混性归结于这样一种事实，有些本土的仪式被附会到了赫拉克勒斯的身上，其中一部分仪式属于诸神，其他仪式属于英雄赫拉克勒斯。因过于伟大或大受欢迎，不可能将其下降为奴仆或下等的神明，因此他会出现在神明的仪式当中，那么，对于神话学来说，其神性与世俗生活便协调一致了。

---

① 该观点首先由罗德（E. Rohde）在其著名的论著《灵魂》（*Psyche*）一书中提出。

尊化成神

最近的一项发现揭示了这一切是如何发生的——欧伊铁山之巅发现了赫拉克勒斯的崇拜场所，根据一则神话表述，赫拉克勒斯点燃柴堆火化自己，最后荣升入奥林波斯众神之列。① 于是就有了一种流传甚广的风俗，人们在某一天点燃熊熊大火，一些献祭物、木偶，甚至一些活着的动物经常被丢入火堆中焚烧。希腊的这个风俗现在已鲜有人关注，但它的流传却相当广泛，尤其在希腊中部地区广为流传。篝火在欧伊铁山的山巅被点燃，柴堆上焚烧的木偶则被称为赫拉克勒斯。早期的碑铭与赫拉克勒斯的小雕像证实了这一点。赫拉克勒斯死于欧伊铁山柴堆火焰中的神话故事因此被创造出来，并与其辉煌相关，后来与晚期生成的得伊阿尼拉（Deianeira）的神话有了关联。另一方面，根据一则广为人知的神话表述，火是获取不死的一种手段，阿喀琉斯与德墨菲翁（Demophon）通过火的净化而结束了自己的生命。从这个前提来说，赫拉克勒斯被尊化为神的故事是被创造出来的，这种确切的答案基于这样一种问题之上：作为凡人的赫拉克勒斯是如何出生的，又是如何获得了神性？这个故事仅仅为后期创造而出，或许在这个重要的赫拉克勒斯故事中有后荷马时代的成分在其中。

在忒拜与梯林斯的地方化

赫拉克勒斯的诞生神话提出了一个非同寻常的问题。荷马知道赫拉克勒斯的母亲阿尔克墨涅，他的父亲安菲忒里翁，以及英雄的出生地忒拜。对于我们的话题而言，故事本身并无多大价值，因篇幅有限，我们就不再对其进行探讨。它之所以能够引起我们的兴趣就在于其地方化，不论是对于古代的神话编撰者还是现代的神话编撰者而言，这都是一个相当有难度的问题。

履行了十二件苦役的赫拉克勒斯其故乡在梯林斯，他是欧律斯透斯在这个地方的属臣。赫拉克勒斯曾经残酷地将伊菲忒斯从梯林斯的城墙上抛下去，根据赫西俄德的叙述，② 他将革吕翁（Geryon）的牛赶到了梯林斯。赫拉克勒斯与梯林斯之间的关联建立得如此牢固，以至于诗人忘记了这样一个事实，即赫拉克勒斯根据欧律斯透斯的命令逮到了这些牛，他本该将牛群带回迈锡尼。荷马

---

① 参见本书英文版第 193 页注释 8。
② Hesiod, *Theogony*, v. 292.

并没有提及赫拉克勒斯的城市梯林斯，不过当他说宙斯将赫拉克勒斯带回了阿尔哥斯，且欧律斯透斯统治的地方是迈锡尼时，那么阿尔哥斯一定为阿尔古利斯的一个省。接下来我们可以断定，赫拉克勒斯待在故乡梯林斯就像荷马史诗中描述的那么久远。

对于在梯林斯历经了十二件苦役的赫拉克勒斯来讲，本土化在其身上建立得多么牢固，可清晰地通过一些困难体现出来。这些困难出自古代的神话编纂者之手，他们力图去调和赫拉克勒斯在梯林斯的本土化与其在出生地忒拜的本土化之间的矛盾。众所周知，阿尔克墨涅与安菲忒里翁被安插在珀尔修斯的族谱中。一首假托赫西俄德所写的诗文中说，安菲忒里翁因杀死了自己的岳父埃莱特翁（Eletryon），就从梯林斯逃到了忒拜。① 这种说法仅仅是为了协调两种相互矛盾的地方化而使用的一种常见且容易辨认的方式，并没有什么价值。我更倾向于相信，阿尔克墨涅在米地亚的地方化与古老的传说之间具有某种关联。②

现代学者采用不同的方式对这个问题做出了不同的探讨，他们提出了这样一个问题：赫拉克勒斯要么最初是忒拜人，要么是梯林斯人。绝大多数人支持赫拉克勒斯是梯林斯人这种说法。根据我对地方化问题思考的一些基本观点，我认为提起这个问题本身就是错误的。因为赫拉克勒斯最初几乎没有位置的限制，举例来说，巨人杀手杰克就如此，但这个希腊神话中常见的主题总是倾向于朝着英雄的地方化方向发展。因此，当一位神话英雄大受欢迎时，不难看到，他就会被各个地方进行地方化，于是这种地方化就不一致，尽管如此，这一点却被保留了下来。因此，我认为赫拉克勒斯在忒拜与梯林斯的地方化都是很早的。忒拜神话讲述英雄赫拉克勒斯的出生，这一点在梯林斯的神话中并不怎么出名，这种矛盾性在希腊神话中其他英雄身上偶尔也会发生。因此，英雄赫拉克勒斯的故事在忒拜与梯林斯之间被分开，前者主要讲述英雄诞生的故事，后者叙述英雄十二件苦役的故事。不过却有迹象表明，忒拜的神话中也讲到了赫拉克勒斯履行苦役的故事。一个令人颇为疑惑的问题就是，尼米亚猛狮（Nemean lion）与喀泰戎猛狮（原文为 cithaeronian，应为 citnaeron——译注），它们两个究竟哪一个是最初的狮子，因为相同的行为被梯林斯人定位在尼米亚（Nemean），同时又被忒拜人定位在喀泰戎山。赫拉克勒斯的妻子是忒拜人，因此赫

---

① Hesiod, *The Shield of Heracles*, v. 79, *et seq*.
② 关于阿尔克墨涅父亲埃莱特翁居处的传说是不断变动的，不足为信。相关论述参见：Midea, Theocritus, xiii. 20, and xxiv. 1; Paus. ii. 25, 9; Tiryns, Euripides, *Alc*., 838; Mycenae, Apollod. ii. 4, 6, 1。

拉克勒斯杀死自己孩子的神话或许较为古老，这个神话同样也被定位在忒拜。

在我看来，究竟赫拉克勒斯的家乡在忒拜还是在梯林斯是一个没有什么价值的问题。因为他并没有从一个地方到另外一个地方，他是一位在任何地方都被讲述的英雄，被不同的地方进行地方化。由于这两个不同的地方讲述了英雄一生中不同时段的故事，因此这种位置上的差异是不可抹灭的。

忒拜与梯林斯均为迈锡尼文明的重要中心。忒拜总是一个重要的城镇，但在迈锡尼文明衰落之后，梯林斯就仅仅是一个贫瘠的村庄了，即使它被称为一个城镇，在政治上偶尔独立。那些在庙宇的正厅中无足轻重的遗物恰当且生动地表明了这个地方有多么贫瘠。倘若这种地方化被认为是迈锡尼时代，那么就很难理解关于这个地方是希腊神话中最负盛名的英雄的故乡这种传说产生。相反，近期的研究表明，迈锡尼时代的梯林斯是一座真正重要的城市，尤其在迈锡尼时代后期更是如此，强有力的国君一定统治着这个地方，因此我们就可以理解为何赫拉克勒斯被定位在这个地方。我禁不住会认为，赫拉克勒斯在忒拜与梯林斯这两个神话的地方化均属于迈锡尼时代。

欧律斯透斯的属臣

赫拉克勒斯在梯林斯的地方化与众所周知的事实相符合，这一点我在后面还会讲到，赫拉克勒斯前五件苦役中的第一件是在其临近地区发生的，地方在伯罗奔尼撒半岛的东北部。当讲到这种关联时，神话的另外一个因素也应该被考虑在内，也就是说，赫拉克勒斯在迈锡尼国王的命令下履行苦役，他不得不屈从于这位国王。这是对迈锡尼时代政治状况的一种回应，因为从地理学的视角来看，很难想象，不同城镇与堡垒的统治者彼此之间会如此独立，迈锡尼其他的城镇一定被大海所隔绝。迈锡尼是阿尔古利斯地区最为重要的一个迈锡尼文明城市，因此，该地的国王一定统治着其他城镇的统治者，至少在其鼎盛时期如此。考古学证实了这种事实，这种记忆被荷马所保存，荷马史诗中说，迈锡尼的国王是一个封建领主。梯林斯的王侯是其属臣。

因此，这就能够解释为何赫拉克勒斯是迈锡尼国王欧律斯透斯的奴仆，通过他那怯懦又荒唐的命令，及那些强加于其属臣身上几乎不可能完成的任务，欧律斯透斯的行为也就能够被理解。因为在所有史诗中，这是一个被反复提及的主题，即迈锡尼的封建领主被描述为一个无能而专横的懦夫，他与一些作为属臣的英雄形成鲜明对比。我们发现这种思想存在于柏勒洛丰的神话中与荷马描述的阿伽门农的神话之中。最为极端的一个例子是《伊利亚特》第一卷所展示的阿喀琉斯辱骂其领主。在英雄史诗（chansons de geste）中，越是形象的表述，其生成时间越是比较晚。卡里列莱马伽涅（Charlemagne）是《伊利亚特》前面章节中一个年长而受尊重的君王，史诗后面在表述他所遭受的虐行比阿伽门农还严重，这位国王受到其属臣辱骂，就像阿喀琉斯所受到阿伽门农的羞辱一样。在俄国史诗中，伟大的弗拉基米尔王是一位富有戏剧性的人物，他向其属臣发布一些命令，有时将他们投到监狱中，只有将一些富有难度的任务强加给他们之后才能够让其出狱。弗拉基米尔虐待新近到来的英雄，但这位英雄用自己的行为捍卫了尊严，他甚至还向国王发起了挑战。

很容易理解在领主与其属臣之间这种恶劣的关系，因为他们的利益彼此对立。国王渴望掌控属臣，属臣们也都热衷于表明自己的独立与威望。一些故事与史诗会在许多属臣和侍从的庭院中讲述并吟唱。当这种最高的宗主权被中断之后，他们向领主充满敌意的态度的印记就会保留在神话之中。对迈锡尼时代这种状况的一些推测具有充分的基础，它揭示了一个高贵的人为何要屈从于一个低劣的人，为何领主是一个无能又傲慢的懦夫，并呈现出一种暗面。

苦役故事群

到了后来，迈锡尼王国的势力衰落了，当其王权衰微之际，许多城市因此彼此独立，属臣与封建领主之间的关系就不再被人理解，因此有必要找到另外一种理由，来理解新时代里赫拉克勒斯屈从于欧律斯透斯的原因。这个理由并不难找，或许在另外一个版本的神话中已经有了答案。因为神话乃至更多的民间故事中说，那些善妒的人总是将一些困难或者不可能完成的任务强加到英雄身上，通常比较知名的是善妒的继母。赫拉克勒斯这个名字本身就表明了它附会到赫拉身上的原因。赫拉是梯林斯这个地方的女主神而且还是赫拉克勒斯的继母，因为后者是宙斯的儿子，神话中多处讲到了赫拉的愤怒，因为她的丈夫有许多风流韵事，基于此，赫拉特别憎恨那些私生子。赫拉克勒斯的名字是理解赫拉克勒斯故事群中赫拉角色的起点。

因此，我们可以这样说，神话故事中赫拉克勒斯的十二件苦役系建构而成，并且给出了赫拉克勒斯不得不履行其苦役的原因。神话当然比苦役本身要晚得多，尽管这种述评意味着对神话涉及的任何单独的苦役以及其数量不做任何论断。赫拉克勒斯的某些苦役也许为后来添加。一个神话故事群，也就是说，神话故事中英雄的一些伟大之举都被赋予了一定的原因，用来解释为何赫拉克勒斯被迫履行这些苦役，它们在其他希腊神话中同样存在，尽管通过赫拉克勒斯的神话故事群，它们已经被删改了。据说忒修斯是另外一个赫拉克勒斯，忒修斯的故事群之所以著名是因为雅典人基于爱国之心将之扩展。柏勒洛丰的神话构成一个与此类似的故事群。二者在前面的章节中均已论述过。①

与此类似的是菲琉斯（Phylius）的神话。但这个故事仅仅出现在后来诗人的论著中，② 这就是为何菲琉斯履行其行为的神话显然是希腊化时代的创造。菲琉斯爱上了一个不大喜欢她的男孩子库卡内斯（Cycnus），后者强加给她如下一些任务：手无寸铁去杀死一头狮子，俘获一些活着的秃鹫并将其带回给他，在兽群里抓取一头野牛将其带到宙斯的祭坛前。这个神话中有许多后世影响的因素，它们被锁定在卡吕冬与皮莱尔翁（Pleuron）之间。我们对其生成时代无法做任何评价。

与阿尔哥斯这位英雄同名的城市阿尔哥斯比较古老，因为它在赫西俄德关于埃乌埃伊（Eoeae）的表述中被提及。③ 就是阿尔哥斯，它在阿波罗多洛斯的笔下被描述为长有一百双眼睛的阿尔哥斯（Argus）。④ 阿尔哥斯杀死了报复阿尔卡地亚的公牛，并将公牛皮披在身上，他还杀死了抢夺阿尔卡地亚人牧群的萨忒拉斯（Satyrus），他又杀死了熟睡的埃奇狄那（Echidna），然后报复了凶手阿庇利斯（Apris）。这种趋势显然让与阿尔哥斯齐名的英雄挑战赫拉克勒斯，就像雅典人创造了忒修斯的神话来挑战赫拉克勒斯一样。但另一方面，这些神话显然非常古老，或者可以说它们本不应该被定位在阿尔卡地亚。

其他地方也有类似的神话故事群片段。阿尔卡赛斯（Alcathoüs）被称为美迦拉人的赫拉克勒斯。他是一个非常古老而重要的神话人物，在美迦拉拥有其崇拜仪式。阿尔卡赛斯将撕碎国王儿子的狮子碎尸万段。赫拉克勒斯的父亲安菲忒里翁杀死了忒美斯人（Teumessian）的狐狸。

不可能收集到更多的同类故事，不过这些对被论及的故事已足够，它们表明，这种讲述那些英雄勇敢行为的叙事，尤其是杀死或捕获一头野兽的行为的表述，相当古老且广为流传。民间故事证实了这种表述。这种行为类似于珍珠

---

① 参见本书英文版第 51 页及其以下部分，第 163 页及其以下部分。
② Ovidius, *Metamorphoses*, vii. 372 et seq; Antoninus Liberalis, *Metamorphoses*, chap. 12.
③ 赫西俄德残篇，第 137 行，利萨奇（Rzach）编辑，根据保萨尼亚斯的论著（第 2 卷第 26 行，2 行），据说阿尔哥斯是埃披道洛斯的父亲。
④ Apollodorus, ii, 1, 2, 2.

串。珍珠有可能被调换、取走，或者添加，赫拉克勒斯的十二件苦役就是如此。赫拉克勒斯十二件苦役的典范故事群相当晚，但原则上讲它比较古老，当神话表述为何赫拉克勒斯履行苦役的原因时，这就很显然地表明它属于迈锡尼时代。作为一个整体的神话故事群显然同样真实，但并非每一件苦役都是真实的。

苦 役

为了验证这种结果是如何被那些苦役神话所证实的一般推理所获取的，我们现在要对这些东西做简要分析。赫拉克勒斯苦役中的前五件苦役发生的背景是伯罗奔尼撒半岛的东北部，这十二件苦役分别是：1. 斩杀了涅墨亚狮子；2. 杀死了勒纳（Lerna）的许德拉（Hydra）；3. 逮住了厄律曼托斯的大野猪（Erymanthian boar），将其活捉带给了欧律斯透斯；4. 逮住了凯莱涅亚（Ceryneia）的赤牡鹿；5. 驱走了斯图姆帕洛斯人（Stymphalian）的怪鸟；6. 清扫奥革吉亚斯（Augeias）的马厩，这件事发生在埃里斯（Elis）；7. 在克里特逮住了克里特的公牛；8. 赫拉克勒斯被带到了遥远的异域，英雄到了色雷斯，他在那里杀死了狄俄墨得斯并带回了后者的马群；9. 取回亚马孙女王迷人的腰带；10. 在西极之地杀死了革律翁然后英雄拥有了自己的牛群；11. 摘走海西裴里得斯（Hesperides）迷人的苹果；12. 从冥界带走了凯拉贝拉斯（Cerberus）。

我们的目标是追溯这些苦役，那么就从最后一件苦役开始吧。英雄苦役的最后结果是获得不死，这通过成双成对的故事而实现。因为我们已经看到，带回凯拉贝拉斯具有这样的意义，同样真实的是海西裴里得斯迷人的苹果。海西裴里得斯的果园在西极之地，它等同于埃雷斯安（Elysian）的园地，诸神极为喜爱这种迷人的苹果，将其鲜活带走可以带来永恒的福分。此为前希腊时代的观念。[①] 这种推论源自一种事实，即赫拉克勒斯苦役的故事群早在迈锡尼时代就被建构好了，与此同时还带有了必然与富有逻辑性的结局。因为希腊人与其他世界的人们有着不同的理念，他们并没有意识到这些历险活动代表的是赫拉克勒斯对死亡的胜利，就像他们希望拥有一个必然而有逻辑性的故事群结局一样，于是他们就补充了战胜死亡王国的故事，它在成双成对的故事中同样被论及，

[①] L. Malten, "Elysion und Rhadamanthys," *Jahrbuch des deutschen archäolog. Instituts*, XXVIII (1912), p. 35 *et seq.* 同时参见拙著《米诺－迈锡尼宗教及其在希腊宗教中的遗存》，第542页及其以下部分。相反的观点可以参见：P. Capelle, "Elysium und die Inseln der Seeligen," *Archiv für Religionswissenschaft*, XXV (1927), p. 245 *et seq*，以及 XXVI (1928)，第17页及其以下部分。

并被纳入带走凯拉贝拉斯的故事群之中。而赫拉克勒斯与死神战斗的故事则几乎被忘却，因此被改编成英雄抵抗皮洛斯的战斗故事。

故事中有三件苦役发生在遥远的异国。赫拉克勒斯抵抗革律翁及其公牛的历险神话尤其需要做大量增补，其中空间的需求一定被省略了。我发现，安泰俄斯（Antaeus）这个名字仅仅表明它为一个幽灵。因为安泰俄斯这个单词一般用来指那些沟通人类的幽灵，因此，幽灵女神赫卡忒（Hecate）被专称为安泰俄（Antaie）。神话中有这样一段表述：赫拉克勒斯为了战胜安塔埃斯，就必须将其从地下举起。这种表述可以通过这样一种理念来阐释，即幽灵潜入地下逃避其敌人。革律翁的神话被逐渐向西传播；该神话可能在早些时候被定位在埃披拉斯（Epirus）。有些学者认为，革律翁是冥界的一个形象，属于他的那条狗奥尔赛拉斯（Orthrus）也被等同于凯拉贝拉斯，但我认为这种假说缺乏充分的理由，尽管它有可能成立。

至于嗜战的女人族亚马孙人神话背后隐含的事实是什么，这一点还不太清楚。前文提到的一种观点讲到，亚马孙人是对赫梯族（Hittite）的一种怀旧，[①]不过这种观点最后并不能得到证明，尽管也许可能成立。倘若如此，这种神话就源自迈锡尼时代。我本人并不能做任何定论，不过我本应观察到这种神话是如此著名，它早晚都会不可避免地被应用到著名的英雄赫拉克勒斯身上。

狄俄墨得斯王居住在色雷斯，是食人马的主人，这种观点建立在这样一种基础之上，即该神话是从希腊传向色雷斯的。因为色雷斯人狄俄墨得斯自然等同于阿尔哥斯国王，其名字在荷马史诗中占据了重要地位。狄俄墨得斯被视为属于那些从特洛伊返回希腊的诸位英雄之一，他经历了千辛万苦。狄俄墨得斯经常被认为是希腊殖民地的奠基人。色雷斯是一个以养马著名的省份，这一点在荷马史诗中比较著名，或许可以帮助我们理解历险行为的地方化，罗伯特教授已给出了这么一种观点，这种行为取代了一个类似的形象，即狄俄墨得斯王俘获了第一匹马阿里翁（Arion），但罗伯特教授并没有证明自己的观点。[②] 与此相反的是，我们或许应该观察到，荷马的武士就像迈锡尼时代的武士一样，需要的并非是一匹马，而是一队马，因为他并非要骑马，而是需要一队马来驾车。在我看来，赫拉克勒斯赢取马匹的神话似乎比较古老，我们在英雄获取拉俄墨

[①] W. Leonhard, *Hettiter und Amazonen*（1911）.

[②] 参见前文所引罗伯特教授论著第 437 页。该观点认为，奥林匹亚宙斯神庙的壁画上出现了赫拉克勒斯与马匹的形象，而雅典被称为忒赛翁（Theseion）神庙壁画的证据并不充分。或许这要归结于对艺术秩序的关注。

东神马的神话中看到，英雄赢取了双倍的马匹。①

假如我们将目光从革律翁与狄俄墨得斯神话的细节移开，那么我们就会发现，这些神话的核心只不过是俘获一批著名的马群或牛群，这是神话学中一个非常普通的故事主题，这只不过是对原始人牧养牛马生活方式的一种回应罢了。在这样一个民族与这样一个时代之中，这种行为就一定被包含在了它所创造的英雄生涯之中。

赫拉克勒斯的第七件苦役，也就是俘获克里特公牛，在本质上类似于前面的五件苦役，这个故事仅仅为使用蛮力来抵抗野生动物的例子，其不同之处就在于，它发生在遥远的异国。我在前面已经讲到，②我不明白为何捕获野生动物的神话从忒修斯转移到了赫拉克勒斯身上。作为对克里特斗牛的一种怀旧，克里特的地方化是非常容易理解的，因此，俘获公牛这件苦役有可能要回溯到迈锡尼时代，甚至米诺时代。

苦役的特征

我在前面已经讲到赫拉克勒斯清扫奥革吉亚斯牛圈的神话，这发生在埃里斯，为后来添加而成，但我不敢确信这种观点正确无疑，因为这则神话有一个民间故事的主题，它与关于赫拉克勒斯的那些幽默的观念相吻合。前面的五件苦役都发生在伯罗奔尼撒半岛的东北部，在地方化的前提之下，这些苦役一般情况下应被公正地认为是最早的。

我们在前面已发现，经常难以证实的是，赫拉克勒斯单独的一件苦役源自迈锡尼时代，但另一方面有证据表明，在这个例子中，这种神话故事群有可能源自迈锡尼时代。但是，倘若如此，那么不要忘记，这些历险行为或许在后来时代已被省略或补充。典范的十二件苦役有可能为后人添加，不过从目前探讨原理的视角来看，这一点并不能削弱它源自迈锡尼时代的可能性。

为结束阐释，我们现在转向作为整体的故事群特征。赫拉克勒斯的六件苦役均为杀死或捕获野生动物抑或妖怪。这种情节在特征上相当原始，比荷马笔下那些获取名声或名誉而浴血奋战的英雄要原始得多。这样它的特征就与原始民族的那些非凡的风俗相吻合，在这些风俗之中，那些空间上的需求仅仅作为少数例子而被引用。如果威塔尼的印第安人（Wintun Indian）决议要杀死一头黑

---

① 参见本书英文版第 197 页。
② 参见本书英文版第 169 页。

熊，他会以自己的名义跳一种特殊的舞蹈。非洲中部的贝利人（Beli）中也有类似的风俗，当一个年轻人要杀死一头狮子、豹子、水牛，或者一头大象时，他也会这么做。如果霍屯督人（Hottentot）单独杀死了一头猎物，那么他就会被视为英雄，并因此拥有享用这种名分的权力。

历史时期希腊艺术中对狩猎的表述一般都富有神话色彩，但在前科林斯瓶画上频繁出现的打兔子狩猎游戏是例外。希腊人比较喜欢打野猪、野鹿，以及其他一些动物，以此来消遣时光，但这种并不具有英雄气概。迈锡尼时代就不是这样，迈锡尼时代的宝石上经常雕刻着一位男性与一头狮子或公牛搏斗的场面，这种场景在迈锡尼艺术中并不罕见。举例来说，迈锡尼四号竖井墓中镶边的匕首上出现了狩猎狮子的场面，而梯林斯的一幅墙画上则描绘了猎熊的场景。迈锡尼艺术与赫拉克勒斯狩猎情节是如此对应，以至于这种偶然性有力地确认了它们的迈锡尼源头。

看上去就是，英雄赫拉克勒斯运牛的民间故事与这个时代的生活和风俗非常吻合，尽管它在其他时代同样会发生。那么赫拉克勒斯打扫满是牛粪的牛厩的离奇神话就与这个时代格格不入，虽然这个神话插入故事群的时代是不确切的，作为单独神话的亚马孙女王腰带的故事也是在这个时期插入的。这种考察最后得出的结论是，也许大部分的赫拉克勒斯苦役均与迈锡尼时代密切相关。因为赋予赫拉克勒斯履行其苦役的神话源自迈锡尼，这种结果乃水到渠成。

小　　结

现在做几点结论：在迈锡尼时代，赫拉克勒斯是一个普通的名字，被人们用来指称大力士。迈锡尼时代人们所仰慕的这种理念与这个时代的生活被附会到了赫拉克勒斯身上，围绕着英雄，形成了诸多斩杀或捕获野生危险动物与妖怪的神话故事，有时还伴有偷牛的故事。民间故事的这种机制要求寻找一个理由来解释这些情节与主题，通过这个理由来连接这些行为，以便这些行为能够组成一系列故事。该主题建立在英雄作为伟大的迈锡尼王属臣的身份之上，赫拉克勒斯这个名字给了我们将其神话与赫拉联系在一起的理由，赫拉成为赫拉克勒斯的继母，赫拉克勒斯则被视为赫拉的一个带有威胁性的继子。赫拉克勒斯的职业生涯要求要有一个结局，因此这个结局要比一般的行为伟大，那就是战胜死亡。这个故事群有不同的版本，但从海西裴里得斯的果园中摘取苹果的神话显然源自米诺时代。

不过人们通常喜欢了解并讲述的，不但是赫拉克勒斯的生命以及生命的终结，而且是讲述英雄的诞生故事。所有这些神话都在迈锡尼时代生成，因为关于英雄的出生与忒拜密切相关，而关于英雄的苦役神话则与梯林斯相关，这两个地方均为迈锡尼文明重要的中心。当我们试图寻找为何英雄被称为赫拉克勒斯的原因，我们不可能找到神话被地方化确切的原因，不过这些神话的地方化已经表明，赫拉克勒斯生涯的神话故事群源自迈锡尼时代。只要我们关注这种潜在的原理，那么这一点是确凿的，但其中的一些细节并不确切，还有很多争议。在这种探讨之中，没有理由在后期兴起的关于赫拉克勒斯的故事群上多费口舌。

第四章　奥林波斯

各民族的万神殿

我们一般倾向于认为，多神教宗教的神明有规律地被纳入宗教体系的情况，与我们探讨的希腊神话的宗教有些类似，但当我们近距离考察时就会发现，世界宗教与希腊诸神的宗教没有任何类似之处。我在此没有必要详论野蛮民族的多神教，因为他们的神明很难被纳入一个固定的体系中。不过我应该简单说一下那些古代民族的宗教，这些民族的宗教体系与我们的宗教体系有些类似，也就是说，我要论及的是埃及宗教与巴比伦宗教。

但埃及宗教中的神明体系与希腊的神明体系在本质上并没有什么类似之处。埃及宗教的源头是多神教与宇宙理论思考，该思想试图将本土与自然神明纳入一个和谐的体系之中，尽管它们勉强合适。这种尝试被一些政治上的考虑所支持，因为那些本土神明的独立对整个国家具有一定的危险性。埃及最早的宗教体系或许要上溯到前王朝时期，它是一种关于赫利奥波利斯（Heliopolis）的太阳神学，在该宗教体系中，太阳神被视为主要的形象。那时忒拜最后成为埃及的首府，而其本土的神明阿蒙（Amon）的起源相当模糊，阿蒙最后成为埃及帝国的主要神明，其地位等同于太阳神。阿蒙的地位归结于这样一种事实，忒拜已是埃及帝国的首都。

诸神的希腊王国

巴比伦的情形与此类似。此时并不缺乏多神论与宇宙论思考，以及宗教的系统化，但主神的创造依赖于甚至更多地依靠于政治环境。在古老的苏美尔（Sumer），城市的神明是其至高统治者，其他神明围绕主神形成了一个宗教系统。天空神明安奴（Anu）的至高地位只有在涉及宇宙论时才成立，在其他地方，恩利尔（Enlil）是其主神，或许只有在其城市尼珀尔（Nippur），他的地位才被承认。当一座城市被另外一座城市废除时，其主神就成为胜利者城市的属神，这种关系因此被家谱所表述。在阿莫里忒斯（Amorites）统治时期，这种过程依然显得非常明显。当巴比伦征服了这个国家并成为其首府时，以前鲜为人知的巴比伦神明马杜克（Marduk）就成为至高神。当亚述人成为统治民族时，马杜克的地位就被亚述的神明阿苏尔（Assur）取代了。

希腊至高神宙斯的地位既不归结于多神论的思考，也不归结于这样一种事实，即本土的崇拜仪式发展成为帝国的崇拜仪式，城市的神明就成为整个帝国的神明。从一开始，宙斯就在许多地方被所有的希腊人崇拜。希腊诸神之国的创造并非是对政治状况的一种对应，在这种情景之下，一座城市臣服于另外一座城市，战败城市的神明就成为战胜城市神明的属神。相反，那些具有占据至高神位置特征的神明就成为众神之首。但在其他国家，主神的至高位置对应的是众所周知的政治环境，这种情况与希腊非常不同。天上有一个帝王的角色，地上的帝王角色则在历史时代的早期就已消失。

古代的作家们曾说过，荷马创造了希腊的诸神。这种论断当然有其真实性，假如将其运用于希腊的诸神之国时，该观点依然非常真实。因为荷马史诗中这种形式植根于所有未来时代思想的基础之上。本章因此要论述的一个问题是，荷马的诸神之国是如何创造的，尤其是这样一个问题：我们到哪里去寻找这种神话的模式？因为很显然，人们总是一致认为，这种模式取自人类生活。

这种事实已经被斐尼斯勒博士所接受，他是最优秀的荷马专家之一，曾经对这个问题做过思考，不过其观点与我们所持的观点几乎对立，而且它使得我们对史诗的分析变得非常复杂，我在此不得不首先探讨斐尼斯勒博士的观点，并对其做简要分析。正如我们所知，斐尼斯勒博士在荷马史诗中看到了不断改造的诸神之国观念。事实上，他认为我们在荷马的文集中能够找到并论证该思想的起源。在斐尼斯勒博士关于荷马宗教的阐释中，[①] 斐尼斯勒博士基于有关诸神的不同概念，对荷马史诗的早期与晚期的概念做了区分。因此，他就将奥林波斯山上所发生的诸神之战与场景做了分离，如果忽略后来创造的这些部分，斐尼斯勒博士认为，保留下来的史诗部分内容中所表述的神明要更为独立，尽管至高神宙斯掌控着命运。斐尼斯勒博士断言，这个阶段已出现了神明的家谱，不过诸神的家族并没有完全发展成型。

因此，斐尼斯勒博士就做出了这样一种论断，即在公元前 8 世纪末期，一

---

① G. Finsler, *Homer* (ed. 3; 1924), p. 220 *et seq.* "Die Olympischen Szenen in der Ilias," *Program*, Bern (1906).

位伟大的诗人出现了，他把那些伟大的史诗组成了我们所说的《伊利亚特》，用那个时代业已存在的史诗做素材来组织荷马史诗。就在组织情节的过程中，这位伟大的诗人引入了诸神的至高领导权的理念。关于诸神家族与国度的细节性描述要归结于这位伟大的诗人他介绍了奥林波斯的场景。同时在关于早期诗歌研究中，占据主流地位的思想认为诸神居住在天堂之中，此处的奥林波斯山就等同于天堂，斐尼斯勒博士认为，这位伟大的诗人再现了一个更为古老，几乎已经被忘却的位于赛萨利北部的奥林波斯山的观念，他将这座山视为诸神之山，带一种雄奇的想象来描述诸神的居所。

根据我本人的意图，重要的不是关于诸神生活的细节性描述，因为这很大程度上归结于后人的改造。比较突出的是这样一种观点，即在荷马史诗早期的部分内容中，神话之间彼此更为独立。从这个层面来说，这种基于诸神之国所形成的观点是一种诗性的虚构，它是在公元前8世纪末叶形成的。

《伊利亚特》第五卷

斐尼斯勒博士是维拉莫威兹教授的高足，他在此处与其他个案中均采用了其导师的观点。维拉莫威兹教授指出了荷马史诗中不同部分中关于诸神的不同观念，他同时强调了这种差异对于分析荷马史诗的价值。[①] 譬如，维拉莫威兹教授断言，荷马史诗第一卷与关于荷马史诗的描述之间有某种关联，这部分史诗描述了"不死人类的理想世界，这些人沉醉于享乐，没有凡人的一些烦忧，他们有着迷人的外貌，整日沉浸于绝妙的幻想与世俗的享乐之中"。与这种情景相反的是，维拉莫威兹教授指出了荷马史诗第五卷甚至第四卷中非常古老的生活方式。

因篇幅所限，在此不能充分探讨这个主题，我仅仅挑选一些比较重要与典范的例子来阐释。这样的个案在关于狄俄墨得斯的表述中得到比较充分的体现。也就是维拉莫威兹教授认为，荷马史诗第五卷是整个《伊利亚特》中最为古老的部分。[②] 我们的首要观察是，荷马史诗第五卷中充满了关于奥林匹亚诸神的生活场景。斐尼斯勒博士一定是根据其原则，将这部分分割出来的篇章严谨地归结于后期诗人的创造。《伊利亚特》第五卷讲述的内容包括雅典娜女神、宙斯的

---

① Wilamowitz, *Die Ilias und Homer* (1916), p. 316, cp. p. 284.
② *Loc. cit.*, p. 339.

愤怒，最后将表述的场景转向了阿瑞斯。① 当狄俄墨得斯刺伤阿芙洛狄忒（Aphrodite）时，我们听到英雄的矛尖刺破了美惠女神卡里忒斯为她编织的永不败坏的裙袍，永生女神的身上流出了一滴滴灵液（Ichor）。一则后来添加的神话说，神明是不死的，他们不食人间烟火，与凡人的饮食有所不同。② 在接下来的场景中，阿芙洛狄忒央求阿瑞斯将其带回奥林波斯，那是属于不朽神明的居所。伊利斯（Iris）解下了马鞍，给马匹喂了一些琼浆玉露。后来，狄奥涅（Dione）开始安慰自己的女儿，就在这位女神的表述中，最不可思议的细节出现了：赫拉克勒斯曾经有一次用弓箭伤害了赫拉，就像冥界之神哈得斯一样，赫拉不得不回到了奥林波斯，接受神医派埃昂（Paieon）的治疗。接下来，阿芙洛狄忒不得不硬着头皮听了赫拉与雅典娜的嘲讽，甚至还有来自宙斯那种包含了训斥的言辞。③ 在后面的神话场景中，伊利斯为赫拉套上了马鞍，雅典娜"赶在其父亲宙斯前面"拿起了武器。郝拉俄（Horae）站在战车中打开了奥林波斯的大门。这两位女神首先造访了宙斯，他坐在奥林波斯山巅的最高处，女神们为了在战争中抵抗阿瑞斯，就要求离开奥林波斯山。④ 诗篇的最后，阿瑞斯被在雅典娜帮助下的狄俄墨得斯所伤，回到了"宽阔的天堂"或"险峻的奥林波斯"，在接受神医派埃昂的治疗之前，他不得不倾听宙斯的训斥。赫柏清洗了阿瑞斯的伤口并代替他坐到了宙斯旁边的座位上。最后，赫拉与雅典娜也回到了宙斯的家族之中。⑤

这些荷马史诗中的诗文看上去比较晚近，因为一些古老的观念被修改，以至于它们被误解。阿瑞斯将其长矛斜靠在云端，⑥ 但在其他地方，云彩是隐匿诸神与人类的手段。当战斗正酣时，阿波罗制造了一个受伤的埃涅阿斯形象，而真正的埃涅阿斯则被阿波罗带到了帕加马（Pergamon）。⑦ 不过总的来说，以上这些场景太多太宽广，一时间无法一一考察，一般来说，这些情况就像斐尼斯勒博士所指出的那样，是后来添加的。如果它们被取走，那么史诗也就没有什么内容了。实际上，这种观点接近另外一位研究荷马的学者所倡导的观点，那就是贝特教授。根据他的观点，《伊利亚特》第五卷并不古老。贝特教授认为，

---

① *Il.* v. v. 29 *et seq.*
② *Il.* v. v. 338 *et seq.*
③ *Il.* v. v. 355 *et seq.*
④ *Il.* v. v. 711 *et seq.*
⑤ *Il.* v. v. 850 *et seq.*
⑥ *Il.* v. v. 356.
⑦ *Il.* v. v. 449.

该段诗文所表述的赫拉与雅典娜拿起武器的事件是对神话的一种篡改，为了自圆其说，他断言这段神话的核心是介于狄俄墨得斯与潘达罗斯和埃涅阿斯之间的决斗。

维拉莫威兹教授持有另外一种观点。① 他反对这样一种观点，即《伊利亚特》第五卷中那些表述诸神的观念应归功于荷马，因此对其特性的阐释也就归结于公元前8世纪介于爱奥尼亚人与亚斯阿提科斯（Asiatics）之间的民族对抗。这并不能明确表明他是这样一种观点的持有者，即关于奥林波斯场景的表述归结于后世诗人的创造。但根据维拉莫威兹教授的观点，《伊利亚特》的第五卷是史诗最为古老的部分，他认为这些诗文的创作源自公元前8世纪的爱奥尼亚，是在忒拜叙事诗的帮助下完成的，后者有可能是在希腊大陆写成。根据斐尼斯勒博士的观点，《伊利亚特》第五卷是经过精心改编而成的；据贝特教授所言，该卷中并没有什么新奇的东西，除了狄俄墨得斯、潘达莱斯和埃涅阿斯之间的决斗之外。

诸 神 之 山

我对此不做评判。为了强调这种方法的主观性，我在前面已重述了分析学派最为突出的拥护者所持的观点。他们这种不同的结果是不足以信赖的。我在此仅仅补充一点关于斐尼斯勒博士的方法。因为该方法是我目标所涉及的最为重要的一种。斐尼斯勒博士方法的前提是，《伊利亚特》中关于诸神的描述比其他章节要晚一些，根据这种假设，他为此鉴定了《伊利亚特》中各段诗文的年代。倘若这种前提可疑，那么他其实是以待解决的问题为依据来工作。我担心对于其他章节而言，《伊利亚特》第五卷过时的特征依靠于这种观点，它以对诸神的规矩的描述为依据。

显然，根据这种方法并不能得出确切的结论，因此我们不得不尝试寻找另外一种方法。众所周知，在荷马史诗中奥林波斯是诸神之山，为神明们的居所，这是我论述的起点。如果我们通篇检查荷马史诗中关于奥林波斯的表述，那么我们就会做出如下观察。荷马史诗中仅有两处诗文讲到奥林波斯是宙斯独居的处所，在其他诗文中，奥林波斯是诸神与宙斯共同居住的地方。在这两处相关的诗文中，② 据说宙斯扔出了炸雷或者发起了风暴。诗文中所描述的奥林波斯是

---

① 维拉莫威兹，前引文第339页。
② *Il*. xiii. v. 243, and xvi. v. 364.

诸神的居所，除了那些真正发生在奥林波斯的场景之外，以上这些表述是相当均一的；这些行为在《伊利亚特》的第六卷、九卷、十二卷、十七卷以及二十三卷中均没有发生，这些篇章并非最早，它们这种描述的缺席当然属于偶然而为。这种观念已经定型，时常以习语与韵文的形式出现："奥林波斯之座""他走下了奥林波斯山巅""神明如奥林波斯山一样多""拥有奥林波斯之家的神明或不朽者"。① 一段作为导论的主要诗文中四次提到了这样一句话：

"居住在奥林波斯山上的文艺（Muses）女神啊，请告诉我们。"②

天　　堂

我们同时发现，"奥林波斯"这个术语有两次在意义上等同于"诸神"这个词语。有时，诸神更多地被称为"天堂的神明"（Οὐρανίωνες）或者"天空之神"（δεοὶ Οὐρανίωνες）。这些术语属于希腊神话学的因素，关于它们，有一个已经建立起来的共识性观点，它们在奥林波斯诸神与冥府（Chthonian）诸神之间做了一种明显的区分。这种观点已被忘记，在《伊利亚特》中冥王哈得斯已经被划到奥林波斯诸神之列。奥林波斯与天堂作为同一种事物而出现。举例来说，据说雅典娜高升到了伟大的天堂与奥林波斯山上。③ 更为重要的是这种同一性会出现在祭仪之中，也就是说，出现在祈祷之中。人们向宙斯祈祷时，一般要眼望天空。④ 涅斯托耳向奥林波斯之神宙斯祷告时，双臂高举，抬向布满星星的天空。⑤ 当然，当一个人祷告时，他也许会转向自己崇拜之神的居所，但我们应该注意到，从来没听说过祈祷者自己朝着奥林波斯山方向祷告。

诸神何以住在奥林波斯

我们已经知道，诸神是奥林波斯或天堂整体的一个组成部分；因此，他们居住在奥林波斯或天堂之中，但没有一个单独的神明被称为奥林波斯之神，宙斯除外。对于这种规律来说，只有一个例外，也就是荷马《船表》中的缪斯

---

① ἕδος Οὐλύμποιο; βῆ δὲ καγ' Οὐλύμποιο καρήνων; ὅσοι θεοί εἰσ' ἐν 'Ολύμπῳ; θεοί, ἀθάνατοι 'Ολύμπια δώματ' ἔχοντες.

② ἔσπετε νῦν μοι, Μοῦσαι 'Ολύμπια δώματ' ἔχουσαι, Il. ii. v. 484; xi. v. 218; vi. v. 218; xiv. v. 508; xvi. v. 112. ii. v. 491. 在《船表》的开始部分，有这么一句话：'Ολυμπιάδες Μοῦσαι。

③ Il. i. v. 497.

④ Il. iii. v. 364; vii. v. 178.

⑤ Il. xv. v. 371.

（Muses）被称为奥林波斯的文艺女神，① 上文所引用的精美诗文讲到了奥林波斯家族的情况。

这种差异并非出于偶然。因为除了宙斯之外，诸神最初并不住在奥林波斯或天堂。波塞冬住在海底或河流中，阿耳忒弥斯（Artemis）住在黑森林与绿草地。雅典娜当然住在山上，不过城市的卫城上同样也有人类的居所。只有宙斯最初住在奥林波斯，因为他是天气之神，云雨的集结者，又是雨水与雷电的发送者。宙斯从奥林波斯向下掷了响雷。② 当宙斯向下发起暴风时，白云就会从奥林波斯升起，然后升到发光的苍穹之中，高达云霄。③ 高山被云彩所围绕，云中又发出了暴雨与响雷，这种业已成型的思想表明宙斯的本性，也就是天气之神，从这种品行上说，宙斯居住在奥林波斯山上，他是奥林波斯诸神的一员。这种多云之山巅的理念同样影响了诸神之城图景。诸神之城的大门是一片白云，由郝拉俄（Horae）来操控开关。④ 因此其他神明与宙斯一样，经常隐匿在白云中。⑤ 不过山巅等同于天堂，这是因为闪电与雨水经常从天空降下，就像从多云的山顶落下一样。

宙斯居住在山顶或天空之中——这其实是一回事——因为他是天气之神。其他居住在山上的神明与此类似，他们的工作是可见的。假如其他神明是奥林波斯或天堂之神，假如他们居住在奥林波斯，那么它就归结于这样一种事实，即最初居住在奥林波斯的宙斯将这些神明升到他的居所。诸神居住在奥林波斯的理念是如此牢固与透彻，以至于它比《伊利亚特》书写的时间要早得多，这一事实是不可置疑的。接下来是这样一种突出的观点，即其他神明自古以来就是臣服于宙斯的，因为这些神明已经作为属臣加入了宙斯一方，他们就不得不与宙斯住在同一个地方。不可能找到另外一种理由，来解释为何这些神明离开自己本来的职责与居所，然后高升到了奥林波斯或天堂之中。宙斯是奥林波斯之神，是统治者，其他神明在某种程度上是宙斯的附庸。在这种诸神臣服于宙斯的状况之下，作为诸神之国的奥林波斯就被包含在一个整体之中，这种观念绝不可能归结于爱奥尼亚行吟诗人所吟唱的口头叙事诗。在《伊利亚特》较早的部分内容中，诸神要更为独立，这是一种没有根据的假说。斐尼斯勒博士本人承认，甚至在这一部分中，

---

① *Il.* ii. v. 491.
② *Il.* xii. v. 240.
③ *Il.* xvi. v. 364.
④ *Il.* v. v. 749.
⑤ *Il.* xiv. v. 350；xv. v. 153；xx. v. 150，etc.，etc.

宙斯也同样掌控着事件的发展。

史诗的赛萨利源头

假如我们转向历史层面的考察,那么就会得到同样的结论。诸神世界遵循的是君主统治原则,一位至高的神明是其首领。爱奥尼亚缺乏政治上的统一,各个省份各自为政、独立称王。爱奥尼亚人当然知道一位伟大的君王,不过这个人是外国人,就是佛吕癸亚的国王。各自为政的爱奥尼亚人及其联合政体从来就不会接受这样一种思想,将所有的神明集中到君主统治之下,让一位至高神来统治他们。

诸神之国的模式是根据人类社会的模式而创造的,这一点已得到认可。我们在爱奥尼亚人当中并没有找到这种必要的社会状态,因此要转向其他地方。现在转向赛萨利。奥林波斯山位于赛萨利境内,我们发现赛萨利在历史时期有一个贵族统治的省份,由一个君王统治着整个国家。这种事实促成了这样一种比较流行的观点,即史诗形成于赛萨利地区,然后被人们带向了小亚细亚。此处不可能讨论这么一个宽泛的问题;除此之外,这种流行的观点在某种程度上已经消失。支持这种观点的理由比起那些具有根据的证据来说更为似是而非。《伊利亚特》中的主要英雄阿喀琉斯被锁定在斯佩尔开俄斯或斐赛亚,这种观点决不能证明希腊史诗就像通常所说的那样,源于这个地方。倘若埃俄利克方言就像某些人所认为的那样,在历史早期的希腊大陆的传播比晚期要更为宽广的话,那么那种因为史诗最初的语言是埃俄利克方言,史诗从而形成于赛萨利地区的观点就是靠不住的。

塔 古 斯

前文我们所涉及的诸神之国源自赛萨利社会状况的两种观点,已被视为是不证自明的,但即便如此这些观点依然要受到质疑。下面我就从赛萨利的政治环境开始说起。我们关于这个地方的知识少得可怜,与以往的认知截然不同。多年以前,希尔·冯·盖尔忒根(Hiller von Gaertringen)教授发表了一篇非常有价值的论文,[①] 他在该文中证实,在公元前 6 到公元前 5 世纪,赛萨利同时存

---

① F. Hiller von Gaertringen, "Das Königtum bei den Thessalern" in the volume *Aus der Anomia* (1890), p. 1 *et seq.*

在好几个王族，每一个家族都拥有有限的统治区域。这种事实已获得认可，但他接下来假定，所有赛萨利地区的统治者，以及包含所有赛萨利地区的省份，二者当中没有一个在公元前460年之前存在过，这种公共事业带来的结果仅仅是一种偶然的联合。封建君主权位的传统，也就是塔吉亚（Tageia），只能够上溯到公元前4世纪斐罗埃（Pherae）的伊阿宋的统治那里。① 但上述这些观点很难得到认可，而塔吉亚，也就是统治所有赛萨利的封建王权，有可能有着更为古老的源头。② 但自古以来，赛萨利就从来没有真正意义上的王权，它们显然与从古代继承而来的王权也没有任何关联。希腊的国王并非总是采用这个名字，他们的王权是从更早的时代，也就是从巴斯莱埃俄斯（Basileus）③ 继承而来的，而不是从另外一个词语塔古斯（Tagos）而来。假如塔古伊（Tagoi）的名录是虚构的，那么这些统治者均属于不同城镇的不同家族。④ 他们的位置并非由于任何世袭原则，而是源自选举，他们只有在需要时才能够选举。一个塔古斯在其一生中会被选举，尽管还存在一些没有塔古斯的时代。

奥林波斯山

这种偶尔选举一位君主的机制稍微类似于宙斯统治的奥林波斯王国。赛萨利人的塔古斯完全没有像诸神之国那样拥有同样充分的权力，他继承而来的王权也不像宙斯所拥有的那样。在特征上，赛萨利人王国也比诸神之国要更为独断。也许有人会断言，赛萨利塔古斯的权力曾为世袭。这种观点既不能被证实，也不能被驳倒。迄今我们已经明白，希腊诸神之国的模式不可能是赛萨利人的政治机制的翻版。

然而，对于赛萨利人的起源而言，最有价值且有力的事实是诸神之山，也就是希腊最高的山脉奥林波斯，其山顶高耸入云，它实际上位于赛萨利省边界的北部。可以肯定的是，荷马头脑中已经有了赛萨利人的奥林波斯这种概念。

---

① 这种观点的支持者是克恩（O. Kern）先生，具体观点可以参见克恩论文："Die Landschaft Thessalien und die griechische Geschichte," *Neue Jahrbücher für die klass. Altertumswissenschaft*, XIII（1904），p. 219 et seq。
② 参见 Ed. Meyer, *Theopomps Hellenika*（1909），p. 12 et seq。
③ 这位神明从来就没有被称为 βασιλεύς 仅仅被称为 ἄναξ。βασιλεύς 有可能是一个前希腊词语，这种重要性就确认了我关于迈锡尼王权的观点。具体参见 J. Wackernagel, *Sprachliche Untersuchungen zu Homer*（1916），p. 211 et seq。
④ 这种观点的持有者是贝洛奇（K. J. Beloch），具体参见 K. J. Beloch, *Griech. Geschichte*，（ed. 2），I：2，p. 197。

这一点显然在史诗中已经有所表现，[①] 在这段诗文中，赫拉为了诱惑宙斯离开了奥林波斯，进入皮埃利亚（Pieria）与美丽的埃玛萨亚（Emathia），匆匆忙忙走过白雪皑皑的色雷斯人（Thracian）的山顶，她从阿托斯（Athos）山渡过了大海走到了利姆诺斯，她在这个地方遇到了睡眠之神修普诺斯。这里显然是诗人眼中赛萨利人的奥林波斯。但如果允许从这个视角出发做探讨，至少在这段诗文中，这里的山不可能是奥林波斯山。如果我们将这两段诗文排除在外，此处的奥林波斯或许就是我们所希望的那样。[②] 在《伊利亚特》第二卷的开头部分，[③] 我们听说黎明女神埃俄斯（Eos）为了使光线向宙斯及其他神明显现，就高升到雄伟的奥林波斯。假如我们能从这段表述玫瑰色从奥林波斯山脉喷薄而出的诗文中认出这种具体的视角来，那么诗人乃是从山的西部出发而描述，这种情形并不适合赛萨利的奥林波斯山。但我认为，从这种细微的视角出发做出的结论未免有些草率。至少在一个例子中比较肯定，也许荷马史诗中更多地指向了赛萨利的奥林波斯山，不过最后论及的那段诗文或许提出了这么一个问题，这座山是否总是在最初一直被称为奥林波斯山。

前希腊的奥林波斯

名字叫奥林波斯的山有很多。[④] 阿尔卡地亚境内的吕凯昂（Lykaion）山以及接近塞拉西亚（Sellasia）的一座小山都叫奥林波斯；披萨（Pisa）则位于两座山，也就是奥林波斯与欧萨（Ossa）山之间，在埃里斯境内也有一座山叫奥林波斯。[⑤] 还不太清楚到底哪一座奥林波斯的狄俄多尔（Diodor）是我们想要的。[⑥] 我在此略过了现代意义上的奥林波斯山，在埃乌波亚（Euboea），接近拉乌里姆（Laurium），并且位于司奇洛斯（Scyros）岛上。奥林波斯山在小亚细亚出现的概率也很频繁，这些地方分别是吕底亚（Lydia）、美西亚（Mysia）、比司托尼亚（Bithynia）、伽拉提亚（Galatia）、吕喀亚、塞浦路斯。从赛萨利人的奥林波斯山的视角出发，我们或许能够断言并相信，所有这类山脉都是在那些出

[①] *Il.* xiv. v. 225 *et seq*；参见 *Od.* v. v. 50。
[②] 参见本书英文版第218页注释12。
[③] *Il.* ii. v. 48 *et seq.*
[④] 关于这方面例子的列举，参见 Roscher, *Lexikon der Mythologie*, s. v. Olympus; and in A. B. Cook, *Zeus*, I, p. 100。
[⑤] *Schol. Apollon. Rhod.* i. v. 599.
[⑥] Diodorus, v. 80.

第四章　奥林波斯 | 159

名的山之后才被命名的。一种借用的情景就发生了，这看上去比较肯定，此时介于披萨与欧萨山之间的奥林波斯山就出现了这种情景，但借用名字不可能是一种通用的规律。因为在埃里斯境内有一座著名的奥林波斯神殿，它当然是一座比较古老的山脉，并且不可能从语源上与这条山脉的名字分开。假如借用在这个案例当中，那么我们可能会遇到不可克服的困难，这种结论被下面的事实弄得复杂化了，那就是在此处赫拉的形象似乎比宙斯要古老一些。

奥林波斯这个名字肯定是前希腊词语中的一个，希腊语言从这个国家早期的居民那里接收了这种语言。① 所有的尝试是想在奥林波斯与希腊词语或已经废弃的词根之间找到一种语源学上连接的可能性。奥林波斯这个特别的形式似乎使得词语本身具有一种前希腊语言的可能性，而该词语在小亚细亚地区的广泛传播与这一观点极好地贴合了。这样，我们就得出了确切的结论，那就是"奥林波斯"是一个前希腊词语，其意思是"山脉"，就像另外一个在小亚细亚与克里特经常可见的词语"伊达"一样，意思是"布满森林的山脉"。这两个词语都被那些已经拥有了这个国家的希腊人借用了过来，用来指称各种各样的山脉。

倘若如此，那么它就与宙斯最初的性格极为符合，此处的宙斯是天气之神，积云者，雨水的给予者，又是霹雳的发送者，他总是居住在奥林波斯山的最高处，附近聚集着大量的云彩，从云中发出了雨水与响雷。因此可以假定，希腊有好几处叫奥林波斯的山脉，宙斯因此被称为奥林波斯之神。最后，奥林波斯这个名字就被给予了最雄伟和最高的山脉，也就是赛萨利的奥林波斯山。荷马完成了这个山脉的名声的表述，从而将其他叫奥林波斯的山脉排除在外。

这样，我们不得不描述一下赛萨利诸神之山这种观念的源头。我禁不住想，这种对希腊文学与宗教均十分重要的创造物，正如荷马史诗和奥林波斯的诸神之国，本该源自这样一个省份，该省份既未在希腊人精神生活中占据重要地位，又从来没有被迈锡尼或历史时期的希腊文化所渗透，除了在迈锡尼时代晚期或被肤浅地浸染之外。这种观点看上去具有一定的基础，因此我不得不用一些特定的论点来证明它，即对于所有的希腊人来说，这种诸神之山与众神臣服于宙斯的理念仅仅是一种比较常见的观点，正如天气之神居住在邻近地区的高山上的理念一样。从这个新的起点出发，我们重新回到关于这个理念源头的问题上。因为不可能怀疑诸神臣服于宙斯统治这种理念是基于特定历史时期的社会与历史状态而改造的。现在我们必须努力发现这个时代到底是哪一个时代。宇宙论

---

① 参见 C. Theander, *Eranos*, XV (1916), p. 127 *et seq*。

思想具有一定的作用，但对其起源的作用微乎其微。

迈锡尼王权

我们已经看到奥林波斯是众神的居所，诸神臣服于宙斯的统治之下，并且因为这种从属关系而被从原来环境高升到了奥林波斯山上，这其实是前荷马时代的观念。这样我们就可以推断，该神话模式应上溯到迈锡尼时代。我们对迈锡尼文明衰落与几何时代新文明生成之间的黑暗时代的认知是非常缺乏的，不过由于来自于这段中间时代考古材料质量的低劣与数量的匮乏，使得诸神在一位至高神明统治之下相互协作的伟大思想绝不可能源自这个时代。

在迈锡尼时代，情况就大不相同了。那些伟大的建筑纪念碑，以及那些精美的艺术品，所有这些都是这个时代迈锡尼君王权力与财富的一种有力证据。鉴于出土了一些迈锡尼时代辉煌的圆顶墓，君王的权力就被归于迈锡尼国王。这种观点可以理解，但并不正确。借助于荷马史诗，我们有望对迈锡尼王权做出贴切且更好的理解。我在另外一个地方做了尝试。① 但我们应该观察到，当我们建构一种关于史前时代希腊历史时期的思想时，我们像往常一样遭遇到了困难：论点并没有受到严格意义上的逻辑限制，我们总是被迫列出一些可能性与类似性的单子。任何拒绝接受这种观点的人当然都是有其正当理由的，但合理的仅仅是采取一种否定的观点。一种真正的历史精神不应该放弃尝试建构一种关于这个时代伟大的社会与政治图景的思想，因为那些纪念碑描述了如此印象深刻与具体的图景。

在此必须简单地介绍一下我的观点。一个根本的事实是，迈锡尼时代是一个有着广泛的希腊部落运动与迁徙的时代。当论及希腊人首次涌入希腊的时间这一问题时，不同的观点发生了碰撞。无论如何，在这些人完全拥有希腊之前，希腊已存在了很漫长的一段时间。那些游走的部落依然不断地向远方流浪，沿着那条古老的大道，他们向小亚细亚的南部海岸前进，走向了近东那些拥有古老文明的国家。这些人在塞浦路斯岛进行了殖民活动，于公元前1200年左右出现在尼罗河三角洲上。伴随着这些事件的发生，一个由希腊与部分小亚细亚国家组成的伟大阿该亚王国开始出现。尽管福里尔（Forrer）博士自以为是他发现的阿该亚王国的存在这种观点被否认了，我们还是应该想到，阿该亚王国在既

---

①参见拙文 "Das homerische Königtum," *Sitzungsberichte der preuss. Akademie der Wissenschaften*, 1927, p. 23 *et seq*。

定情景下是存在的。①

许多学者认为，这些部落迁移活动因那些小股海盗与历险者的袭击而中断②，但我本人并不赞同这种观点。这种断断续续的袭击与小股的联合已被消解并已消失，如果没有这种宽泛的推论作为结果，历史已经证明了这一点，举例来说，希腊人对帕姆庞利亚与塞浦路斯的殖民活动就是如此。假如一种机制是缺乏的，那么这些迁移的状况使得我们有必要建立一种机制。对古典晚期与中期初叶日耳曼部落的迁移，与海盗的历险活动做一种比较，这将是一件富有价值与启发意义的事情。甚至维京人的历险活动也不仅是一种断断续续的突袭行为，其背后是斯堪的纳维亚王国装备精良的军队机制，只不过这种体制绝大多数时候并不怎么引人瞩目。伟大的丹麦国王卡纽特（Canute）大帝征服了英格兰，瑞典酋长建立了俄国人的基辅帝国。相对于德国西部那些土著部落而言，游走范围最广的日耳曼部落建立的王权组织要更为有力一些。

对日耳曼王权的分析为希腊王权的分析提供了宝贵的借鉴。某一个家族遗传了这种特性。王权中保存了如此之多的宗教起源，以至于国王要为自己人民的好运与福气负责。（荷马史诗中同样有这种思想的痕迹③）国王首先是打仗的国王，是军队行军的首领，他拥有一个由大臣们组成的政务处与军机处，这是形式最早的全民集合体。国王在和平时期的权力比较小，但一旦有战事，他的权力就变大了。世袭而古老的希腊王权恰好就是这种类型，这一点已被保存的马其顿（Macedonia）和斯巴达王权体系所证明。

荷马史诗中的王权同样是这种类型。阿伽门农是第一个战时国王，而且，他的王权是世袭的，被授予完全的权力。我们尤其在著名的《伊利亚特》第二卷中看到，这里反映的是希腊早期社会的历史状况，这一点已经得到普遍的认可。④ 阿伽门农手持王杖出现在众人面前，宙斯当初将这根权杖给了阿伽门农的祖先珀罗普斯，然后这个家族世代将其往下传，直到提厄斯忒斯（Thyestes）将权杖给了阿伽门农，让他统治阿尔哥斯全境及众多岛屿。当论及这一段诗文时，许多学者都承认，阿伽门农是一位伟大的国王，他拥有众多的属臣。尽管这些属臣非常顽固，彼此钩心斗角，谋取个人权力，但他们对国王的尊重却是根深蒂固的。老涅斯托耳对那些试图与手握王杖者发起冲突的人提出了一些很好的

---

① 参见本书英文版第 60 页。
② E. g. G. Murray, *The Rise of the Greek Epics*（ed. 3）, p. 127 *et seq.*
③ *Od.* xix. v. 109 *et seq.*
④ *Il.* ii. v. 100 et seq; cp. above p. 43 *et seq.*

162 | 希腊神话的迈锡尼源头

忠告。①

在国王身边我们发现有集结的军官,他们被招呼过来商议一些重大事件。军队成员可以在演讲与发言中表达自己的意见,但最后的决定权属于国王本人。国王拥有对所有成员发言做定夺的权力,譬如,阿伽门农拒绝克吕赛斯赎回自己的女儿,尽管阿喀琉斯同意了克吕赛斯的请求。②

那些首领从始到终都是国王的属臣,尽管他们曾经顽强而努力地捍卫、扩展自己的独立主权。另外一种考察显示了这些事件的状况是如何生成与发展的。战争的目的与报酬是分得战利品,国王得到的是最大的一份,大部分战利品被那些属臣瓜分,而一般的民众则满足于自己所得的那一份战利品。我们从中可以看到,该时期的希腊人占有了整个国家,他们的战利品不仅仅包括了工具、家畜、奴隶等等,同时还包括土地与城镇。国家的版图因此被瓜分,被挑选的那一部分献给了诸神与国王(它们被称为神圣围地:temenos),剩下来的那一小部分被分给了各个部族的人们;它们因此被称为"份额"(kleroi)。《伊利亚特》某些章节的诗文表明,国王拥有很多城镇,他可以按照自己的意愿将这些地盘交给其他人。③ 那些城镇当然是国王战利品的一个组成部分,国王可以将其转让给那些他信任的人,他们像属臣那样拥有这种城镇。属臣们极力捍卫自己的利益,不断扩大其独立性。国王的权力依靠其自身拥有的资源而支持,其基础是所属的家臣及其跟随者。

一旦战事发生,军队的远征开始,属臣们就必须履行自己的义务,然后被迫服从于国王。此时,国王的权力相对来说要大一些。但当战事停止,人们回到各自所在城镇时,属臣对国王的从属性就削弱或消失了,因为这种机制仅仅对战争有利。国王并没有办法来检验属臣为了宣称其独立而采取的努力。在《伊利亚特》的部分章节中,我们看到国王的权力已被远远地削弱了,《奥德赛》中被削弱得更甚,不过我们认识到这种权力曾经非常充分。

迈锡尼的纪念碑告诉我们,国王的权力在那个时代真实地存在过。见证者是那些辉煌的圆顶墓,尤其是迈锡尼时代建造的那些宏伟的圆顶墓,还有迈锡

---

① *Il.* i. v. 277 *et seq*; ix. v. 37 *et seq*; cp. iv. v. 402.
② *Il.* i. v. 22 *et seq*.
③ 阿伽门农曾许诺,要将美塞尼亚的七座城镇赐给阿喀琉斯。(*Il.* ix. v. 144 *et seq*,参见本书英文版第84页及其以下部分。)为了安排奥德修斯及其民众,门涅劳斯曾经表达过抽空一个城镇的愿望(*Od.* iv. v. 174 *et seq*)。珀琉斯将逃亡之中的福尼克斯作为多罗披亚人(Dolopes)的统治者安排到了斐赛亚的地级之处(*Il.* ix. v. 480 *et seq*)。

第四章 奥林波斯 | 163

尼时代竖井墓中出土的那些珠宝，以及近期接近米地亚的登德拉发现的圆顶墓。王宫中那些巨大而富丽的大厅见证了迈锡尼人日常生活的奢华。在梯林斯王宫的地板上，地画将其中的一部分地板单独分割开来，这必定是将国王的宝座与其他地方分离出来。每一个王侯都拥有管理其子民的权力，但每一个王侯都要向伟大的迈锡尼王称臣，当然，每一个王侯都会尽力表现自己。我们比较一下荷马史诗遗留的部分与迈锡尼时代的碑铭，就可以看到迈锡尼时代伟大国王的绝对权力，这些东西恰好填补了我们所缺乏的模式，在其他地方根本就无法探寻这种诸神之王的权力。

诸 神 之 王

现在我们返回诸神之国。关于奥林波斯场景尤其需要关注，该场景已过分地指向诸神之间的纷争，他们之间执拗不服，试图用诡计诱惑宙斯，而骄傲的宙斯则凭借自己的力量去威胁那些对手。所有这些表述有时带有一种调侃的意味，它要归结于那些根本没有宗教信仰的爱奥尼亚行吟诗人。这些诗人根据自己的喜好改编了那些早期的神话，譬如，宙斯与赫拉的神圣婚姻被改编为具有色情意味的风流故事。

我们或多或少地注意到，诸神多次向他们的国王表示了极度的崇拜与尊重，不过希腊宗教中的君王角色却是一个例外。我们对于这些因素也应当给予必要的关注，它们比晚期的那些思想要早一些，只不过部分内容被后来的一些想法湮没。当宙斯进入众神聚集的奥林波斯山时，诸神不敢懈怠，莫不起身问安。[1] 他们将宙斯的角色视为理所当然的事实，纷纷说道："不朽者中的至高统治者。"[2] 有很多次，诸神毫无异议地遵循宙斯的命令。当宙斯命令忒提斯告诉阿喀琉斯放弃赫克托尔（Hector）的尸体，将其交还给普里阿摩（Priam）时，忒提斯就按照吩咐去做了；[3] 当宙斯让赫拉告诉波塞冬停止战争时，赫拉也遵从了。不过，这事却发生在赫拉诱惑宙斯陷入爱河之后，赫拉诱惑宙斯的目的是将宙斯的注意力从战争中转移出来。[4] 有一次，雅典娜与赫拉已经在奔赴战场的路上，但在宙斯的命令下，她们俩后来又回到了奥林波斯；[5] 另一段诗文中讲

---

[1] *Il.* i. v. 534.
[2] *Il.* xviii. v. 366.
[3] *Il.* xxiv. v. 90 et seq.
[4] *Il.* xv. v. 78.
[5] *Il.* viii. v. 432.

到，雅典娜与赫拉还特地拜访了宙斯以获取他的许可来对抗阿瑞斯，[1] 她们后来阻止阿瑞斯卷入战事[2]。我们在诗文中经常看到诸神是如何惧怕与尊重宙斯。

经常有人说，宙斯之所以拥有如此强大的权力，是因为宙斯有强大的气力。宙斯本人也经常列举一些粗鄙的例子来说明这一点，譬如，对赫拉的惩罚，[3] 对战争的拖延。[4] 波塞冬简略地讲述了他遵循宙斯命令的原因：宙斯的气力比他自己的气力要大得多。[5] 不过这种超强的气力并非是唯一的原因。当宙斯命令波塞冬停止帮助希腊人时，他不仅用自己绝对的力量说话，而且还用年长兄长的身份发言。[6]

以下的诗文可以说明这一切。我们知道，克洛诺斯的儿子们各自拥有自己的遗产并可以对其进行分配；每人各得其份，但奥林波斯诸神却将其保留了下来，因为这是他们的共同财产。作为神圣围地（temenos）的一个部分，它们以同样的方式被选中。波塞冬说，作为一名倔强的分封属臣，宙斯本应对自己分得的三分之一份遗产感到满意；波塞冬认为宙斯本应允许诸神随心所欲地行事。但伊利斯提醒他说，伊里内斯（Erinyes）总是遵照兄长的旨意行事——波塞冬就听从了这种建议。宙斯因其长兄的辈分而世袭了王权，这是他作为统治者在其地位上的道德高地。

进一步的考察表明，宙斯的权力远比阿伽门农的权力大得多，更不用说希腊历史时期的国王了。宙斯树敌颇多，但受到的崇拜也最多。那么，宙斯是如何拥有这些原本不属于天气神明的权力的呢？每个人都会重复这样一句话，这种模式一定是从人类社会衍生而来，但却没有一个人沿着这种逻辑性结论思考下去。我们要直接关注的一个问题是诸神之间的纷争，但这个根本性的问题却被遗忘了。为何这种至高神的角色被赋予在宙斯身上？这种诸神之王的权力模式是如何交给宙斯的？

这种观念被希腊人借用了，严格说来是被荷马时代借用了，该时代诸神的世界中有着严格的国王的宪法，这一宪法成为后世一种一神论的滥觞。多神教民族的王权与此根本就没有什么类似之处。不妨做这样一种假设：历史的发展

---

[1] *Il.* v. v. 753 *et seq.*
[2] *Il.* xvi. v. 21.
[3] *Il.* xv. v. 127.
[4] *Il.* viii. v. 19 *et seq.*
[5] *Il.* viii. v. 209：ἐπεὶ ἦ πολὺ φέρτερός ἐστι；cp. xv. v. 108.
[6] *Il.* xv. v. 165：εὖ φημι βίῃ πολὺ φέρτερος καὶ γενεῇ πρότερος.

是在这种理念之后进行的，也就是说，宙斯最初并非是至高神，在希腊仪式与后来的民间信仰之中，宙斯并没有拥有一个类似于至高神的位置，这一点并没有得到事实的确证。荷马史诗中明确提到了诸神之国君主制结构，荷马的这种表述给后人留下了深刻印象。荷马史诗借用了这些思想，但对其并不欣赏。宙斯至高无上权威的真正基础，是他作为最年长兄长的权力，这些被民间故事一个流行的叙事情节所取代，在这个故事情节中，宙斯成为克洛诺斯最小的儿子，之后赫西俄德在众神战胜提坦诸神后，使众神推选宙斯成为众神之王。① 希腊人政治生活的模式更多地偏离了这种诸神之国的形式。天上实行君主制，而地上盛行的则是共和制的政治模式。赫西俄德试图将诸神之国的模式跟随地上的政治体制发展，但这种努力最终失败了。

宙斯至高规则归结于历史时期人类现有的生活模式。我们在爱奥尼亚人那里并没有发现这种政治模式，那个时候的爱奥尼亚尚未统一，四分五裂为许多小城，贵族们各自为政。我们在赛萨利也没有发现这种模式，因为塔古斯仅仅是一种相当乏味的政治形式，它是后世王权的一种形式。历史带走了一切，只留下了迈锡尼时代迁徙的希腊部落中那些好战国王们的奇闻逸事。只有在这个国王享有完全权力的时代，那些天堂之上的首领的权力才可以对应于地上的君王的权力。

克洛诺斯三个儿子三分世界的故事被视为一则古老的宇宙论神话。在某种程度上这倒是真的，但宇宙论思维并不解释这种三分世界的方式。克洛诺斯三个儿子均分世界的方式类似于阿里斯托玛克斯的儿子们平分伯罗奔尼撒半岛。这两个故事中比较显著的一个特征是，二者均是被征服的国家，整个世界被视为是统治者家族的地盘，由这些统治者的后裔们管理。至于我们所理解的希腊社会是令人难以理解的，但在迈锡尼时代，国王可以率性地将一个城镇赐给别人，这一点不足为怪。

诸 神 之 国

倘若这则神话并非是诗人的随意虚构，而是现实生活的反映，那么从这个角度来看，神话中的其他因素就容易理解了。从更为深远的层面上说，这一点确定无疑。在那个动荡的时代，各个民族大规模的迁移一定时有发生，统治者

---

① Hesiod, *Theogony*, v. 881.

的家族冲突与纷争时常会带来悲剧的后果，英雄神话就时常充斥着这种故事。宙斯通过使用暴力手段，从其父那里获得了自己的王权，而其他神明则尽力剥夺宙斯的这种权力。神话中的赫拉、波塞冬与雅典娜都想将宙斯绑起来，但忒提斯在他们的心中注入了恐惧之情，然后忒提斯请来了百手巨神布里阿柔斯。[1] 如果忽略了这种神秘色彩，那么就有另外一个故事与此类似，它讲述在一个王族之中诸神如何反抗王权，而这种反抗最终在外来帮助的镇压下被平复。

神话中的其他一些神明作为宙斯的随从而出现，他召集他们过来参加讨论或宴席，就像阿伽门农召集那些年长者一样。就像战争之中的国王召集军队首领，宙斯曾经两次召集诸神与会，尽管只有很少部分神明参加。[2] 诗文中还特别提到了河流、山泉仙女及牧场。这或许会被视为后人的创造，不过值得注意的是，波塞冬曾经有一次帮助他的兄长宙斯解下了马鞍；[3] 也就是，波塞冬是宙斯的"朋友"或"奴仆"，就像《伊利亚特》称呼国王的属臣一样。另一方面，奥林波斯众神当然有其使者与奴仆。郝拉俄负责马匹以及马具的装卸，每天负责开关奥林波斯的大门。

诸神可以被视为至高神明的属臣，因为他们各自统治着自己的一片领地。这种观念占据了优势地位，因为它对应着《伊利亚特》的主题，那就是特洛伊战争，诸神同时加入了这场斗争之中。这种观念与史诗的思想倾向比较吻合，它倾向于帮助属臣对抗其领主。史诗中存在的一个公共话题是两位英雄之间的愤怒与争斗。[4] 著名的奥林波斯场景就归结于这些行吟诗人的喜好。

当然，奥林波斯场景在细节上的描述部分地烙上了后世的影子，当时的贵族们统治着王国，但倘若这个时期的状况是奥林波斯本质轮廓的描述模式，那么它就令人非常质疑了。当宙斯想一个人清静时，他就坐在最高的山巅上。宙斯在山顶有一个富丽堂皇的王宫，他在那里召集诸神共进宴席，探讨问题。宙斯王宫周围是诸神的居所。诸神之城被一道城门包围着，郝拉俄把守着这座城门。这种图景对应的当然是希腊历史时代初叶的状况，那个时候每一座城市均有自己的国王，这些国王的居所就坐落在卫城之上，周围是贵族们的住所。不过这种状况同样是对迈锡尼时代的对应，那个时代，国王的王宫同样建立在卫

---

[1] *Il.* i. v. 400 *et seq.*
[2] 参见《伊利亚特》第 8 卷及第 20 卷开头部分。
[3] *Il.* viii. v. 440.
[4] 参见拙文 "Götter und Psychologie bei Homer," *Archiv fur Religionswissenschaft*, XXII（1923–1924），p. 364.

第四章　奥林波斯 | 167

城之上，周围环绕着国王属臣们的住所。在迈锡尼与梯林斯的卫城上，更多的是其他类型的房子，而不是王宫。那些出土的大量墓穴及富丽堂皇的殉葬品就是一种明证，那时的国家人口众多，生活安逸，甚至比较富庶。奥林波斯诸神之城的情景也许可以上溯到迈锡尼时代。当诸神作为宙斯的下属转到奥林波斯时，这种思想也就同时出现。后世将这种思想视为楷模并加以润色。在《奥德赛》的一段著名的诗文中表述的特征，源自居住在布莱斯特（Blest）原野的米诺人思想。①

关于这一点及其他细节，会出现不同的观点，不过假如仅仅论及主要观点时，这一点并不重要。我将我的观点总结如下：

在希腊，诸神前面被添加了一位君王，这一点在希腊以外的其他国家同样如此，当然，这种情况要归结于当时的政治状况。这种思想并非滥觞于希腊，因为其他国家同样有这种情况，它源自这样一种事实，即当一座城市征服另外一座城市时，被征服城市的神明也就要臣服于胜利者的神明。在希腊，成为至高之尊的神明其实最为符合其本性——天气之神，积云之神，雨水与雷电之神，他居住在山巅，那就是奥林波斯山巅。因为其他神明成了宙斯的属臣，他们就从自己的居住地迁移到了奥林波斯或者天堂之上。作为诸神居所的奥林波斯这种观点源自前荷马时代，到了荷马史诗的时代，这种思想早已确立。希腊历史时期的社会与政治体制中并没有发现诸神之国的君主制政体，希腊社会甚至偏离了这种模式。这种至高神明享有完全权力的表述只针对迈锡尼时代那些伟大的君王而言，他们为自己建造辉煌的王宫与陵墓，这些人出行时前呼后拥，将自己的无上领主权凌驾于众多属臣之上。在这种情境下，诸神之间的纷争模式与争斗也就出现了。总的来说，宙斯的君王权力这种模式只能够在迈锡尼时代发现，其他时代根本无法寻踪。奥林波斯的观念，以及在一位强大君主统治下的诸神之国的观念，皆源自迈锡尼时代。

---

① *Od.* vi. v. 42 *et seq.*

附录一　索引

（按原文顺序、页码排列）

Achaea 90

Achaea Phthiotis 156

Acharnae 159

Achilles 7, 156 f., 200, 205, 232

Acraephia 136

Actorione 196

Adrastus 107, 110, 113 f.

Aegeus 165

Aeginius 196

Aegisthus 70 ff.

Aegyptus 64

Aeneas 227

Aeolians 155

Aeolic dialect 232

Aeolus 141

Aepytus 153

Aesepus 57

Agamemnon 7, 43 ff., 209, 242; king of Cyme 48; king of Mycenae 45; at Sparta 69 ff.

Agrionia 136 n. 22

Aison 141, 142

Aithra 166, 167

Alcathoüs 213

Alcmene 199, 206, 207

Alexander (Paris) 74

Alexandra 46, 72

Allies of the Trojans 55 ff.

Aloeus 123 n. 45

Alos 123 and n. 43

Amarynceus 93

Amazons 52, 53, 215

Amphiaraus 107, 110, 115 f., 207

Amphion 124, 146 n. 57; Iasides 131, 142 f.

Amphitryon 199, 206

Amyclae 68, 71, 76

Amymone 64 n. 72

Amythaon 91, 141, 142

Andreus 130

Androclus 153

Androgeos 177, 178 n. 43

Andromache 58

Antaeus 215

Antaia 52

Antiope 124

Apharetidae 78

Aphareus 78 n. 25

Aphidna 70, 74, 160

Aphrodite 225 f.

Apis 212

Apollo 76, 227

Arcadia 90

Arene 81

Ares 122, 225 f.

Argolis 36 ff.

Argonauts 86, 130, 136, 138 f.

Argos (city) 62, 67, 68 f., 212

Argos (hero) 63, 212

Argus 63

Ariadne 171 f., 175

Arion 216

Aristomachus 247

Arne 128

Artemis 230

Asine 38 f.

Astyocheia 199

Atalanta 91

Athamanes 133

Athamas 99 n. 12, 123 n. 45, 133 ff., 153

Athena 116, 202, 226 f., 245, 248;
 Apaturia 167; Chalinitis 51; Itonia 140

Athens 159

Atreidae 39, 42 ff.

Atreus 45

Attica 159 ff.

Augeias 93, 217

Aulis 145, 146 n. 56

Autolycus 201

Babylonian religion 222

Bellerophon 34, 51 ff., 61, 209, 212

Bérard, V. 149 n. 63

Bethe, E. 6, 45, 169, 179, 227

Bias 91, 114

Boeotia 100 ff.

Bonfires 205

Brauron 160

Briareos 248

Bride-race 94

Briseis 191

Bull-ring 176, 217

Buttmann, Ph. 139

Cadmeans 121, 126

Cadmus 120 ff., 126

Calaureia, league of 144

Calydon 186, 212

Calydonian hunt 185

Capaneus 117

Cardamyle 84

Carians 57

Castor 77

Caucones 56 n. 8, 57

Cecrops 162

Centaurs 158 and n. 79

Cephallenia 97, 98

Cephallenians 97, 99

Cerberus 197, 214

Cercyon 164

Ceryneian hind 213
Chadwick, H. M. 16
Chaeronea 47
Charites 225
Chimaera 34, 52, 53
Chloris 86, 130, 142
Choric poetry 1
Chryses 191, 242
Chryseis 191
Cilicia 60
Cilicians 58, 61
Cilix 120
Cinyras 60, 62
Cithaeronian lion 208
Cleisthenes 113
Clytaemestra 45, 71
Clytiadae 91
Cnossus 171, 175, 176
Codrus 153
Colophon 55, 153
Comparative mythology 2
Copais, Lake of 100, 101, 127, 129, 152
Copreus 43, 197
Corinth 51
Cornford, F. M. 171 n. 29
Coronea 140
Cos 55, 198
Cretan bull 169, 216 f.
Cretheus 141, 142
Crommyon 164
Cronus 92, 245, 247

Curtius, E. 145 n. 55
Cyclical epics 1, 5
Cycnus 212
Cyparissia 80
Cypria (epos) 78
Cyprus 60, 61

Daedalus 178, 190
Danaans 66 f.
Danae 41 f.
Danai 42
Danaides 64 ff.
Danais (epos) 66
Danaus 42, 64, 65
Deianeira 205
Delphi 148
Demophon 205
Dendra 37, 54, 118
Dimini 138
Diomedes 9, 108, 117, 120, 202; lay of, 225 ff.; of Thrace 215 f.
Dione 215
Dionysus 62, 133, 172
Dioscuri 73, 74, 76 ff., 167
Dirce 124
Dörpfeld, W. 82, 95
Drerup, E. 15

Echidna 212
Eëtion 58
Egypt 66, 132
Egyptian religion 221

Eleans 78, 93, 97, 196
Electryon 207
Eleusis 131, 161, 165
Elis 90, 91
Elysium 214
Enipeus 141
Epeans 83, 88, 93, 97
Ephyre 51
Epicaste 103
Epics, Greek, Mycenaean origin of, 20 ff.; development 23, 224
Epics, Greek, of other peoples 16, 25, 209; development 16 ff.; technique 18 ff.
Epigoni 119
Erechtheus 162
Erginus 152
Erichthonius 162
Eriphyle 119
Erymanthian boar 213
Erythrae 154
Eteocles, king of Thebes 107, 111; king of Orchomenus 130
Eteonus 103
Euadne 117
Euboea 155
Euhemerism 3
Europa 33
Eurybates 97
Eurystheus 51, 195, 197, 209
Eurytos 200
Eutresis 100 n. 2

Evans 21, 39 n. 11

Finmen, D. 35, 152
Finsler, G. 58, 223, 228, 232
Fire-festivals 135 n. 19
Fleece 135; Golden 140
Folk-tale 30, 40, 91, 103, 156, 177, 227, 247
Forrer, E. 60, 130, 239
Friedlander, P. 6, 64 n. 71
Foundation myths 122 ff.
Funeral rites 119

Gardiner, N. 85 n. 12
Gelon 70
Genealogy 4 n. 2, 52, 115
Geometric art 33, 175
Geryon 206, 215
Gla 128
Glaucus 7, 57
Gorgon 41
Graikoi 118, n. 37
Greeks, immigration of, 21f., 151, 180; migrations of 229 f.

Hades 89, 201, 203, 215, 229
Haliartus 100 n. 2
Halizones 56 and n. 58
Hall, H. R. 126 n. 50
Halus 134, 138
Harma 115
Harmonia 121, 122

Harrie, I. 72

Heavenly gods 229

Heavens 229

Hebe 199

Helen, abduction of , 75, 167, 170, 174, on Mycenaean ring 32; sanctuary at Theraphae 68; at Sparta 73 ff.

Helen Dendritis 74, 172

Heleneia 74

Helle 134

Hera 62, 197, 201, 211, 244, 245, 248

Heracles 51, 88, 89, 92, 151, 158, 169; apotheosis 204 f.; birth 206 f.; cults 193 f., 205; death 200; Death, victory over, 214, cp. Hades; divinity 204; epos 9, 194 f., 199; in Homer 197 ff.; labors 195, 197, 211 ff.; name 189 ff.; parerga 195; praxeis 195 ff.

Heraeum in Argolis 38, 63; on Samos 55

Hesperides 214

Hiller v. Gärtringen, F. 233

Historical school of mythology 5 ff., 8

Holophernes 64

Homer 23; cp. Epics, Greek

Homeric research 10 ff.

Horae 226, 231, 249

Hunting in art 218

Hyacinthus 68, 76

Hypnus 198

Hyria 125, 146 n. 57

Hyrieus 146 n. 57

Iamidae 91

Iason 130, 139

Ida, Mt. 236

Idas 202 n. 32

Ilus 123 n. 45

Ino 121

Io 62 f., 66

Iolaus 195

Iolcus 136 f., 146

Ionia 54, 59, 110, 153 f., 232

Ionian islands 95 ff.

Iphitus 201, 206

Iris 245

Ithaca 95, 98

Ixion 135 n. 19

Judith 64

Kakovatos . *See* Pylos

Kampos 80

Kephallenes 97, 98

Kleidi 81

Kore 74, 170, 171 n. 29

Kingship, Mycenaean 238 ff.; Teutonic 240 f.

Kretschmer, P. 26, 189

Kunst, K. 72

Labdacus 104

Labyrinth 171, 176
Lacedaemon 69
Laconia 68 ff.
Laërtes 97
Laius 103, 106
Lang, A. 16
Laomedon 197, 198
Lapersai 46
Laphystion, Mt. 135
Lapiths 158 f., 174
Leaf, W. 145, 146 n. 56, 157
Lemnos 67
Lernaean hydra 213
Lesbos 49, 94
Leucas 95, 98
Leucippus 78
Logographers 4
Lorimer, H. L. 131
Lycia 53, 61
Lycians 57 ff.
Lycus 124
Lykaion, Mt. 135
Lynceus 64 n. 71

Maeones 56 n. 8, 57
Malea, Cape 70 f.
Malten, L. 53
Marathon 170
Marathonian bull 169
Mecisteus 108
Megapenthes 49
Megara (city of) 113, 162, 165, 178

Megara (wife of Heracles) 199, 202
Megareus 213
Melampus 62, 91, 114
Melanippus 113
Melanthus 153
Menelaeion 68, 73
Menelaus 89
Messenia 79 ff.; seven cities of, 84 ff.
Midas 48 n. 37
Midea 37, 182, 207
Miletus 55, 120, 153
Minoa 178, 179
Minoan people 21, 176; script 61, 102 n. 5
Minos 177 f.
Minotaur 169, 171, 176
Minya 140
Minyades 136 n. 22, 139
Minyans 86, 109, 129 ff., 139, 146 ff.
Minyas 133, 136
Minyeios 86, 143
Molione 92 f., 196
Mothone 80
Müller, K. O. 8, 129
Müller, Max 3
Muses 229, 230
Mycenae, 13, 36 f., 40 ff., 50, 114, 149, 209, 243
Mycenaean age 12, 22 f., 238 ff.
Myres, J. L. 4 n. 2
Mysi 56 and n. 58

174 | 希腊神话的迈锡尼源头

Mythical scenes on Mycenaean monuments 31 ff.
Mythography 29
Mythology, divine 30; cp. Comparative mythology; Historical school of mythology

Names, descriptive 104, 190; in *-eus* 26 f., 43, 96; in folk-tales 189
Nauclus 153
Neleus 86, 88, 130, 141, 142
Neleus, Codrus's son 153, 154
Nemean lion 208, 213
Nemesis 170
Nephele 134
Nessus 159
Nestor 82, 87, 88 f., 229, 241
Nisus 165, 178

Odysseus 95 ff., 190, 204, 232, n. 42
Odyssey 23
Oedipus 102 ff., 108 f.; name 105 n. 11
Oenomaus 94
Oeta, Mt. 193, 199, 205
Olympia 90, 91 ff., 236
Olympian scenes 224 ff., 244
Olympus, city of the gods 249 f. dwelling-place of the gods, 205, 228 f; 245
Olympus Mountain 240; in Thessaly 224, 232, 234 f.; elsewhere 235 f.
Orchomenus 127 ff., 146; in Thessaly 140

Orestes 49, 69, 70
Oropos 115
Orthros 215

Paeones 56 and n. 58
Paieon 226
Palamedes 63, 190
Pamphylia 59 n. 64, 60
Pandarus 57
Pandion 162, 163
Paphlagonians 56 and n. 58
Patroclus 117
Pegasus 51, 53
Peirithoidai 175
Peirithous 173, 174
Peleus 156, 157
Pelias 141
Pelion, Mt. 134, 157
Pelopes 44
Pelops 44, 94
Penthelidae 49
Penthile 49
Penthilus 49, 69
Perieres 141
Perseidae 39 ff.
Persephone 75, 173
Perseus 40 ff., 123 n. 45
Persson, A. W., 102 n. 5, 118
Pheidon 69
Phemius 19
Pherae 84
Pheres 141, 142

Philoctetes 200

Phlegyans 150

Phoenician alphabet 120

Phoenicians 13, 126, n.50, 149

Phoenix (Europa's brother) 120

Phoenix (Achilles'tutor) 242 n.42

Pholus 158

Phoroneus 63

Phrixus 134, 135

Phrygians 56, n.58, 57

Phthia 156

Phylius 212

Pisa 90, 92

Pisatis 79, 142

Pittheus 165, 167

Pluto 75, 171 n.29

Pöhlmann, R. v., 15

Pollux 77

Polybus 114

Polyneices 107 ff., 190

Poseidon 141, 230, 245, 248

Potiphar, wife of, 52

Potniae 116

Priene 153

Procris 178

Procrustes 164

Proetides 62 f., 114

Proetus 52, 62

Ptous 136

Pylian cycle 30, 93; epos 82 f., 87 ff.

Pylians in Ionia 153

Pylos 142; dominion of, 79; Heracles' expedition against 89, 196, 203 f; Kakovatos 80, 83; in Messenia 81; Nestor's 82 f., 87 f.

Rhamnus 170

Rhampsinites 146 n.57

Rhodes 55, 59, 60

Robert, C. 87, 102, 108, 118, 125, 166, 195, 216

Rose, H. J. 103

Salmoneus 91, 135 n.19, 141

Sarpedon 7, 57

Satyrus 212

Sciron 164

Scylla 32, 178

Semele 121

Seriphus 40

Sesklo 138

Seven against Thebes 106 ff., 115 ff.

Sicyon 51, 113

Sinis 164

Sisyphus 51, 141, 203

Solymi 52

Sparta 68 ff., 196

Sparti 122

Spercheus 157

Steinthal, F, 15

Stheneboia 52

Sthenelus 117

Stymphalian birds 213

Sulima plain 81, 85

Syria 60

Tagos 233, 234
Talaus 114
Tegea 90
Temenus 68
Teos 153
Termiles 58
Thasos 120
Thebais (epos) 9, 109, 110, 217
Thebes, in Boeotia 101 ff., 199, 206; in Egypt 131 f., 221; by Mt. Plakos 58 f.; in Phthiotis 138
Therapnae 68
Theseus 74 f., 163 ff., 211; name 171 n. 29
Thespius, caughters of 202
Thessaly 233 f., 237
Thetis 156, 244, 248
Thoricus 161
Thrace 216
Thracians 56 and n. 58
Thryoessa 83
Tiryns 37, 50 ff., 207 ff., 243
Titans 237
Tithonus 204
Tlepolemus 55, 199
Tragedy 1
Triphylia 79, 85

Tripodiskos 123 n. 46
Troes 6
Troezen 165 f.
Trophonius 116
Trojan cycle 6, 25, 197
Troy 197
Tsoundas, Chr. 137
Tydeus 107, 110, 116 f.
Tyndareus 77
Tyro 141 f.

Underworld 87, 89, 114 n. 29, 173, 200, 203

Valmin, N. 79, 81
Vaphio 68

Weber, L. 178 n. 43
Weather magic 135
Wilamowitz – Möllendorff, U. V. 7, 9, 43, 48, 58, 61 n. 68, 87, 166, 225, 227

Zeleia 57
Zethus 124, 146 n. 57
Zeus 92, 198, 225 f., 244 ff; Acraeus 134; Agamemnon 46; Laphystius 135, 140; localization 193, 222; weather – god 134, 230, 231

附录二　重要译名对照表

Abakan Tartars	阿巴坎-鞑靼斯
Achaea	阿该亚
Achaia	阿凯亚
Acharnae	阿卡利那伊
Achilles/Achilleus	阿喀琉斯
Acraephia	阿克莱披亚
Acrisius	阿克里西俄斯
Actorione	埃克托里俄涅
ad mare	埃德·马尔
Adrastus	阿德剌斯托斯
Adriatic (Sea)	亚德里亚（海）
Aegaleos	埃伽列欧斯
Aegean	爱琴海
Aegeus	埃勾斯
Aegimius	埃吉弥埃斯
Aegina	埃癸那
Aegisthus	埃癸斯托斯
Aegyptus	埃古普托斯
Aeneas	埃涅阿斯
Aeolia	爱奥利亚
Aeolian	爱奥利亚人
Aeolic	埃俄利克
Aeolus	埃俄罗斯
Aepytus	埃佩塔斯
Aesepus	伊塞帕斯
Aetolia	埃托利亚

Aetolian	埃托利亚人
Agamemnon	阿伽门农
Agrionia	阿格里奥尼亚
Aias	埃阿斯
Ainianes	埃尼亚涅斯
Ainus	埃那斯
Aison	埃松
Aisonia	埃松尼亚
Aithra	埃特拉
Alcathoüs	阿尔卡赛斯
Alcmene	阿尔克墨涅
Alexandra	亚历山德拉
Aloeus	阿罗欧斯
Alos	阿牢斯
Alpheus	阿尔甫斯
Alybe	阿莱拜
Amarynceus	阿马里科斯
Amazon	亚马孙人
Amon	阿蒙
Amorgus	阿摩尔盖司
Amorites	阿莫里忒斯
Amphiaraus	安菲阿剌俄斯
Amphion	安菲翁
Amphitryon	安菲忒里翁
Amyclae	阿米克莱
Amymone	阿密摩涅
Amythaon	阿密塔翁
Amythaonia	阿密塔奥尼亚
Anacreon	阿那科里翁
Anatolia	安纳托利亚
Andraimon	安多埃蒙
Andreus	安德列阿斯

Andrew Lang	安德鲁·兰
Androclus	安多克拉斯
Androgeos	安多哥斯
Andromache	安德洛玛刻
Antaeus	安泰俄斯
Antaie	安泰俄
Anteia	安忒亚
Antinous	安提诺俄斯
Antiope	安提俄珀
Anu	安奴
Aones	奥尼斯
Apharetidae	阿法勒忒戴
Aphareus	阿法柔斯
Aphidna	阿庇达那
Aphrodite	阿芙洛狄忒
Apisaon	阿庇萨奥尼
Apollo	阿波罗
Apollodor	阿波罗多利
Apollodorus	阿波罗多洛斯
Apollonius	阿波罗尼乌斯
Apollonius Rhodius	阿波罗尼乌斯·罗得乌斯
Apris	阿庇利斯
Arcadia	阿尔卡地亚
Arcadian	阿尔卡地亚人
Arene	阿瑞奈
Ares	阿瑞斯
Argive	阿尔哥斯
Argive Heraeum	阿尔哥斯赫拉尤姆
Argives	阿尔哥斯人
Argolis	阿尔古利斯
Argonauts	阿尔哥斯诸英雄
Argos	阿尔哥斯

Argus	阿尔哥斯
Ariadne	阿里阿德涅
Arion	阿里翁
Aristarchus	阿里斯塔克斯
Aristomachus	阿里斯托玛克斯
Arne	阿尔涅
Artemis	阿耳忒弥斯
Artemis Soteria	阿耳忒弥斯·索忒亚
Aryan	雅利安
Asiatics	亚斯阿提科斯
Asine	亚西涅
Asion	埃松
Asionia	埃松尼亚
Asius	阿赛乌斯
Aspis	亚斯庇斯
Assur	阿苏尔
Asteropaeus	阿斯特罗派奥斯
Astyanax	阿斯杜亚那斯
Astyocheia	阿斯忒尤齐亚
Atalanta	阿塔兰塔
Atchinese	安特奇尼斯
Athamanes	阿塔玛涅斯
Athamania	阿塔玛尼亚
Athamantidae	阿塔玛斯的后裔
Athamas	阿塔玛斯
Athena	雅典娜
Athena Apaturia	雅典娜·阿帕图利亚
Athena Chalinitis	雅典娜·卡利尼提斯
Athena Itonia	雅典娜·伊托尼亚
Athenocles	阿萨农克拉斯
Athens	雅典
Athmonon	阿萨梅农

Athos	阿托斯
Atintanes	阿提尼塔涅斯
Atreidae	阿特柔斯家族
Atreides	阿特代斯
Atreus	阿特柔斯
Attica	阿提卡
Attila	阿提拉
Auge	奥革
Augeias	奥革吉亚斯
Aulis	奥利斯
Autolycus	奥托莱卡斯
Axius	阿克西奥斯
Baltic Sea	波罗的海
Barsine	巴尔西尼
Basileus	巴斯莱埃俄斯
Bavarian	巴伐利亚人
bee-hive tombs	蜂窝墓葬，又称圆顶墓穴
Beli	贝利人
Bellerophon	柏勒洛丰
Beowulf	贝奥武甫
Bern	贝尔尼
Bethe	贝特
Bias	比亚斯
Bithynia	比司托尼亚
Blegen	布利根
Blest	布莱斯特
Boeotia	贝奥提亚
Boeotian	贝奥提亚人
Boiotia	玻俄提亚
Boiotian	玻俄提亚人
Bouprasion	波乌帕拉斯昂
Brauron	布劳隆

Brise	布里瑟
Briseis	布里塞斯
Buttmann	巴特尔曼
Bylinas	白尼纳斯
Cadmea	卡德米亚
Cadmeans	卡德米亚人
Cadmus	卡德摩斯
Calaureia	卡劳利亚
Calliste	卡利斯托
Calydon	卡吕冬
Calydonian	卡吕冬人
Canaan	迦南
Canute	卡纽特
Capaneus	卡帕纽斯
Cape Malea	马勒亚海峡
Cape Scyllaeum	斯库莱姆海峡
Cape Sunium	索尼昂海峡
Cardamyle	卡尔达米列
Carians	卡里安人
Carthage	迦太基
Castor	卡斯托耳
Caucasus	高加索
Caucones	考寇涅斯
Cecropis	开克洛佩斯
Cecrops	刻克洛普斯
Cenchreai	赛克莱亚
Centaurs	马人赛特
Ceos	开俄斯
Cephallenes	凯帕列内斯
Cephallenia	凯帕列尼亚
Cephallenian	凯帕列尼亚人
Cephalus	刻法罗斯

Cephissus	凯斐索斯
Cerberus	凯拉贝拉斯
Cercyon	刻耳库翁
Ceryneia	凯莱涅亚
Chadwick	查德威克
Chaeronea	克罗尼亚
Chalandritza	卡拉尼多里塔匝
Chalkis	卡耳凯斯
chamber tomb	石凿坟墓
Charites	卡里忒斯
Charlemagne	卡里列莱马伽涅
Chimaera	喀迈拉
Chios	希俄斯
Chloris	克罗里斯
Chryse	克吕赛
Chryseis	克吕赛伊斯
Chryses	克吕赛斯
Chthonian	冥府
Cicones	奇科涅斯人
Cilicians	奇里启亚人
Cilix	喀利克斯
Cimmerian	辛梅里安人
Cinyras	喀倪剌斯
Cirrha	凯里哈
Cithaeronian lion	喀泰戎猛狮
Clazomenae	克拉佐美纳伊
Cleisthenes	克莱司铁涅斯
Clemens Alexandrinus Cloud	克莱门斯·亚历山大云女神
Clytaemestra	克吕泰梅斯特拉
Clytiadae	克吕提亚达厄
Cnossus	科诺索斯
Codrus	科德洛斯

Colchis	科尔启斯
Colophon	科洛彭
Colophonian	科洛彭人
Copais	科帕伊斯
Copreus	科普柔斯
Corinth	科林斯
Corinthian gulf	科林斯海湾
Coroebus	科罗伊波斯
Coronea	克洛那亚
Corydallus	科律达罗斯
Cos	科斯
Creon	克瑞翁
Crete	克里特
Cretheus	克瑞透斯
Creusa	克瑞乌萨
Creusis	科列乌西斯
Crisa	克利萨
Croesus	克洛伊索斯
Crommyon	克拉米昂
Cronus	克洛诺斯
Cyclical epics	故事群性史诗
Cyclopean	库克洛佩安
Cyclopean walls	高墙
Cyclopes	库克罗普斯
Cycnus	库卡内斯
Cyme	库麦
Cyparissia	凯帕利赛亚
Cypria	赛普利亚
Cyprus	塞浦路斯
Cyrus	居鲁士
Dactyls	达克提利斯
Daedalus	戴达罗斯

Danaan	达那安
Danaans	达那安人
Danae	达那厄
Danaides	达那伊得斯姊妹
Danaoi	达那奥伊
Danaus	达那俄斯
Deianeira	得伊阿尼拉
Deiras	戴拉斯
Delphi	德尔斐
Delta	代尔塔
Demeter	得墨忒耳
Demetrias	德美特亚斯
Demodike	德墨多克
Demophon	德墨菲翁
Dendra	登德拉
der dumme Hans	傻瓜汉斯
Dia	狄亚
Diaka	狄阿卡
die faule Grethe	懒汉格里萨
Dietrich	戴特瑞克
Digenis Akritas	狄格尼斯·阿卡瑞塔斯
Dimini	狄米尼
Diocleitus	狄奥克拉塔斯
Diocles	狄奥克莱斯
Diodor	狄俄多尔
Diodorus	狄奥多罗斯
Diomedes	狄俄墨得斯
Dione	狄奥涅
Dionysiac myths	酒神神话
Dionysus	狄俄尼索斯
Dioscuri	狄俄斯库里兄弟
Dipylon	狄披隆

Dirce	狄耳刻
Dokana	家宅门牌
Dolon	杜隆
Doloneia	多劳涅亚
Dolopes	多罗披亚人
Dorians	多里安人
Doric	多里克
Dörpfeld	多费尔德
Drerup	德雷拉普
Dulichion	代里科昂
Early Helladic age	青铜时代早期
Echidna	埃奇狄那
Edda	埃达
Eëtion	埃爱提昂
Eleans	埃莱安人
Eletryon	埃莱特翁
Eleusis	厄琉西斯
Elis	埃里斯
Elysian	埃雷斯安
Emathia	埃玛萨亚
Enipeus	厄尼剖斯
Enkomi	恩科米
Enlil	恩利尔
Eoeae	埃乌埃伊
Eos	埃俄斯
Epeans	埃佩安人
Ephyre	厄斐拉
Epidaurus	埃皮道洛斯
Epigonoi	追随者（特指七雄的儿子们）
Epikaste	厄庇卡斯忒
Epirus	埃披拉斯
Erechtheus	厄瑞克透斯

Eretria	俄拉特里亚
Erginus	厄耳癸诺斯
Erichthonius	厄里克托尼俄斯
Erigone	厄里戈涅
Erinyes	伊里内斯
Eriphyle	厄里费莱
Erymanthian boar	厄律曼托斯的大野猪
Erymanthus	厄律曼托斯
Erythrae	埃律特莱伊
Eteocles	埃提欧克列斯
Eteonus	埃特欧奈斯
Etzel	埃特扎尔
Euadne	欧阿德涅
Euboea	埃乌波亚
Euripides	欧里庇得斯
Euripus	尤里普斯
Europa	欧罗巴
Eurybates	欧律巴忒斯
Eurystheus	欧律斯透斯
Eurytus	埃乌吕托斯
Eutresis	埃乌特里西斯
Farnell	法内尔
Fimmen	斐汶
Finsler	斐尼斯勒
Forrer	福里尔
Friedländer	弗里德兰德
Galatia	伽拉提亚
Geata	盖塔人
Gelon	盖隆
Geometric ages	几何时代
Gephyraioi	盖斐莱奥
Geryon	革吕翁

Gjerstad	格杰斯塔德
Gla	盖拉
Glaucus	格劳科斯
Gorgon	戈耳工
Gotham	格萨姆
Gotland	哥特兰
Goumenitza	古门尼特匝
Goura	格拉
Graikoi	格莱寇
Gras	格拉斯
Griffin	格里芬
Gygaean	巨该安
Hades	哈得斯
Hagno	哈伽诺
Haliki	哈里凯
Halizones	哈里宙涅斯人
Halus	哈莱斯
Harma	哈尔玛
Harmonia	哈尔库俄涅
Harpalion	哈拉帕利昂
Harrie	哈里
Hebe	赫柏
Hecabe	赫卡柏
Hecate	赫卡忒
Hector	赫克托尔
Helen Dendritis	海伦·顿德里提斯
Helene	海勒涅
Heleneion	海勒涅昂
Heleneia	海勒涅亚
Heliopolis	赫利奥波利斯
Helladic age	青铜器时代
Hellanicus	海拉尼卡斯

Hellas	海拉斯
Helle	赫勒
Hellenistic age	希腊化时代
Hellens	赫楞人
Hephaestus	赫淮斯托斯
Hera	赫拉
Heracleitus	赫拉克莱塔斯
Heracles	赫拉克勒斯
Heraclidae	赫拉克勒斯后裔
Heraeum	赫拉尤姆（圣地）
Hermes	赫耳墨斯
Hermione	赫耳弥俄涅
Hermocles	赫尔墨克拉斯
Hermus	海尔美士
Herodotus	希罗多德
Hesiod	赫西俄德
Hesione	赫西俄涅
Hesperides	海西裴里得斯
Himera	喜美拉
Hippolytus	希波吕托斯
Hittite	赫梯族
Holophernes	霍洛弗尼斯
Horae	郝拉俄
Hottentot	霍屯督人
Huns	海斯
Hyacinthus	许阿铿托斯
Hyantes	海安蒂斯
Hyde	海德
Hydra	九头蛇许德拉
Hyllus	叙洛斯
Hypnus	修普诺斯
Hyria	叙里阿

Hyrieus	许里俄斯
Iamidae	伊阿米达厄
Iaside	伊阿西德
Iaside Amphion	伊阿西德·安菲翁
Iasion	伊阿西翁
Iasius	伊阿西斯
Iason	伊阿宋
Iasus	伊阿索斯
Ichor	灵液
Ida	伊达
Idas	伊达斯
Iliad	伊利亚特
Ilion	伊里昂
Ilus	伊洛斯
Ino	伊诺
Io	伊俄
Iobates	伊俄巴忒斯
Iolaus	伊欧拉斯
Iolcus	约尔科司
Ion	伊翁
Ionia	爱奥尼亚
Ionians	爱奥尼亚人
Iphition	伊菲提昂
Iphitus	伊菲忒斯
Iris	伊利斯
Isis	伊西斯
Isthmus	伊赛玛斯
Itea	伊特亚
Ithaca	伊萨卡
Ithacan	伊萨卡人
Ithakoi	伊萨科伊
Itonia	伊托尼亚

Ixion	伊克西翁
Joloi	霍洛伊
Joseph	约瑟
Judith	朱迪丝
K. O. Müller	缪勒
Kakais Skalais	喀凯斯·斯卡莱斯
Kakovatos	卡考那陶斯
Kalavryta	卡拉尼拉塔
Kalkani	卡来卡尼
Kampos	卡米珀斯
Kapakli	卡帕克利
Kara-Kirgizes	卡拉-吉尔吉兹
Karteroli	卡特勒里
Kastro	卡斯特勒
Katavothra	卡塔诺塞拉
Kenchreai	肯奇利亚
Kieff	凯孚
King Pheidon	斐东国王
Kjellberg	谢尔伯格
Kleidi	克莱地
Knossos	克诺索斯
Kopanaki	科帕纳科
Kore	克瑞
Kunst	孔斯特
Kuruniotes	库睿尼奥特斯
Labdacus	拉布达科斯
Lacedaemon	拉凯戴孟
Lacedaemonian	拉凯戴孟尼亚人
Laconia	拉科尼亚
Laconian	拉科尼亚人
Laertes	莱耳忒斯
Laius	拉伊俄斯

Laodicea	劳迪西亚
Laomedon	拉俄墨东
Lapersai	拉珀赛
Lapiths	拉庇泰人
Laphystion	拉斐斯提昂
Laphystius	拉斐斯提亚斯
Lapiths	拉庇泰人
Larissa	拉里萨
Laurium	拉乌里姆
Leaf	利夫
Lebadeia	列巴狄亚
Lemnos	利姆诺斯
Lerna	勒纳
Lesbos	莱斯博斯
Leucas	琉卡斯
Leucippus	琉喀波斯
Levant	黎凡特
Linear B	线形文字 B
Locrian	罗克里亚人
Lorimer	洛里莫
Lychnospelaion	莱克诺斯佩莱昂
Lycia	吕喀亚
Lycian	吕喀亚人
Lycophron	吕柯普隆
Lycus	吕科斯
Lydia	吕底亚
Lykaion	吕凯昂
Lynceus	律恩凯乌斯
Lyrnessus	吕涅索斯
Macedonia	马其顿
Maeones	麦奥涅斯
Magnesian	美伽尼亚人

Magnetes	玛迦奈特斯人
Malten	莫特
Malthi	马尔赛
Manas	玛纳斯
Marathon	马拉松
Marduk	马杜克
Marko Kraljevitch	马克·卡拉基维奇
Markopoulo	马里库普劳
Marmaria	玛耳马里亚
Max Müller	麦克斯·缪勒
Mecisteus	墨基斯透斯
Megacles	迈加克利斯
Megapenthes	墨伽彭忒斯
Megara	美迦拉
Megarian	美迦拉人
Megaris	美迦拉斯
Melampodeia	墨兰姆珀狄亚
Melampus	墨兰波斯
Melanippus	美兰尼波司
Melanthus	默兰托斯
Meleager	梅里格尔
Menelaeion	墨涅拉埃昂
Menelaus	墨涅拉俄斯
Menidi	美尼狄
Meriones	墨里俄涅斯
Mermnades	弥拉弥那代斯
Mesogaia	美索盖亚
Messenia	美塞尼亚
Messenian	美塞尼亚人
Midas	弥达斯
Midea	米地亚
Mideia	米底亚

Miletus	米利都
Mimnermus	米涅里玛斯
Minet el Beida	米内特·埃尔·贝达
Minoan	米诺人
Minoa	米诺亚
Minotaur	米诺陶
Minya	弥倪亚
Minyades	弥倪亚斯的女儿们
Minyas	弥倪亚斯
Minyeios	米努埃俄斯
Moesian	墨埃西安
Moira	默伊拉
Molione	摩利俄涅兄弟
Molossian	莫洛西亚人
Mothone	莫萨涅
Muses	缪斯
Müskebi	缪凯贝
Mycene	美科涅
Myrmidons	密耳弥多涅人
Mysi	米克伊人
Mysia	美西亚
Mysians	美西安人
Mytilene	米蒂利尼
Nartes	纳蒂斯
Nauclus	那乌克拉斯
Naucratis	纳奥克拉提斯
Nauplia	纳乌普利亚
Neda	内达
Nekyia	涅科利亚
Neleidae	涅莱达伊
Neleus	涅琉斯
Nemean	尼米亚

Nemean lion	尼米亚猛狮
Nemesis	涅梅西斯
Neoptolemus	涅俄普托勒弥斯
Nephele	涅斐勒
Nessus	涅索斯
Nestor	涅斯托耳
Nibelungen	尼伯龙根
Nibelungenlied	尼伯龙根之歌
Nippur	尼珀尔
Nisaia	尼塞亚
Nisus	尼赛斯
Odius	奥狄奥斯
Odysseus	奥德修斯
Odyssey	奥德赛
Oedipus	俄狄浦斯
Oeneus	俄钮斯
Oenomaus	俄诺玛俄斯
Oeta	欧伊铁
Oineis	欧约耐斯
Olympia	奥林匹亚
Olytteus	奥林透斯
Opuntian Locris	欧佩那提安·洛克里斯
Orchomenus	欧尔科美诺斯
Orestes	俄瑞斯忒斯
Orkopeda	欧科佩达
Oropus	洛波斯
Orthrus	奥尔赛拉斯
Osman Aga	奥西曼·阿咖
Ossa	欧萨
Ossetes	奥塞梯
Othrys	欧特律司
Paeones	帕奥涅斯

Paeonian	帕奥尼亚
Pagasae	帕伽撒依
Pagasaean	帕伽撒安
Paieon	派埃昂
Palamedes	帕拉墨得斯
Pale	帕莱
Pallene	佩列涅
Pamphylia	帕姆庇利亚
Pandarus	潘达罗斯
Pandion	潘狄翁
Panopeus	帕诺珀俄斯
Paphlagonian	帕普拉哥尼亚人
Parnes	帕拉尼斯
Patroclus	帕特洛克罗斯
Paul Kretschmer	保罗·克雷齐默
Pausanias	保萨尼亚斯
Pedlar	佩德拉
Pegasus	珀伽索斯
Peirithoidai	珀里托代
Peirithous	珀里托俄斯
Peirous	佩罗斯
Peisistratidae	佩西斯特提戴
Peleus	珀琉斯
Pelias	珀利阿斯
Pelion	珀利翁
Pelopes	珀罗佩斯
Peloponnese	伯罗奔尼撒
Peloponnesians	伯罗奔尼撒人
Pelops	珀罗普斯
Penelope	珀涅罗珀
Pentelicon	彭特莱寇
Penthelidae	彭斯里代

Penthile	彭提勒
Penthilus	彭提卢斯
Pergamon	帕加马
Perieres	帕里爱雷斯
Perrhaiboi	佩莱比亚人
Persephone	珀耳塞福涅
Perseus	珀尔修斯
Persson	珀森
Phaidra	法伊戴拉
Phaleron	法勒隆
Pharai	法拉埃
Pheidon	斐冬
Phemius	斐弥俄斯
Pherae	斐罗埃
Pheres	斐莱斯
Philocetetes	菲勒克忒特斯
Philomele	菲罗墨勒
Phlegyans	斐勒亚尼人
Phlya	菲莱雅
Phocaea	福凯亚
Phoenicians	腓尼基人
Phoenix	福尼克斯
Pholus	福罗斯
Phoroneus	福洛纽斯
Phrixus	佛里克索斯
Phrygian	佛吕癸亚人
Phthia	斐赛亚
Phthiotian	菲赛奥利亚人
Phthiotic	斐斯奥提刻
Phthiotic Thebes	斐斯奥提刻·忒拜
Phylius	菲琉斯
Pidima	批狄玛

Pieria	皮埃利亚
Pikermi	皮克里米
Pindarus	品达
Pindus	品都斯
Pisa	披萨
Pisatis	皮萨提斯
Pithus	皮赛斯
Pittheus	庇透斯
Plakos	普拉科斯
Plataeae	普拉塔伊厄
Platanistas	普拉塔尼斯塔斯
Pleuron	皮莱尔翁
Plutarch	普鲁塔克
Pluto	普路托
Pollux	波鲁科斯
Polybus	波律包斯
Polyneices	波吕涅克斯
Porto Raphti	普里特·拉斐提
Poseidon	波塞冬
Potiphar	波提乏
Potniae	波忒尼亚
Poulsen	波尔森
Prasiai	普拉西埃
Praxeis	普拉凯斯
Pre – Greek	前希腊人
Priam	普里阿摩
Priamus	普里阿摩斯
Priene	普里耶涅
Procne	普洛克涅
Procris	普洛克里斯
Procrustes	普洛克儒斯忒斯
Proetides	普洛提德斯姊妹

Proetus	普洛托斯
Prostovitza	普洛斯透尼塔特匝
Prussia	普鲁士
Psammetich II	普撒美提斯二世
Ptous	普陶斯
Pylaimenes	佩尼门涅斯
Pylian	皮洛斯人
Pylos	皮洛斯
Pryaichmes	佩莱奇梅斯
Rameses II	拉美西斯二世
Rameses III	拉美西斯三世
Ravenna	拉维那
Remus	瑞穆斯
Rhamnus	拉米那斯
Rhampsinites	拉姆皮西尼提斯
Rhianos	里阿诺斯
Rhodes	罗德斯
Rhodian	罗德斯人
Robert	罗伯特
Romance	罗曼司
Romulus	罗穆路斯
Roncevaux	隆赛沃
Sait Kings	赛特王
Salamis	萨拉米斯
Salmone	萨尔摩涅
Salmoneus	萨尔摩纽斯
Samarina	萨马利那
Same	萨麦
Samikon	萨米孔
Samos	萨摩斯
Samothrace	萨莫色雷斯
Sangarius	珊伽里乌斯

Sarandapotamos	萨拉尼达珀塔莫斯
Saronian	萨拉尼安
Sarpedon	萨耳珀冬
Satyrus	萨忒拉斯
Scammander Valley	斯卡曼德山谷
Schliemann	谢里曼
Schwartz	施瓦茨
Scrion	斯喀戎
Scylla	斯库拉
Scyros	司奇洛斯
Selinus	昔列诺斯
Sellasia	塞拉西亚
Semele	塞墨勒
Semites	闪米特人
Seriphus	塞里福斯
Sesklo	塞斯克勒
Shaft-graves	竖井墓葬
Sicily	西西里
Sicyon	希巨昂
Sigurd	西格德
Simonides	西蒙尼戴斯
Sinis	西尼斯
Sir Arthur Evans	亚瑟·伊文思爵士
Sisyphus	西叙福斯
Skias	斯基阿斯
Smyrna	士麦那
Solymi	索律摩伊人
Spartoi	地生人
Spata	斯帕塔
Spercheus	斯佩尔开俄斯
Sphacteria	斯法科特利亚
Sphairia	斯伐利亚

Sphinx	斯芬克斯
Staphylus	塔费卢斯
Steinthal	斯坦萨尔
Stesichorus	斯忒赛克洛斯
Stheneboia	斯忒涅玻亚
Sthenelus	斯特涅洛斯
Stirrup jar	马鞍口双耳陶罐
Strabo	斯特雷波
Stymphalian	斯图姆帕洛斯人
Sulima	苏利玛
Sumer	苏美尔
Sypalettus	西帕莱塔斯
Syracusan	西拉库赛
Syrian	叙利亚
Tageia	塔吉亚
Tagoi	塔古伊
Tagos	塔古斯
Talaus	塔拉欧斯
Tarentum	塔伦图姆
Taygetus	塔乌该托斯
Tegea	铁该亚
Teiresias	特雷西阿斯
Teleboans	特勒波安人
Telegonus	特雷古内斯
Telemachia	特勒马科亚
Telemachus	忒勒玛科斯
Temenus	铁美诺斯
Temmikes	忒米科斯
Tenedos	提涅多斯
Teos	提奥斯
Termiles	忒尔米莱斯
Teumessian	忒美斯人

Teutonic Epics	日耳曼史诗
Thasos	塔索斯
The Danaan maiden	达那安少女
Thebae	忒拜伊
Thebais	忒拜史诗
Theoderic	西奥多里克
Therapnae	铁拉普涅
Thersites	忒耳斯特斯
Theseion	忒赛翁
Theseus	忒修斯
Thespius	忒斯帕斯
Thessalian	赛萨利人
Thessaly	赛萨利
Thetis	忒提斯
Thorikus	托利科司
Thrace	色雷斯
Thracians	色雷斯人
Thriasian	特里亚
Throstle	萨拉斯特雷
Thryoessa	色奥萨
Thucydides	修昔底德
Thyestes	提厄斯忒斯
Thymoites	赛莫忒斯
Tiryns	梯林斯
Tirynthian	梯林斯人
Titans	提坦诸神
Tithonus	提斯内斯
Tlepolemus	特勒波勒摩斯
Tmolus	提摩罗斯
tomb of Atreus	阿特柔斯之墓
Tragana	塔伽那
Triphylia	特里斐利亚

Triphylian	特里斐利亚人
Troas	特洛阿斯
Troes	特洛伊斯
Troezen	特罗伊真
Trojans	特洛伊人
Trophonius	特洛波尼欧斯
Troy	特洛伊
Tsoundas	楚尼达斯
Tydeus	提丢斯
Tyndareus	廷达瑞俄斯
Tyro	提洛
Ugarit	乌伽特
Vaphio	瓦斐奥
Velanidaza	内拉尼达扎
Viking	海盗
Vladimir	弗拉基米尔
Volo	诺勒
von Pöhlmann	冯·波尔曼
Vourvatsi	农那提斯
Wide	韦德
Wilamowitz	维拉莫威兹
Wundt	冯特
xoanon	神雕木像
Zacynthus	扎昆托斯
Zeleia	泽勒亚
Zethus	仄托斯
Zeus	宙斯
Zeus Acraeus	宙斯·阿克厄琉斯
Zeus Herkeios	宙斯·赫克欧斯
Zeus Ktesios	宙斯·凯特西奥斯
Zeus Laphystius	宙斯·拉菲斯提亚斯

译　后　记

　　确切地说，这部书的翻译始于 2008 年，初稿于 2009 年结束，却不敢贸然出版，放在手中反复修改。没有料到，这一放就是 8 年，回想起来不免有些感慨。

　　尼尔森的这部论著曾是我博士论文的研究对象之一，但因该书涉及的内容极为繁杂，加之原著中夹杂了德语、法语、古希腊语，以我那时的学术功底，难以逐一翻译。因此我阅读时仅仅做了读书笔记，并未想将其译成中文出版。后因恩师叶舒宪先生再三鼓励与催促，方鼓起勇气翻译。译稿初稿完成之后，我并未停止翻译，而是不断修正，就其中难以把握的问题反复求证于相关领域的专家与学者。南开大学历史学院的王以欣教授，安徽省文物考古研究所的张敬国所长，希腊驻中国大使馆的前大使夫人井玲女士，都曾经给过我真切的帮助，在此一并感谢。这期间，我去伯罗奔尼撒半岛做过田野考察，去美国部分博物馆做过相关希腊艺术的调研，譬如，大都会博物馆，波士顿艺术博物馆，哈佛大学博物馆，佛利尔博物馆和赛克勒博物馆，等等。上述这些地方的考察使我对尼尔森这部著作的内容有了更加深刻的认识，同时明白了这部书的价值。历史已经证明，尼尔森的这部以讲座形式出版的论著，在他逝去半个世纪后，依然闪耀着迷人的光辉。

　　翻译过程中，就相关术语、人名与地名的定夺，我参照了罗念生、王焕生翻译的荷马史诗，陈中梅翻译的荷马史诗，张竹明、蒋平翻译的《工作与时日·神谱》，王以铸翻译的《历史》，黄鸿森、温乃铮翻译的《神话辞典》，罗念生、水建馥编著的《古希腊语汉语词典》，商务印书馆出版的《外国姓名译名手册》《外国地名译名手册》，等等。书中相关译名均以上述参考文献为据，特向各位编者、译者一一致谢。

　　译稿定稿后，我委托远在希腊的井玲女士加以校对，认真负责的井玲女士给出了 23 页的校对意见，这让我更加不安。但翻译本身就是背叛，即便是重新翻译，估计还会有问题存在。我深知翻译远比学术写作艰辛，在这个译作不算学术成果的时代，作为一代学人，只能以自己的有限精力，做些有限的翻译工作，将真正有价值的学术经典译过来，如此才能不辜负这漫长而又短暂的 8 年翻译时间。虽然如此，我深信译作中肯定还有一些未被发现的问题与疏漏，恳请各位方家不吝予以指正与批评，而我当为此负责，来日再做修订。

王　倩

2016年2月8日于龙溪水岸